长安文化与中国文学研究

关中：长安文化的沉积

朱鸿 著

商务印书馆
2011年·北京

图书在版编目(CIP)数据

关中：长安文化的沉积／朱鸿著．—北京：商务
印书馆，2011
（长安文化与中国文学研究）
ISBN 978-7-100-08329-4

Ⅰ.①关… Ⅱ.①朱… Ⅲ.①长安（历史地名）—文化史—研究 Ⅳ.①K294.11

中国版本图书馆CIP数据核字（2011）第071798号

国家"211工程"三期重点学科建设项目
《长安文化与中国文学研究》

所有权利保留。

未经许可，不得以任何方式使用。

长安文化与中国文学研究
关中：长安文化的沉积

朱鸿 著

商 务 印 书 馆 出 版
（北京王府井大街36号 邮政编码 100710）
商 务 印 书 馆 发 行
三河市华新科达彩色印刷有限公司印刷
ISBN 978-7-100-08329-4

2011年6月第1版　　　开本 787×1092　1/16
2011年6月北京第1次印刷　印张 19 1/2

定价：39.00元

《长安文化与中国文学研究》
编 委 会

顾　问：霍松林

主　编：张新科　李西建

编　委：（按姓氏笔画排列）

马歌东　尤西林　冯文楼　邢向东
李继凯　刘生良　刘锋焘　李　强
吴言生　张学忠　杨恩成　赵望秦
赵学勇　胡安顺　党怀兴　高一农
高益荣　曾志华　程世和　傅功振
傅绍良　霍有明　魏耕原

《长安文化与中国文学研究》工作委员会

顾　问：霍松林

主　任：李西建　张新科

委　员：邢向东　赵望秦　霍有明　刘锋焘
　　　　赵学勇　李继凯　尤西林

总 序

长安是中国历史上建都朝代最多、历时最久的都市，先后有13个王朝建都于此，绵延1100余年，形成了辉煌灿烂的长安文化。长安文化具有多种特性。第一，它是一种颇具特色的地域文化，以长安和周边地区为核心，以黄土为自然生存环境，以雄阔刚健、厚重质朴为其主要风貌，这种文化精神一直延续到今天，仍然富有强大的生命力。20世纪中国文学的"陕军"、中国艺术的"长安画派"等，显示出独特的魅力，可以称之为"后长安时代"的文化。第二，它是一种相容并包的都城文化，既善于自我创造，具有时代的代表性，又广泛吸纳其他地区、其他民族的文化，也善于吸纳民间文化，形成多元化的特点。第三，它是中国历史鼎盛时期的盛世文化，尤其是周秦汉唐时期，是中国历史上的盛世，其所产生的文化以及对外的文化交流，代表了华夏民族的盛世记忆，不仅泽被神州，而且惠及海外。第四，它是历史时期全国的主流文化。由于长安是历史上许多王朝的都城，是当时政治文化的中心所在，以长安为核心形成的思想、文化，辐射到全国各地。第五，它是中国文化的源头，产生于中国历史的早期，是中国文化之根，对中国文化以及中华民族共有家园的形成具有不可估量的影响。

对长安文化进行研究，一直受到人们的重视，近年来更有了新的起色，尤其是"长安学"、"西安学"的提出，为长安文化的研究注入了新的时代因素，并受到海外学者的关注。陕西师范大学地处古都长安，研究长安文化是学术团队义不容辞的责任。为了深入挖掘长安文化的内在价值，探讨长安文化在中国文化、世界文化史上的地位，陕西师范大学文学院借国家"211工程"三期建设重点学科之机，以国家重点学科中国古代文学为龙头，全面整合文学院学术力量，申报了"长安文化与中国文学"研究项目，获得国家教育部的支持。本项目的研究，一方面是要发挥地域文化的优势，进一步推动长安文化的研究，并且为当代新文化建设贡献力量；另一方面也为研究中国文学找到一个新的切入点和突破口，使文学研究有坚实的文化根基。这是一种新的视野和新的尝试，我们的研究主要有以下三个方向：

第一，长安文化与中国文学的演变

立足文学本位，充分发挥地理优势，以长安文化为背景，对中国文学进行系统研究。1. 长安文化与中国文学精神。主要研究长安文化的内涵、产生、发展、特征以及对中国文学精神所产生的影响。2. 汉唐文学研究。主要研究长安文化形成时期以《史记》和汉赋为代表的盛世文化的典型特征以及对后来长安文化的奠基作用，研究唐代作家作品、唐代文化与文学、唐代政治与文学等，探讨汉唐时期长安文化与中国文学之间的内在联系及其在中国文学史上的价值与意义。3. 汉唐文学的域外传播。主要对汉唐文学在域外的传播、汉唐文学对域外文化的影响、长安文化对域外文化的接受等问题进行全面研究。4. 古今文学演变。以长安文化为切入点，探讨长安文化辐射下"后长安时代"中国文学的发展规律以及陕西文学的内在演变。

确立本研究方向的依据在于，长安文化从本质上说是以周秦汉唐为代表的中国传统文化，具有深刻的内涵。本项目首先需要从不同的层面对长安文化进行理论总结和阐释，探讨长安文化对中国文学精神的渗透，在此基础上进一步探讨长安文化对中国文学演变所产生的重要影响。汉唐时代是中国文化的转折期，也是长安文化产生、发展乃至鼎盛的重要时期。所谓"汉唐雄风"、"盛唐气象"就是对这个时期文学的高度概括。不仅如此，汉唐文学流播海外，对日、韩等汉语文化圈国家文化产生了深远影响，研究域外传播，可以从新的角度认识汉唐文学及长安文化的价值意义。今天的古城长安（西安）以新的面貌出现在世界舞台，形成新的文化特征。通过古今文学演变研究，探讨、总结中国文学和陕西文学的发展规律，进而为长安学（或西安学）的研究奠定良好基础。

第二，长安与西北文化

立足于长安文化，突出地域文化特色。主要有：1. 西北重点方言研究。关中方言从汉代开始即对西北地区产生辐射作用，这种作用在唐代以后持续不断，明清两代更有加强。因此，西北方言与关中方言的关系极其密切。从古代直到现代，西北的汉语方言与藏语、阿尔泰语系诸语言发生接触，产生了一些重要的变异。对这些问题的研究是我们的任务之一。2. 秦腔与西北戏曲研究。在长安文化的大视野下研究长安文化对秦腔及西北戏曲形成发展的影响；同时以秦腔及西北戏曲为载体，研究戏曲对传播长安文化所起的作用，从而显现长安文化在西北民族文化精神铸造中的巨大作用。3. 西北民俗艺术与文化遗产保护与利用研究。主要研究西北民俗文化特征、形态以及对精英文化的影响，研究如何保护和利用文化遗产并为当代文化建设服务。

确立本研究方向的依据在于，加强西北地区代表性方言的研究，对西北方言史、官话发展流变史、语言接触理论研究等，都具有重大的理论和现实意义。秦腔是我国现存最古老的戏曲剧种之一,号称中国梆子戏家族的鼻祖,是长安文化的活化石。秦腔诞生于陕西,孕育于秦汉,发展于唐宋,成熟于明末清初,受到西北五省(区)人民的喜爱,已经入选我国首批非物质文化遗产推荐项目。西北民俗的中心在陕西,陕西民俗文化是西北民俗文化的发源和辐射中心地。陕西民俗文化作为民族传统文化形式,对社会个体和整个社会都有重要意义。同时,陕西曾是中国文化的中心之一,作为最早的游牧文化与农耕文化的交汇点,留下了许多宝贵的文化遗产,这包括物质文化遗产和非物质文化遗产两方面。对于这些遗产的整理、保护以及利用,不仅可以加速社会文化、经济等各方面的发展,也可以构建和完善中国文化的完整性。

第三,长安文化经典文献整理与研究

对长安文化经典文献进行整理与研究,主要内容有:1."十三经"的整理与研究。主要完成《十三经辞典》的编纂任务。之后,再进一步进行"十三经"的解读与综合研究,探讨经典文化在中国文学发展中的重要意义。2. 与长安文化有关的文学文献整理与研究。本项目拟对陕西尤其是关中地区的古代文学文献进行系统的整理(如重要作家的诗文集等),在此基础上进行综合研究。

确立本研究方向的依据在于,"十三经"与长安文化关系密切,保存了先秦时期的重要文献,尤其是《诗》、《书》、《礼》、《易》几部经典中的绝大部分内容,属于以丰镐为都城的西周王朝的官方文献。"十三经"既是早期长安文化的标志性成果,也是秦汉以来长安文化和中国文化的理论基础和思想渊源,内容涉及古代文化的许多方面,诸如天人合一的思维模式、天下为公的大同理想、以民为本的治国原则、和谐人际的伦理主张、自强不息的奋斗精神、重视德操的修身境界等等。这些思想、精神渗透在民族的性格与心理之中，具有强大的凝聚力。另外，长安文化形成时期，产生了许多经典文献，经、史、子、集均有保存。许多文人出生于长安，或游宦到长安，创作了大量的文学作品，对长安文化的形成起了重要作用，这是研究长安文化的基础，需要进行细致的整理。

围绕以上三个方向的研究，我们期望能对长安文化进行较全面的认识，尤其是对长安文化影响中国文学的诸多问题有开拓性的认识。在商务印书馆、中华书局、中和化德传媒有限公司、三秦出版社、陕西人民出版社等单位的大力支持下，我们拟把研究成果以不同的丛书形式出版，目前已启动的有《长安文化与中国文学研究》、《长安文献资料丛书》、《陕西方言重点调查研究》等。《十三经辞典》已经出版十卷，我们将抓紧时间完成其余工作，使其成为完璧。总之，通过"长安文化与中国文学"项目的实施，我们要在学术上创出新特色，在队伍上培养出新人才，使我们的学科建设再上一个新台阶，同时也为国家与地方文化建设及文化遗产保护做出一定的贡献。

"长安文化与中国文学研究"工作委员会

2009 年 11 月 22 日

目 录

自序 ·· 1

关中踏梦

寻找蓝田人 ······································ 7
半坡读陶 ·· 18
周原 ·· 28
悠悠渭水 ·· 35
滚滚帝陵 ·· 44
潼关 ·· 60
樊川犹美 ·· 69
太白皓然 ·· 80
武关 ·· 86
辋川尚静 ·· 95
华山巍然 ······································· 100
散关 ··· 108
在马嵬透视玄宗贵妃之关系 ······················· 114

II 关中:长安文化的沉积

碑林嚼字 …………………………………… 122
萧关 ………………………………………… 130
在鸿门分析刘邦项羽之性格 ……………… 138
曲江萧瑟 …………………………………… 148
高岗之上的祠墓 …………………………… 158
黄河在龙门 ………………………………… 162
天命与宗教 ………………………………… 168
魂绕少陵原 ………………………………… 178
走遍关中 …………………………………… 197

长安风物

周陵 ………………………………………… 215
秦器 ………………………………………… 218
娄敬墓 ……………………………………… 221
汉武帝与甘泉宫的一个瓦片 ……………… 223
草木与汉宫之名 …………………………… 230
乐游原 ……………………………………… 233
仙游寺 ……………………………………… 235
三石纪唐 …………………………………… 237
五台镇记 …………………………………… 243
翠华山 ……………………………………… 244

长安论

古玩	249
食态	253
戏迷	256
古都文化与西安人	260
西安人的文化身份	268
西安之所宜	270
西安城墙的利用问题	272
西安的个性与西安青年的格调	275
中国文明的锤炼之地	280
唯一长安	283
参考书目	292
后记	295

自 序
——关于长安文化

长安文化当然是关于长安的文化。不过长安的范围在哪里,时段又居何许?长安的前身是谁,后裔又是谁?尤其是:长安文化具有什么特点?它对这个世界有什么现实意义?这些问题都是需要反复思考的。

实际上对长安文化之研究早就开始了。远在宋,其赵州人宋敏求的著作便是考察长安文化的,凡特产、土贡、风俗、户口、街坊、山川、道里、邮驿、宫室、城郭、官府,皆有涉及。他所记的多是唐长安,此间中国的政治与经济中心已经东移,长安一变为旧都,热闹尽去,繁华悉落,到了研究的时候了。更远的在汉,其陇东人辛氏便有著作考察长安之文化。他所录的多为汉长安,尽管物事简单,但它却是长安研究的发轫。还有汉的赵岐,晋的葛洪,唐的韦述和杜宝,宋的张礼和程大昌,元的骆天骧,清的毕沅,都有关于长安的著作行世。这些先贤皆是在文化意识没有完全觉醒之际对长安进行考察的,今人往往视其著作为资料,然而仔细分析,当是长安文化之研究。

正宗的长安应该是唐长安和汉长安,正宗的长安文化也应该是唐长安文化和汉长安文化。这并非没有道理,因为唐长安289年,汉长安225年,其极大地推动了中国历史进程,研究唐长安文化和汉长安文化的意义很是重要。然而正宗是正宗了,不过它也难免狭小了。先贤常常会用长安把建立于关中的国都统摄起来,唐之前的隋大兴,汉之前的秦咸阳,秦之前的周丰镐,都属于长安,于是长安文化就随之宽厚起来。也许这是一个优秀的传统,今人不继承无以科学地研究长安文化。然而先贤也有其局限,不但汉陇东人辛氏当年缺少考古知识,即使宋赵州人宋敏求当年也是缺乏考古知识的,所以先贤未能将史前半坡母系氏族社会,更未能将蓝田人纳入自己的考察范围。今人已经有了考古发现,既然如斯,那么今人是否应该把长安文化的时段向上向前向远追溯呢?现在的西安是民国西安的沿袭,也是清西安和明西安的沿袭,当然也是古都长安的沿袭。既然如斯,那么长安文化就包含着西安文化了。

我以为,长安文化是以唐长安和汉长安为基石的并以其为核心的一种文化,在关中斯地,它的上线直通半坡母系氏族社会和蓝田人,它的下线径入正在创造着现代化和推动着全球化的西安人。长安文化在历史上是主流文化,官方文化,现在它虽然表现为区域文化,民间文化,然而它的一些元素也常常升华为主流文化和官方文化。长安文化有国粹的颗粒。长安文化是活的,充满了生生不息的动态。

长安文化充满了开放性。它一直能够吸收属于异己文化的物质品类和精神享用,通过丝绸之路,长安引进了西域的果木、菜蔬、禽兽、珍宝、服饰、音乐、舞蹈、竞技、佛教、基督教—景教、袄教、摩尼教、伊斯兰教。它也慷慨输出,凡丝织、漆器、竹器、凿井术、造纸术、医药、书法、儒家思想,可以尽他人采纳和学习。

多少世纪之后，中国人能够接受马克思主义，接受自由、民主、法制、人权理念，接受世界贸易规则，显然是中国文化开放性的表现。中国文化的开放性当然有当年长安文化开放性的渗透，甚至有它所给予的恒久动力。长安文化洋溢着一种宽容性。中国妇女的审美权利最早是在长安得到了社会尊重的。中国作家的言论自由权利最早也是在长安得到允许的，杜甫诗曰："朱门酒肉臭，路有冻死骨"，就是对一个盛世的批判。长安文化体现了变通性。秦宫汉居，隋宫唐坐，修漕渠，造曲江，实施和亲政策，甚至借兵回纥以镇压内乱，收复长安。长安文化的变通性实践，现在显然发展为中国人治世的智慧了。长安文化有端正性。长安所在的关中处四塞之内，季节分明，日升于东，日落于西，天列北斗，地贯终南，从而形成了一种端正的时空观，并影响到建筑设施和日常生活。大道直行的意识便在这种端正的时空观及其环境之中孕育和形成，所以长安难存邪歪之气，颓废之气，卑怯之气。长安总是荡漾着旷达之气，豪迈之气，硬朗之气。长安文化含尚义性，这是由长安文化的端正性演化而来的。

我是长安人，喜欢长安文化，觉得长安文化是十分养吾之魂的。长安在关中，关中有长安，遂好在关中考察史迹，以探长安文化的沉积。

关中踏梦

寻找蓝田人

我将手上的工作放下，将胸中的情绪理顺，将正在进行的一切都截然中断，并封存起来，之后我给提包里装了一把布伞，三册书籍，拎起它，就启程了。

我望着西安，只见20世纪最后几年的乌云在古都上空盘旋，几滴生硬的冷雨，敲打着稳重的钟楼和灰色的城墙，大街小巷，车辆奔驰，人群拥挤。不过，半个小时以后，建筑就稀疏而低矮了，绿色也在田野到处散布。地平线上，台原起伏，沟坎纵横，水随形势潺潺流动，山在远方渐渐上升，树木便耸立于道路两旁，构成了绵延千里的曲线。广袤的自然，洗涤着我的身与心，我忽然感觉，我的流气与俗气恰似古旧家具的漆片一样在剥落。这空旷的原野，使我产生了一种新的体验，我宁静而沉重。

汽车将西安远远地抛在那里，它带着乘客，一步一步地接近蓝田。这是位于秦岭北麓的一个县城，古已有之，因为盛产美玉而得名，秦始皇以其制作玉玺，杨贵妃以其制作玉带。不过我到这里来，是要寻找蓝田人，它是生活在大约115万年之前的一种直立人，是猿群向人类过渡时期的一种人。20世纪60年代，有考古专家在蓝田境内的公王岭掘出了一个头盖骨，遂命名为蓝田人。现在，我所坐的汽车，正行驶在蓝田人曾经活动的土地上，我不顾风吹地打开窗子，眺望着人类祖先的故园。3月的麦苗刚刚起身，一片葱茏，不过竟没有几个锄草的农民。有的地方，一片黄色的土壤会裸露而出，仿佛是谁剥掉了地球的皮。秦岭在白色或灰色的云团的抚弄之下，阴沉而峥嵘。

到了县城，乘客便挤下汽车，一哄而散，消失在泥泞的街巷。我在车站徘徊了一会儿，决定不在县城住宿。我想继续前进，直接到公王岭去。天上有云，云聚云散，全由着风调动。天上蓦地也会露出一片瓦蓝，它高得仿佛是用力吸了上去，不像云那么低垂。风从河谷和山口吹来，怒气冲冲地掀动着搭在地上的帐篷，那是农民卖饭卖水卖烟卖果的，也掀动着衣服和纸片。我在人影憧憧之中，发现有一辆路过公王岭的汽车就挤了上去。我望着窗外的风景，看到房舍、羊群、树木都在移动，奔驰的汽车甚至使地面都在旋转。岿然不动的，是连绵的秦岭——一座一座的山峰，刀削斧剁似的亮出自己的棱角与斜面，皑皑白雪，将反光映得很是遥远，这使我身上油然生出阴冷之感。沿着秦岭，堆积着一个一个的台原，没有规矩，高高低低，有的草枯，有的石烂，但半坡之上，往往就有一个村子，树木簇拥在一起，颜色阴阴的。一个农民告诉我：公王岭到了。

站在灞河之滨，感到南边的秦岭与北岸的横岭向我挤压，需要仰望，我才可以看见公王岭。公王岭雄踞于川道之侧，攀援在山峰之脚。它的两边，一个连一个的台原波浪似的起起伏伏，伸展而去。公王岭的独特之处在于各种各样的树木——有的铁青，有的嫩黄，像蜡染的布料一般覆盖其上。早春的风，不但翻卷着秦岭之巅的白云，而且撩拨着秦岭之腰的白雾，所有的树木都随风摇曳，公王岭充满了动感和生命气息。

我肃穆地攀登着公王岭。蜿蜒的道路两边,柿树黑色的枝干像铁像炭一样坚硬挺立,这是逝去的冬日的意象,不过桃树已经在自己的根部撒着粉红的花朵,从而传播着春天的信息。偶尔,一个农民背着干柴,从半坡的小径走下来。无穷无尽的砾石,大者如桌,小者如杯,星星似的镶嵌于断裂的层面,这层面当然是洪水切割而成,洪水浸泡与流泻的痕迹仍隐隐在动。砾石包裹起来的土壤,是沙质的,它的酥松程度,似乎手掰一下,脚踹一下,就可剥落。公王岭是那些覆盖秦岭的杂物在洪水冲刷之后而堆积的,它上面一层一层的黄土,是西伯利亚的狂风带来的蒙古高原的尘埃。这种种事情发生在115万年之前。

那时候,这一带的气候温暖而湿润,地貌也并不剧烈起伏。秦岭的高度只在一千米左右,它远远不成南北大地的屏障。这里是一片广阔的浅沼和平地,处于森林与草原的交接地带。灿烂的阳光和充沛的雨量,把公王岭哺育得花果累累,草木葱葱,成为各种动物的汇集之地,其中既有森林动物,也有草原动物。正在进化的蓝田人就生存在这里。大角鹿、古犀牛比之蓝田人,它们高大;苏门羚、剑齿虎比之蓝田人,它们凶猛。但蓝田人产生智慧,他们巧妙地周旋在动物之中,挑拨离间,让它们争斗,撕咬并残杀,使自己得以生存。茂密的森林,长满了胡桃属、卷柏属、石竹科、莎草科等植物,蓝田人攀援在其中,并巢居在其上,艰难而悠然地生活在蒙昧时代。不过,自然是演化的,在这里,突然出现了一个持久的寒冷期,它使众多的草木在冰霜的摧残之下,枯萎而死。一些动物逃跑了,一些动物绝灭了,蓝田人也遇到了危机。

然而，任何生命一旦形成，它就产生了顽强的生存本能。一根甘草，破土而出，若石头压迫了它，那么它会从石头下面穿过，横向延伸，之后生长起来。一群蚂蚁，面临着大火的烧烤，它们会迅速地集合，靠拢，抱成一团，像黑色的圆球一样，勇敢地迎着大火滚动。圆球表面的蚂蚁显然会焚身而死，但它们终于冲出了大火的包围，将自己的种保存下来。不过，蓝田人所遇到的困难，要比这些甘草和蚂蚁巨大得多。由于冰雪的降临，蓝田人所吃的果实一下减少了，那些可以捕捉的幼小的动物，也一下减少了。饥饿使他们将自己的前肢从树上移到树下，他们不但采集果实，而且需要挖掘草木的根茎。根茎已经成了他们扩大的食品。他们曾经捡起石头，打击企图欺负自己的野兽，石头渐渐地成了他们熟悉的工具。他们开始挖掘根茎的时候，手脚笨拙，十分吃力，效率当然很低。一个聪明的蓝田人突然发现石头可以帮助他们挖掘，其他的蓝田人就模仿他。有了工具的帮助，效率便提高了，只是地上不会摆着现成的石头供他们使用，这样，就出现了一个打制石头的蓝田人。当这个蓝田人直立起来并行走着，显示他的创造的时候，文明的曙光就照耀在黑暗的森林了，从而他们发现了一条走出森林的道路。他们探索着，艰难地走了出去，一直走到今天。在公王岭，我用坚硬而柔韧的手抚摸着他们的石头，我感觉这石头依然是温暖的，我不但闻见了蓝田人的血汗，而且看见了蓝田人的毛发，我像握住了遥远的祖先的手一样激动，他们将劳动的真理直接传递给我。我站立在稀薄的阳光之下，野风吹拂，感慨系之。我久久地端详着自己的双手，我知道它们能够绘画，能够作文，能够弹琴，能够安装精密的仪器，能够感受寒热，感受细腻的爱的颤抖和恨的痉挛……这一切，都是一代一代劳动的结果。我感觉，我的所有的神经都连接着蓝田人的神经，所有的血管都连接着蓝田人的血管。

蓝田人手的发展，当然要引起躯体的变化，他们会更灵活，更巧妙，而且为了抵抗其他动物的侵犯，为了获得足够的食品，他们常常是结成一个群体。为了招呼落伍的一员，帮助倒在树下的儿童，共同围猎一只动物，或者共同构筑一个窝棚，突然发现了一头猛兽，或者突然看见了一片火光，都需要表达。这样，寂静的草木之中，就响起了简单的音节，那是从蓝田人粗糙的咽喉发出的，然而，它是美妙的歌声的原始。蓝田人要表达的意思越多，他们的音节就越丰富，并有了抑扬顿挫，这便是简单的语言。劳动产生了语言，语言又扩大了劳动，它们一起促进蓝田人脑髓的发展，于是感觉就有了它的器官，意识就有了它的物质。一头象因为它的高大，能够穿过枝叶的空隙发现一只熊猫，不过只有蓝田人会组织起来将熊猫捉住。一只狗能够闻见透过落叶传来的气味，不过也只有蓝田人会辨别它是腐肉导致的。蓝田人就因为这些而使自己高明于动物，并脱离于动物。动物仅仅是利用自然界，可蓝田人是为了自己的目的，在渐渐地改造自然界，支配自然界。他们打制了粗糙的石器，并以它们为工具提高自己的生活。

蓝田人的家庭处于杂婚状态，男子多妻，女子多夫。当然这种家庭在以后渐渐发生了变化。美国学者路易斯·摩尔根认为，家庭的变化呈现这样几个阶段：血缘家庭，普那路亚家庭，对偶家庭，一夫一妻制家庭。恩格斯赞同这样的观点，不过他进而指出：以爱情为基础的婚姻是合乎道德的，而且继续保持爱情的婚姻才合乎道德。在公王岭想到这些观点，我隐隐感觉人类的婚姻形式仍会改变，现在这种婚姻形式并非完美无缺。人类是一种向善向美的高级动物，它能够纠正和克服自己的一切，其中包括婚姻的弊端，从而永远处于进化的过程。

在公王岭，我看到了黄土埋藏115万年的蓝田人的化石，看到了牛头的化石和虎头的化石，看到了几层片状的青岩缝隙夹着难以辨别的动物的骨质。在这个高临灞河的台原一角，风动荡着这里的柳树、槐树、灰白的枯草，而云则在秦岭之巅反复地铺展或收卷，我的心鼓满了原始时代的气息。公王岭可能是蓝田人长久生活的一个地方，不然，这里就不会出现众多的动物化石。这些化石是集中的，重叠的，一团一团的。蓝田人白天在草木之中活动，黑夜就到树上居住，并把动物的骨头丢弃树下。公王岭到处都有这样的化石，洪水冲决了台原，断层之中的化石便暴露而出。这里的农民认为所有的化石都是龙骨，遂捡到它们当作药材售卖。考古专家便是根据农民的指点，在这里发现蓝田人的。蓝田人的头盖骨处于红色的沙壤之中，其周围都是深厚的黄土。这个蓝田人是一个女士，她怎么倒下的，已经难以判断，然而沙壤肯定是突然掩埋了她，使她和空气隔绝了，接着地下的水输出了她的有机物，随之将土中的碳酸钙输入，这样的替换使之变成了化石。

在秦岭北麓，在灞河两岸，在横岭周围，已经发掘了众多的动物化石，特别是发现了几处蓝田人的化石：在陈家窝发现了一个颌骨，在涝池河发现了一段肱骨，在桐花沟发现了一点额骨的断片，在冯家村发现了一个脚骨。这一处一处的化石，像一个轨迹，像一条线索，像一行足印，记录了蓝田人迁徙和转移的途径。他们走出森林，走下山冈，离开了公王岭，寻找新的食物。他们渐渐地来到关中平原，在这里，他们可以清楚地看到太阳，看到月亮，看到夜的天空闪烁着无数的星星，这些既成了他们的朋友，又成了使他们迷信和崇拜的神灵。蓝田人的游动是茫然的，他们在一步一步地探索，陌生的地貌和生态环境制约着他们。他们必须逐水而居，水是他们需要的，这样，他们的迁徙和转移就只能是曲折地向四周辐射。在公王岭，我眺望着秦岭北麓的这片土地，柔弱的阳光之下，空濛的烟岚掩盖着蓝田人遗留的斑斑痕迹。实际上这些痕迹就是一个民族生存和发展的序列。我确信，蓝田人不是偶然出现的动物，他们长期在这里生息，劳动，繁衍，从而形成一个进化的谱系，公王岭便是这个谱系的核心和开端。他们从公王岭出发，艰难而坚忍地跋涉，开拓新的生存基地。在中国，流传广泛的一个神话是，补天的女娲和结网的伏羲相婚而生人类。若追寻他们的母亲，那么是华胥，她曾经在秦岭北麓一带活动。在这里有一条美丽的华胥沟和一个古老的华胥庙，我默默地告诉自己：华胥出现在这里显然不是偶然的！

  蓝田人在沉寂的公王岭静静地凝视着我，尽管她已经从动物之中脱颖而出，然而她仍带着凶猛的残痕。她前额低平，眉脊粗壮，鼻梁扁塌，吻部突出，而且张着大嘴，那硕大的牙齿，纹理复杂，仿佛刚刚咀嚼了果实或根茎。蓝田人的脑量不足800毫升，少于我——一个现代人的脑量的一半，但我没有丝毫鄙视蓝田人的感觉。我知道，我是沿着蓝田人开辟的道路行走的，已经行走了115万年之久。悠悠岁月，磨光了我身上的长毛，剥去了我脸上的野性，而且赋予了我一颗多么丰富的灵魂。我的额头是如此的尊贵，眼睛又如此的明亮，我的结构如此的合理，动作如此的灵活，我有如此美妙的声音，如此激越的神采，我的悟性和感情达到如此高的程度，我的思维和理性又达到了如此深的地步，我不但能够了解遥远的过去，而且可以猜测遥远的未来。不过这一切，都是从蓝田人开始的，从蓝田人打制石器和直立行走开始的。

我告别了蓝田人，但蓝田人栖在了我的心中。从公王岭出发的道路，泥石混杂，曲曲弯弯，一边为沟，一边是崖，到处覆盖着没有萌芽的衰黄的蒿草。不过几棵挺立在坡坎上的杨树，点染着金黄的阳光。阳光从迅速解体的灰白相杂的云的缝隙流泻而出，显现着灿烂而宁静的斜面。天空高远，令人伤感。铁一般凝重的秦岭与横岭遥遥相对，而灞河则走过古老的峡谷。阳光之下，我看见白练似的石头，石头之河蜿蜒在绿色的原野，那样子很像一条正在脱皮的蛇。长年累月堆积起来的石头，压迫着浅薄的流水，可石头毕竟能反射一些阳光。灞河从山沟出来，消失在烟雾之中。峡谷及灞河两岸，坐落着一个一个的村子，在横岭的半坡和凹地，树木簇拥一起，那便是人家。他们被棋盘似的麦田包围着，被精心梳理的幼小的庄稼连接着。孤独的情绪，浸透于清冷的空气，空气透明如水，走在云下，我仿佛走在海底。我成了历史塑造的一块活的化石。时间在变，空间也在变，一百万年之间秦岭升高了2000米，一举隔阻了大陆的南部和北部，阻挡了气温的交流。冬日的雪依然凝结在秦岭顶峰，它严峻地证明着宇宙的沧桑。当然，年年消瘦的灞河和岁岁减少的植被也在证明。蓝田人看到了这一切，而且蓝田人参与了它的过程。

到处都是劳动的身影，在这片土地的所有角落，都留下了人的意志。处于河岸和岭下的村子，屋舍的瓦片从树木的空隙露出，袅袅炊烟被习习的野风拉直又被它折弯。一座红色的楼房耸立于厦房一边，在其平台站着一个眺望行人的妇女，她剪着短发，一副满足的神情，慢慢地收起晾晒着的衣服。尽管天气并不暖和，然而杏花粉了，菜花黄了，柳树娇嫩的叶芽开始散发一种浓烈的香气。犬吠的间隙，是男人粗哑的声音，他可能在训斥贪玩的儿子吧。一座新的楼房正在竣工，农民在墙上制作了大红大绿的图案，它们表达着吉祥和长寿的愿望。临街的墙头，插着玻璃的碎片，狼牙一般，准备咬烂盗贼的双手。汽车在公路奔驰，有的拉着乘客，有的载着杂货，四轮之下，尘埃滚滚，这使那些立在公路两旁的孩子连连退却。修鞋和修表的人围在一起，各干各的活，晚上就回自己的家，他们都是这里的农民。饭馆和发廊的门面充斥着招徕顾客的图片和画报，而且播放着音乐，是流行歌曲，不是悠久的秦腔。田野当然是没有荒芜，已经越冬的小麦准备起身，农民忙着为它们施肥。世代耕种的土地海绵一样柔和，脚一踏就陷下去，不过也能弹起来，滋润而膏腴。羊在寻觅着星星点点的野草，它那吊在脖子上的铜铃在风中来回摆动，清音洒落旷野。农民将拖拉机和三轮车开到灞河，他们脱去绒衣，只剩一件油腻的单衫，汗水将黝黑的脸腮洗得通红。他们用铁锨翻开石头，装运那里的沙子，这是制作水泥楼板的材料之一。清澈而湍急的水中，闪烁着几双洗衣妇女的纤手。她们双脚踩着牢固的石头，低头弯腰，专注地在水中揉搓。不知不觉，一个姑娘红色的毛衣缩了上去，将洁白的腰的一处亮在那里。阳光渐渐地收敛了，彩霞开始登场，我看见秦岭北麓的烟岚仿佛开了闸门似的，涌动着笼罩了公王岭。蓝田人的故园，如梦如幻，梦幻之中，飘浮着他们遥远的呼声。

夜晚，我投宿在一个农民之家，这是公路旁边的楼房，窗子面对着秦岭与灞河。显然这里不是常常有人光顾的,作为行者的房子,在楼上摆着四张床铺,都落满了浮尘,这没有使我觉得肮脏。尽管如此,这家的姑娘仍给我换了被子,并用自己的笤帚扫了床单,而她的弟弟则给我搬了方桌,打了开水,为这里的简陋抱歉了一番就出去了。空空荡荡的客舍,我独立其中。这张床铺一天的宿费是两元,但他们的热情和诚恳是含金的,我想。寂静充盈着悬挂了罗网的屋子,门一开一关,这些罗网就会飘浮起来,也控制着填满雾气的窗外。黑色将山峰的折皱拉平了,所有的台原,包括公王岭都融化在黑色之中,唯有灞河与晓风在鸣响。我喜欢这里,喜欢这样的环境和气氛,它非常适宜我此时此刻的情绪。我躺在那儿,迷迷糊糊地将要睡去,我感觉困倦触动着我的脚和腿。蒙眬之中,我看见的,全是蓝田人的影子,是火,是石器,是劳动的铿锵之声,是森林,是阳光照耀的草原浅沼。蓦地醒来之后,我听见楼下在热闹地谈笑,断断续续的话语,仿佛音符闪烁在昏暗的灯光之中。时间还早,我却像是睡去又醒来的样子,确实如此,我兴奋之极。我走出客舍,更响的河水和更凉的夜风扑面而至,望着星空之下的这片原始的土地,我一遍一遍地问自己:蓝田人究竟为什么出现在这里?他们从攀援到直立究竟经过了多少年代?那些孕育和促使他们进化的生态是如何变化的?他们怎么应付自然的灾难?他们怎么对待相互残杀?他们是一代接着一代繁衍下来还是出现过断代?他们是一程接着一程远离而去,还是有过回归?他们对这片土地到底是憎恨还是感激?到底是恐惧还是依恋?在寂寥的夜晚,我的思绪如石头撞击了山岩,它响亮而没有回声,于是我就这样想:这一切只有天知道,地球和我是难以明白的,我所知道的仅仅是,人是从自然界诞生的，也是由自然界哺育的，然而人总是叛逆它。人一步一步地强大起来了，一点一点地聪明起来了，只是那片开着奇异花朵和结了硕大果实的森林呢？那片水草丰美的草原呢？那些明净而充沛的溪流呢？那种温暖而湿润的气候呢？这一切都从我凝视的这片土地消失了。茫茫宇宙，转动着它的轮子，地球便日夜变化，特别是人对自然界的攫取，搞得它支离破碎，而且人遗弃着越来越多的难以消化的垃圾，它已经充斥着所有的地方，甚至遥远的南极都不是净土了。然而我怎么抱怨呢？我只能告诉自己，人是一种不愿意回头的动物，为了自己的生存，对自然界的掠夺一直不顾后果，我的祖先就是这么干的，我的同胞正在这么干，我的子孙也将这么干，即使自然界恶毒地对人报复，人仍会这么干。关键是，在这片蓝田人曾经生活和死亡的故园，有了美的结构的房子，有了延伸双腿的汽车，电视可以将世界上任何地方发生的事情浓缩在一方屏幕，电灯可以驱散沉重的黑暗，机器纺织了漂亮的布料并缝制了漂亮的衣服，甚至可以有计划地生育，不为种族的繁衍仍可以进行性交，于是，在这春意绵绵的黑夜，就随时随地都会有爱的高潮。这一切，都是人创造的，而且人创造的事物越来越多。我相信，如果某年某月地球会毁灭，那么人将能够在某日某时迁徙于其他星系。然而，115万年之前蓝田人曾经活动的这片土地，我发现，它的黑夜是如此深邃，如此宁静和如此恐惧，除了一带水的涛声和几点星的白光，我什么都捕捉不住。这片古老的土地毕竟还很贫穷，还很落后，像我投宿的这户农家，其每个房间的每扇窗户都没有帘子——他们已经睡着了。

半坡读陶

雨刚刚发作完毕，风就带跑了乌云，终南山和白鹿原随之浮出。天空湛蓝，乌云的残片失魂落魄。阳光照耀着西安，那里有黑森森的建筑与黑压压的人群。我就是从那里到半坡来的。虽然半坡仍属于西安，不过我总觉得它是异于古都的地方。这是一个氏族的村落遗址。浐河走过平原，阳光的红晕渗进了它的白浪。草木与庄稼已经连成一片。随风滚动的，不是噪音，不是流行歌曲，是一阵一阵的泥土气息。

我到半坡去是读陶的。我曾经多次来过半坡。对人类的遗物，我最喜欢最迷恋的是陶器。半坡的陶器尤其古老，那是6000年前的原始人所使用的。母系氏族社会的人，用稚嫩的手制作了这些陶器，我怎么读它，都不得透彻。然而，怎么读它，都充满意味。

在我读陶的过程中，常常有人从身后走过。他们也是读陶的，来自中国内地各处，或台湾与香港，其中一些人领着孩子，用通俗的语言答孩子之问。先民的故事就这样流传了，而且先民的形象得到了新的塑造。偶尔会有成群结队的欧洲人参观，他们高大，健壮，但衰老折弯了他们的腰。他们显然是别的一个种族，然而人类对美的追求既是共通的，又是永恒的，于是他们就或多或少感受了这些陶器的艺术，有的竟偷偷拍照。尽管存在着语言的障碍，不过他们的神情仍很认真，甚至惊讶，赞叹。

感谢在半坡从事研究工作的李诗桂女士，她年近花甲，戴着一副白边眼镜，由于她的指点，才使我得以顺利地读陶。

读尖底陶瓶

尖底陶瓶是一种水器，褐色，没有任何装饰。圆口，厚唇，特殊的是它的底部倾切为尖，以大约45度的斜面构成了它的角，而中间则鼓了出来，很饱满的样子。左右有两个环儿，显然是系绳的。

这样的尖底瓶很多，有大有小。氏族人制作这样形状的陶器，当然是为了打水。它的底是尖的，重心居中，这便使其容易下沉汲水。他们居住在半坡，村落距浐河只有几百米之远，可能就是因为浐河在附近而打水方便的缘故吧。腰间围着麻片的妇女，三五成群地提着尖底瓶到浐河去打水，一定很快乐。在黄土覆盖了的村落之中，氏族的房子隐隐可见，数之，达46座。几乎每座房子里都有尖底瓶，或者是完整的，或者是残破的。

读葫芦陶瓶

葫芦陶瓶高不足一尺，形似葫芦，中间凹细，两头粗凸，一个圆而小的口。它是这样的一种颜色，仿佛是微弱的火正燃烧着，突然就凝固在那里，不明也不暗。它的表面基本是平滑的，用手抚摸没有坎坷之感，但细碎的斑点在颈部密布着，像蚂蚁咬了一样。

我推测，这是狩猎的男人使用的，他们出发之前，用它灌满了水，然后以绳系之，拴在腰间，渴了便可以喝水。狩猎的时候，到底是一个男人独行还是几个男人同行呢？妇女参加狩猎吗？在半坡的氏族村落，妇女是处于领导地位的，由于她们在生活和生产之中的主导作用，才形成了家庭和氏族。男人是游移的。氏族人之所以能够定居在浐河之滨，是由于有了农耕，不过，这是从狩猎和采集发展过来的，于是狩猎和采集的生存方式就得以残留，采集当然以妇女为主。我想的是，氏族的妇女为狩猎的男人送行吗？她们产生了感情吗？

读陶瓮

这是一个倒立的鸭梨，当然比鸭梨大得多，其高足有一米，从它的底缓缓地开放上去，之后迅速收敛，形成一个巨大的口。瓮口的直径几乎是瓮底直径的一倍，口是薄唇，光洁，不匀称。然而这个陶器，除瓮口是光洁的之外，全身都是划痕，那是一种规则的斜面似的刻印。这简单的线条竟使这个拙笨的陶器艺术起来。制作它的，也许是一个妇女。在完成了这个已经可以使用的陶器之后，她怎么想起给它增添一些线条呢？她是用树枝刻画的，还是用石片刻划的？对她的作为，其他妇女是欢呼，还是指责呢？开始在陶器上刻画线条，不管它多么粗糙，毕竟是一种创造。若没有一种轻松和鼓励的气氛，也许如此创造会遭到扼杀。那些压制制造冲动的人，显然是连氏族成员都不如的。

在半坡的氏族村落，其方形或圆形的房屋，依然有墙可见。大小不同的陶瓮，就曾经置于房屋的墙下，其中装着氏族成员的粮食，这就是粟。粟是在半坡发掘出的唯一的谷物。菜有两种，芥菜和白菜。它们的种子粘在一些陶器的内壁，尽管岁月已经将其腐化得不成其形，不过科学仪器终于鉴定它们是粟，是芥菜和白菜。

我感到奇怪的是，在村落的某些地方，氏族的人用陶瓮作棺埋葬孩子。陶瓮直立，其头向上。在瓮底，凿有小小的洞孔，好让孩子的灵魂出来作游。我作如此设想合理吗？那时候已经有了灵魂这种观念吗？

读陶缸

我对我面前这个缸的突出印象是，它的裂纹纵横，恰似一片一片缝合而成。也许其初它并不如此，只是后来氏族迁徙了，村落空空荡荡，成为废墟，而且相当悠久的时间没有谁光顾它，唯有野兽，唯有风、雨、太阳，到这里来参观，于是它就渐渐陈旧了，一个世纪又一个世纪为黄土所掩埋。突然发生了一次地震，周围的黄土塌陷捂之，使它分崩成这样了。当然，也许有妇女在制作它的时候，就已经打破了它，不然它的裂纹上面怎么会有几片泥巴，它似乎是附加在裂纹上面的，而且，它的灰色与整个缸的灰色不尽相同，这几片泥巴的灰色，显然要淡一些。这个缸的口很大，直径足有二尺，其唇厚而向外翻卷。

读陶罐

陶罐高有一尺，口的直径约五寸，平底，中间的部分鼓胀如孕妇之肚，它的颜色是红与灰相杂。其罐引人入胜之处在于，鼓胀的地方附加了四条绳似的堆纹。它们不很匀称，显然不是特意附加的，仿佛是制作它的人在完成这个罐之后，灵机一动，抓了几把泥，搓成条子贴在那里的。其人的心情一定是很轻松的。附加四条堆纹，并非为了坚固这个陶罐，所以没有任何功利目的，只是其人忽然想这样做吧，于是他就这样做了。阳光照耀着窑场，参加劳动的人都愉快地瞅着那双为它堆纹的手。

读陶甑

陶甑口大底小，腹壁斜直，特点是：在它的平底上穿有18个眼，大小不等。颜色黑红相间，有手指涂抹的痕迹。

这是一个炊器，人类走过了漫长的春秋，终于可以取火，并为自己服务。在半坡氏族村落，有几处灰烬掺于黄土之中，那是原始社会的人遗留的。我曾经轻轻地触摸它，虽然有一些暖意，不过不能印上颜色。它已经是变质的灰烬了。它是氏族的成员用其甑煮食或者蒸食留下的灰烬吗？我望着它，暗暗地问自己。我是回答不了的，但我可以继续问自己：这么小的一个炊器，蒸什么呢？煮什么呢？为几个人蒸煮呢？为孩子做饭吗？孩子是不知道自己父亲的，只有母亲为孩子操劳，那么孩子就在他们的房屋里外嬉闹吗？在半坡，氏族的房屋有的盖在地面，有的仍是一半埋在地下，似乎正在脱离穴居。

读陶碗

它像一朵向天空盛开的喇叭花，只是大得多，碗壁从碗口斜向碗底，一些沙子的痕迹隐隐可见，有一些粗糙，制作人的匠心却是存在的。我看到，在碗底出现了几个粗笨的齿轮，显然这是为了容易把握它。

读陶杯

把紫红紫红的一个茄子切开一半，掏去瓤，使其中空，然后，大头向下——就是这个原始杯子的造型。

我想象着用它喝水，尽管它臃肿的唇会磕撞牙齿，然而没有它显然很不方便。一切都是从简单开始的。人类所使用的杯子，已经千变万化，美而精致，不过它依然是以这种杯子为原型而发展的。哪怕最丑陋最拙劣的创造都是伟大的。世间没有几个人可以进行别开生面的伟大创造，一般的人，都是遵循着固有的思路。

读陶哨

灰色，灰得深重。口小而底圆，其壁从上到下渐渐增厚，手攥之恰恰合适。我定睛注视着那个口，它仿佛是一根筷子扎出来的。如果人的嘴对着它吹，那么气流在它中空的地方打一个折，就形成一个声音，或者细长，或者粗短，或者舒缓，或者迅急，全由气流而定。它可能主要是为了呼叫。这是氏族村落的声音，原始的人曾经为之兴奋，为之惊奇。

在半坡的氏族村落有一个公共场所，是人们议事和聚会之地。分别居住在几十座房屋里劳动和休息，属于氏族成员自己的事情，然而突然出现了什么变故，需要大家商量，迅速通知氏族成员是必要的，于是首领就让周围一个人吹哨，它的声音便将他们召集而来。不过，即使平常的聚会，也仍要以吹哨通知。如果仅仅是几个人的村落，是一个家庭，那么通知他们就没有必要吹哨，然而一个氏族，一个众多成员的村落，就应该有一个统一的信号。陶哨的出现不只是简单的传呼器具，实际上它是人的社会化、组织化的产物。

陶哨的用途可能还有很多。我想，狩猎的人走进深山老林，遇到了企图伤害他的兽群，或者打死了肥大的猎物，都可以吹哨联络，请求帮助。在祭天的时候，在葬人的时候，它的声音甚至是一种音乐。我的先民，是这样吗？

读陶钵

此器具为浅腹薄壁，直口平底，形似半球。沿着直口向下，是一圈横向的宽带，颜色深红。它表面光平，不过也有修磨之印。

我惊叹在几乎所有的陶钵的宽带上，都刻画着符号，那些刻画了符号的器具，共有 100 件之多。将打碎的刻画了符号的陶片收集起来，竟是大大的一堆。这些符号有的是一条横道，有的是一条竖道，有的是并列的几个横道或竖道，有的是一个竖道上下带钩，有的是一个横道左右带钩，有的是两个斜道交叉，有的是竹叶形，有的是牙齿状，而有的则像残缺的字母。我难以判断这是记事还是记数，然而，我知道这些符号不是半坡氏族人的无聊的产物。生产和生活，已经使他们有了表达自己意思的必要了，于是他们就要使用符号。中国文字是长期发展而来的，半坡氏族人的符号很可能就是始创。如果确实如此，那么就可以通过它而触摸原始人的思维方式了。那是多么稚嫩又多么古老啊！

读鹿纹陶盆

此盆为直口，边沿向外翻卷，盆底略小。在它褐色的内壁，饰有四只黑色的小鹿，腿长尾短，两角叉开，或作奔跑之状，或作行走之状，或作睨视之状，或作扭头之状，格调简单，形象生动。这些鹿当然是先民曾经追赶和捕获的动物，他们对其了如指掌。用鹿饰以器具，是表示对它的征服还是表示对它的喜爱？这是一个难解的谜。然而，它所透露的气息，是一种美的呼唤和启示，它愉悦了人的精神。它展示的，是人类心灵跋涉的道路，这就是美。原始人都能把美引入生活，那么，已经发展了的现代人，如果忘记了美而生活，那么它就是退化。

读波纹陶盆

其直口较大，平底微小，薄壁向外鼓突，修磨得很是光平，几条波纹似乎随风起伏着。波纹是由横线曲折而成，我望着它，却感觉很有灵气。我首先想到了浐河，似乎只有浐河才会荡漾这样的波纹。半坡位于浐河东岸，先民饮其水，捕其鱼，朝夕相处，春秋相见，遂很熟悉，于是，在制作器具之际，将其看见的水描画出来。将浐河凝聚为几条曲折的线条，当然是一种能力，没有智慧是做不到的。

读网纹陶盆

其盆形似半个西瓜,口大,底小而圆,外壁内壁皆光平,褐色,四片对称的网纹在其内壁。很可能是渔网,它线条交叉,不很整齐,也不很零乱,因为是黑色,所以非常清晰。用渔网饰以器具,除了艺术价值之外,它也透露了半坡氏族人的生活,我仿佛看到了先民在浐河结网捕鱼的情景,其繁忙的场面,似乎从遥远的岁月浮现而出。

读鱼纹陶盆

之一,这是过去打碎的陶盆,不过专家将其组装起来了,现在尽管裂满缝隙,望之却依然完整。满是红色,外壁有五条鱼,大小相等,作浮游之态,其首尾连接,似乎是在追逐,皆张口,睁目,翘鼻,悠然自得,不慌不忙。

之二,此陶盆很大,红色的外壁,是两条重叠在一起的鱼。当然,重叠的只是鱼身,鱼头与鱼尾仍外露并清晰。线条简洁而率直,似乎制作它的作者正进行着抽象的思维。

之三,该陶盆依然是红色,口与底一样大小。其壁对称地向外鼓出,饱满如帆。在这里,有着难以破译的人面鱼。它是这样的:人面为圆形,眼、耳、鼻、嘴皆以黑色表示,其神秘之处在于嘴的两边各噙一鱼,两个鱼头在牙齿之间,两条鱼身在嘴外摆动。人的头顶盘着一团束发,并有笄子穿过。把鱼噙在嘴里,到底是什么意思呢?一个氏族迁徙到浐河之滨而居,首先要考虑的问题是食物,当时的关中,水草丰美,森林茂密,而且有土地耕种,但食物依然是氏族的最大困难和最大障碍。浐河及沼泽有众多的鱼,终于在一天的某时某刻,先民发现鱼是可以吃的,他们便开始捕捞。种粟种菜,不能保证年年收获,但水中常常是有鱼的,鱼便成了氏族部落重要的食物。先民从而崇拜它,将它含在嘴里,当作图腾。实际上在中国人的心中,是没有什么神圣之物的,对所有那些要敬仰的东西,过了敬仰的阶段,他们就弃之一边。他们的敬仰是让社会参观的,自己并没有敬仰的真情。对龙,对王,皆是这样,甚至孝父孝母,都是给自己沽名钓誉。陶盆上的人面鱼,对鱼既敬之又食之,大概就是这种心理的原型吧?不过,嘴里噙鱼,也许还是表示希望得到更多食物的一种心愿吧!

周　原

我到了周原。

尽管到处都有村子,那些古老的杨树、槐树、桐树及果木,将村子遮挡得严严实实,我走在村子的小巷里,才能看到房屋的门窗,但广袤的周原,给我的感觉是岑寂的,悲凉的。老人和孩子安然地坐在檐下,茂密的庄稼覆盖着所有的土地,阳光疲倦地洒在横穿田野的小路上,小路上竟没有一辆汽车在通行。历史曾经在这里掀起潮流,它惊涛拍岸,骇浪滔天,但它终于沿着一条命定的河床流逝了,它不可能久留此地。潮流已经流逝了3000余年,它没有回头。它不会回头,潮流是不再回头的。

周原不是一块狭小的地方,它北依岐山,南临渭水,包括今天的武功、扶风、岐山、凤翔及宝鸡一带。夏日的阳光,将长满庄稼的周原照得一片茫然。虽然它是一层深厚的黄土,不过这里毕竟有六条河流过,有五眼泉涌动,并不贫瘠。诗曰:"周原膴膴,堇荼如饴。"这是古人的感觉。可惜著名的润德泉在1989年6月3日突然枯竭,在这里,我所看到的是,有着精美浮雕的石栏,已经让太阳晒得滚烫,斑斑苔藓,绿色殆尽,池中之水一片死寂,尤其两只青蛙的尸体,特别地显出水的乌黑和肮脏。如果不是周围草木茂盛,那么它的气味一定难以忍受。润德泉是唐宣宗所赐之名,遗憾其水竟变成这种样子，九泉之下，也许会悔其所赐吧。

周人兴于邰地，就是武功一带，那时候，他们仅仅是一个部落。此片土地平坦而肥沃，宜于耕作，它养育和保存了这个部落。周人的祖先为后稷，他是母亲姜嫄踩踏了一个巨人的足迹而怀孕的。姜嫄无夫生子，感到羞耻，遂将其子弃之隘巷，然而牛马绕行，之后弃之树林，樵夫收拾，弃之冰河，飞鸟护卫。姜嫄以为有神佑，从而精心抚养。因为他累累遭弃，便谓之为弃。后稷曾经从植物之中选择了五谷，使周原有了耕作。当了部落首领之后，后稷依然喜欢农业，于是周人就在武功一带安居下来。不过东部的商人对他们是一个巨大威胁。在这一带生息，周人缺乏安全，遂到公刘的时候，周人便在其率领之下，迁徙于邠，就是彬县一带，过着穴居野处的生活。14代之后，古公亶父基于周人遭戎狄侵扰，遂率之迁徙周原。他们跋山涉水，餐风饮露，来到岐山之下。站在周原的一条古道旁边，我望着夕阳明媚的岐山，感觉它并不高大，但它两个并列而峙的顶峰，像牴角似的指向天空。天空是炽热的，呈现着夏日太阳燃烧得过度的蓝色。岐山向两边延伸，它屏障似的跨过辽阔的土地。在周原，渐渐有了淡淡的烟雾，无边无际的树木与玉米之中，农民正在盖房，挖土，施肥，有的在悠闲地走动。岐山并没有树木覆盖，它的只长着一些野草的坡岭，远远望着会给人以光滑的感觉，而探矿和造田所进行的挖掘行为则在那里留下了狼藉。周人伟大的事业便从这里开始，从周原开始的。

夜晚，我在岐山县一家小小的旅馆重温司马迁的书。窗外的风吹拂着纳凉的人，舞曲轻曼，秦腔激荡，穿越于楼房和街道之间，零落的几摊小吃，招引着最后的顾客。屋里，橘红的灯光照耀着蒸熟了的空气，我的影子紧贴在空空荡荡的墙壁上，而我的思想则激动着。中华民族在早期是充满奋发精神的，周人为了生存，再三迁徙，而且这种迁徙并不是那种消极地对困难的逃避。在周原，古公亶父率其族群发展农业，使之能够饱食，并构筑城郭，设立官职，建立国家。他教育子孙，只有招揽有贤能的人，才会使国家强大。他有三子，不过他并没有把王位传给长子和二子，他认为三子季历充满了潜力，遂将王位传给他。对于周人的兴旺，商人很是恐惧，并借故处死了季历。季历的儿子姬昌，得知父亲被杀害，便时刻准备复仇。他大量地吸引高士，以作准备。商纣王知道姬昌的动向之后便抓捕了他，囚禁其于羑。不过在这里，姬昌装疯卖傻从而蒙骗商纣王，无聊之际，便充实八卦。商纣王在得到周人所送的很多马匹、珠宝、美女之后，利令智昏，便把姬昌释放了。姬昌胸有成竹，四处奔波为自己寻找灭商的杰出之人，姜太公便是他在渭水之滨得到的智者。在姜太公的辅佐之下，姬昌东征西讨，结果是三分天下，周有其二。姬昌即位为周文王那年，一群美丽的凤凰飞越周原，其灿烂的歌声融入了周原辽阔的云天。这些凤凰栖息在周原北部的岐山，周人遂认为自己真正升腾的日子到了！果然，周文王有了雄厚的实力便作邑于丰，此地在西安南部。周文王逝世之后，周武王继位，为了彻底推翻商的统治，两年之内，其秘不发表，以免动摇军心。周武王先移都至镐，步步向商的中心及朝歌推进，后率精兵数千，一举推翻了商。周武王向商纣王的尸体连射三箭，并割下他的脑袋示众。此事在临潼出土的青铜器利簋上有所记录。

在岐山，我瞻仰了周公庙。森森古木，笼罩着这里的建筑。暮色之中，有鸟与蝉鸣叫，奇异的花香被夕阳的余热蒸发着。只有我一个人在周公庙徘徊。我的心情是平静的，也带着一些良知所赋的肃穆和虔诚。进入那种神化了的地方，我的心情总是这样。周公姓姬名旦，为文王之子，武王之弟，成王之叔，是周朝勋臣之一。他曾经辅佐武王灭商，武王逝世，成王处于襁褓之中，遂由他摄政。周公东征，惩罚了叛乱分子，并制礼作乐，以调节人与人的关系。春秋之际，礼崩乐坏，孔子连连叹息，并为恢复它而周游列国。孔子崇敬周公，常常在梦中见他。在周公像前，我遇到三位来自武功的农民，他们神情严肃地对着周公像连连鞠躬，额头的汗水在摇曳的烛光之中闪闪烁烁。这些农民鞠躬结束，便默默地走了。我注意到在周公庙的一些树上系着红色的缨子，这些缨子像女孩的小辫，扎满了枝杆。周原是充满了深厚的风俗的，这些红色的缨子，显然有其含义。天慢慢地黑了，高大的汉楸唐柏及参差的古木，使这里的空间一片幽暗。周公庙在一个三面环山的地方，唯有风自南飘，其南正是周原。我走出周公庙的时候，开阔的周原宁静地展现在霞光之中，有几个农民在路旁的树下一边休息，一边说话，其神情仿佛是一种传统。我忽然感觉自己进入了古老而破烂的幻境，进入了一片废墟之中。

　　周人曾经依靠周原发展，即使在丰作邑，在镐作邑，他们也经常在周原祭祀祖先。周人的青铜器是著名的，凡礼器，兵器，食器，乐器，应有尽有。重大事件都以铭文记录于这些青铜器之上，它们既是周人的档案，又是周人的文献。周原的黄土之中，埋藏了很多这样的青铜器。在周王朝衰落的岁月，北方的游牧民族将这里的城郭付之一炬，周人不能把青铜器带着逃跑，于是它们就被埋入黄土之中。在相当悠久的岁月，从周原发掘的青铜器流失在外，其中一些为人所盗卖。扶风县一个农民,在碾麦的时候,发现麦场突然有一处陷塌成洞,洞中金光闪烁,便伏身探之,见青铜器,遂悄悄封洞,之后乘着夜幕挖之,并分藏散售,居然发财。著名的毛公鼎,其形制朴素,腹如半球,足似马蹄。毛公鼎记录了周宣王对毛公厝的策命辞。此物出土之初,由山东潍县陈介祺收藏,之后辗转为广东一个总督所有。清朝覆灭之际,流失香港,一个美国人竟企图收购,未遂。抗日战争期间,它为日本人占据,有中国人不忍,便以高价买之而秘藏。战争胜利,他献了出来,可惜1949年被运到台湾了。一些文物贩子常常在周原作案,他们以夜色与庄稼为掩护,偷偷发掘。周原布满了文物贩子冒险所留下的坑坑洼洼。在周原,我看到很多青铜器,它们给我的感觉是神秘的,狰狞的,迎面扑来一阵压迫和征服的气息。将青铜器铸造得那么厚重,那么恐怖,除了有冶炼的因素之外,我认为,主要源于周人对世界的一种畏惧心理,从而希望得到神的保护,并使自己安生。在周原,不仅仅有这样的青铜器,而且有在年岁之中风化的宗庙和作坊,还有酥烂的木渣和灰层。

为历史所遗弃的周原,曾经是一个多么兴旺而灿烂的地方,这不是只有天知道!可惜现在它苍老了,衰败了,无可奈何地躺在天空之下,以古老的地力与地气,为这里的农民一年生长两茬庄稼。它难以为时代的英雄提供舞台了。周原盛于农耕文明刚刚传播之际,不过文明是一个过程,这个过程从周原来到咸阳,来到长安,在长安它曾经像花一样开放得极其绚丽,不过它也由长安转入败落。一个新的工业文明,适其时代而产生了,问题是它产生在沿海和沿江。文明显然不是随处产生的。不同的文明,选择着不同的地域,这并非以人的意志而转移。我这样的思想，是周原启示的，因为如斯，我既为周原而歌，又为周原而哭。

　　周原的京当乡和黄堆乡，处在岐山县与扶风县的交界，根据考古勘察，此地曾经是周人的活动中心，他们的窑洞、房屋、城墙，就是在这里倒塌而湮灭的。我离开周原的时候，恰恰从这里走过。夏日的太阳残酷地照耀着古老的大地，玉米上与谷子上的露水几乎蒸发殆尽，其叶子只能卷曲起来。如果不是野风摇动它们，那么它们发涩发白的叶子，一定更蔫而更垂。杨树高高地举起自己的枝条，在周原，它是唯一挺拔的植物。我步行着穿过稀落的沉闷的村子，这些村子往往有小孩在小巷玩耍，有在风吹雨淋阳光所照之下糟烂的门联，偶尔看到一场丧事，院子一片白衣，巨大的花筒吊在树上，我穿过这样的村子，长久地走在庄稼相夹的路上，觉得太阳要把我烤焦了。周原辽阔而坦荡，给人一种可以俯视的感觉，然而它过于安静，过于沉默了，以至于我怀疑这无边无际的庄稼是不是由人播种的。有时候我碰到一条沟壑，这山洪切割的地缝往往是干涸的，连一根蒿草也不生长。有时候我碰到一个宽阔的河渠，它迟疑地流淌着幽深的水，水是平静的，浓厚的，我不能判断它的源泉在哪里，它的出路在哪里，它在周原流过了多少岁月！寂静压迫着四野，唯有鸟和蝉在庄稼之中作响。我在路上只遇到一个老人，他瘦若干柴的手握着一把镰刀，青筋像铁丝一般穿入皮下。老人在为自己的牲口割草。他认真地为我指路，唯恐我迷失方向。阳光是白的，古老的周原承受着它的注射。一些直立的坡坎交叠着千年万年的水土流失所致的条条线线，风化了的土块会忽然自己滚落而下。藏在洞里的蛇，将自己油滑的起着花纹的软体盘在一起，红色的信子伸出缩进，阴森的眼睛向着洞口，野草为它作着掩护。老鼠披着阳光，互相追逐，而且胆敢从路上穿梭来往。它们竟在树下热烈地交配，那连续的叫声像铜铃一样响亮。我毛骨悚然，迅速地向前走去。此时此刻，森然的气氛窒息了我的精神，我所想的唯一问题是：这只能是周原的阳光，周原的坡坎，这也只能是周原的蛇和老鼠，别的地方是孕育不出它们的。

悠悠渭水

总有一天，渭水会枯竭的。只要我看到渭水，我就这样想。这是我的忧虑而不是诅咒。

渭水从来没有使我产生喜悦的感觉。它那种迟疑的流动速度，浑浊的含着泥沙的颜色，切割河岸而使之渐渐坍塌的做派，不由得就让我皱起眉头。它走过乡村，走过城市，走过长满茂密庄稼并承接煌煌阳光的田野，都是一种无声无息的样子。它的不想引人注意的沉默状态，反而给人一种阴暗而恐怖的印象。

在我最初看到渭水的时候，跟着我的同学和老师。我们乘火车从西安到宝鸡去实习，当此之际，欢歌笑语是伴随着我们的，不过一旦渭水出现，我们便中止了欢笑，而且几乎所有的同学都探头望着渭水，默默无言。渭水在旅途忽隐忽现。渭水是古老的，它包藏的东西实在太多了，仿佛只有默默无言，才可以表达无限的感慨。

渭水发源于甘肃南部的山区，它艰难地穿过了那些荒凉的旷野，从宝鸡进入关中，然后在潼关汇入黄河，随之退出关中，全长 818 公里。渭水接近黄河的一瞬之间，突然淹过河堤。它蓦地拓展了，膨胀了，向两边漫延，并将大片大片的土地覆盖于自己黄色的波涛之下。渭水的浩淼，只有在它扑向黄河的时候才能看到。

渭水在它的旅途之中，吸收了众多的支流，否则，它就不能最终形成一种气势。它融汇于黄河之际，确实让人感到了一种气魄和力量，那是它来者不拒的结果。它的支流，在南岸的，多出自秦岭山区，著名的有灞河、潏河、沣河、黑河、遇仙河、赤水河、罗敷河、清姜河。在北岸的，多出自黄土高原，著名的有洛河、泾河、金陵河、漆水河。灞河发源于蓝田境内的秦岭北坡，它于上游接纳了辋川之水，于下游接纳了浐河之水，从而加大了自己的流量，在高陵汇入渭水。潏河与沣河皆发源于长安境内的秦岭北坡，在咸阳汇入渭水。黑河发源于秦岭的主峰太白东侧，它是渭水南岸最大最长的支流，在周至境内汇入渭水。洛河发源于白于山，在大荔境内汇入渭水。泾河发源于六盘山，经过长途跋涉，在高陵境内汇入渭水。泾河的泥沙含量少于渭水，它们混合之后，很长一段距离依然是一道为清，一道为浑，尽管同时奔流，不过界限确定，遂有了泾渭分明的典故。遗憾的是，这两条河的泥沙含量现在几乎相等了，那些给人启示的自然风景已经消失。如果将渭水和这些支流剪辑下来，绘画成图，那么它就是一个羽毛状或叶脉状的体系，它闪烁着，流动着，贯通于关中。实际上关中平原就是渭水冲积的，它创造了这个平原，并带着它众多的支流滋养这个平原。一百万年之前，这里气候温和，水草丰美，人类的祖先赖以生存。

中国最早最老的城市出现在渭水之滨，咸阳在其北岸，西安在其南岸。在相当悠久的一个历史阶段，这里是中国乃至整个世界的繁荣之地。在10世纪之前，渭水之滨无疑是中国封建社会的政治中心，很多伟大的人物，在这里演出了惊天动地的戏剧。足以让中国人感到骄傲的唐朝，便是在这里建立的。随着它的衰落，泱泱大国的政治中心向东方漂移，这种漂移是固执的，坚定的，而且不可逆转。它没有回头的希望，即使站在它留下的废墟上跺脚呐喊，它也不会回头。古人把他们高大的陵墓留在渭水两岸。当然不只留下了陵墓，他们留下的还有一堆庞大的文化，有其精华，也有其垃圾，这些垃圾现在仍压迫人，毒害人，摧残人，我的心中便充满了它给我制造的创伤。咸阳和西安，就坐落于悠悠的渭水之滨，现代文明怎么打扮它们都难以遮挡其古老之痕。它们的古老是深厚的，是从地缝和云间透露的。那条沣河，绕在咸阳的东部，周朝的遗址，便在其下游发现。沣河的沙子细腻而白净，是优良的建筑材料，我从这里经过，每每看到农民从地下挖掘着沙子。唐诗一再吟诵的灞河，在西安的东部。灞河就是过去的滋水，春秋时代，秦穆公表彰霸功，将滋水改为灞河，并创建了灞桥。在古代的战争岁月，灞河是一条重要防线，鲜血是当然染过灞河的。唐朝是中国一个鼎盛的阶段，那时候，长安的亲故送别，总要走到灞桥折柳以赠。古人有这样的雅兴。某些时候，我竟为之向往，我想象着两岸垂柳，一片飞花，随之便沉思起来。我感到人类是一边吸收，一边丧失，丧失的竟常常是一种美。

穿越西安和咸阳，沿着渭水上溯 180 公里，便是别的一座城市宝鸡。古代的陈仓就是它，在夏商时候它就已经存在了。渭水在宝鸡，我总觉得它有一种刚刚进入关中的异样的姿态。宝鸡西部，多为丘陵，渭水穿过这样的地方，当然是迂回曲折，处处有碍，不过它到了宝鸡，便是到了一望无际的平原。在平原奔流，它的河面一下变得坦荡而宽阔了。秦国曾经向晋国运送粮食，用的是船，宝鸡是其起点。渭水有很大的流量，船从宝鸡出发，浮在渭水的波浪上，悠悠向前，一直可以行至黄河，其对岸便是晋国了。公元前 656 年，秦穆公娶晋献公之女为妻,这秦晋之好,使晋国在旱灾之年,得到了秦国的支援。那时候,雍是秦国的都城,它在今天的凤翔南部,是很容易到达宝鸡的。经过几个世纪的发展,秦国日益强大,便向东部扩张,并将都城从雍迁往临潼的栎阳,在此仅仅活动了34年便迁往咸阳,在这里,秦国实现了统一中国的愿望。秦国向东部的推进,只能沿着渭水一线,因为这里土地肥沃,易于牧耕,有着丰富的资源。

实际上,在秦国之前,已经有周人这样做了。秦国沿着渭水流域活动,是否是受了周人的启示,难以确定。可以确定的是,渭水两岸,无疑是一个膏腴的富民之地。周人从开始便活动于渭水之北,随之从武功一带迁至彬县一带,接着迁至岐山之下,在周原,周人积累了崛起的力量。凤鸣岐山,是一个带有神秘色彩的预兆,周人相信这个吉祥的预兆。周文王率周人跨过渭水,在沣河西岸建都为丰,他逝世之后,周武王在沣河东岸建都为镐,并联合其他部落,消灭了商的统治,建立了周朝。周幽王二年发生了一次地震,渭水干涸,周人认为这是一个凶恶的预兆。事实是,不久之后,周幽王就被诸侯杀了。他为博得褒姒一笑,曾经在骊山点燃烽火而戏弄诸侯。周幽王之死,标志着周朝开始走向衰落和灭亡。尽管如此,周朝所建立的那些宗法制度和人伦道德,显然在渭水流域埋下了种子,之后出现的种种王朝,无不带着阴森的青铜之光,我的心中就有这样的光给我的刺激。

刘邦建都长安,是经过一番论证的。他开始想在洛阳建都,不过一个戍卒娄敬认为不妥,劝其建都关中。刘邦犹豫,遂问计张良,张良指出关中有几大优势,其中渭水是重要的一条:诸侯安定,赖以运输，供给京师；诸侯哗变，顺流而下，足以迂回。刘邦便决定建都长安。随之出现的其他王朝，赫赫如隋朝与唐朝，都以长安为国都。问题是，这个渭水河浅沙多，而且在临潼以上常常分叉，在临潼以下十里九弯，渭水游游荡荡，摇摇摆摆，不利行船。于是历史上就有了四次开凿漕渠的工程。

漕渠在渭水之南，大致平行于渭水，然而它没有曲折，是直达潼关的。漕渠之流，依靠渭水，它是漕渠之源。公元前129年，汉武帝接受大臣郑当时的建议而修建漕渠。在绵延几百公里的工地，到处是劳动的农民。经过三年努力，漕渠成功。它既可以灌溉，又能运输，长安之需，得以充实。公元584年，隋文帝接受大臣于仲文的建议，疏通漕渠，解除船夫之苦。由于泥沙淤积，深浅异常，行船艰难，必须挖掏才行。公元774年，韦坚得到唐玄宗的支持，下令重开一度关闭的漕渠。公元827年，韩辽献计，唐文宗发号再启漕渠。安史之乱，京师遭到破坏，漕渠难免荒废，然而保障供给，利用漕渠运输是很有必要的。漕渠为长安的繁华，确实是劳苦功高。不过，当我在西安北部寻觅漕渠堤岸的时候，我什么也没有看到。旷野茫茫，到处都是庄稼，隐隐可见灰色的建筑在天空之下向渭水逼近。我站在一棵树下，明显感到西安在迅速膨胀。

随着岁月的流逝，那些建造在渭水之上的古老的石桥，已经消失得无影无踪。汽车与火车，日夜穿过渭水，不过今天这些桥都是以钢筋水泥而制的，它们当然坚固而实用。然而，人难免产生一些怀旧的情绪，可惜，我只能在古籍之中查寻过去那些石桥了。渭水曾经有三桥：东桥、中桥、西桥。渭水两岸的广阔地域都靠它们连接。东桥位于西安东北25公里处，在这里，历史上发生了多次激战。公元417年，大将王镇恶率兵向后秦进攻，他们从黄河进入渭水，并躲入小舰之内。小舰徐徐而行，后秦之兵，见其小舰而不见其人，惊以为神。诡谲的是，他们登岸之后，王镇恶为绝退路，放走了全部小舰。他身先士卒，要求所有人拼死冲击以得生，结果是大破后秦之兵，并攻入了长安。唐朝末年，黄巢称帝之后，他的部将朱温曾经屯兵东桥，受到官军的进攻。中桥在西安北部，它是渭水最大最早的一座桥，那个喜欢耀武扬威的秦始皇，巡视四方的时候，总是通过此桥离开咸阳，并通过此桥回到咸阳。西桥位于西安西北25公里处，汉武帝建造它，是为了通达茂陵。在唐朝，李世民曾经骑马站在这里，向对岸一些突厥人喊话，要求他们遵守盟约，不要冒犯。这些突厥人企图趁李世民即位之机进攻长安，这是公元626年的事情。唐玄宗推行穷兵黩武的政策，连年征战，人民苦难，杜甫在这一带看到的是车辚辚，马萧萧，尘埃之中，人们顿足牵衣，哭号道别。那些被募兵打仗的农民，腰挎弓箭，走过西桥，前往边疆。杜甫对农民那种深切的同情，我现在仍能感到，然而西桥早就没有了，唯渭水在流。渭水带着下沉的泥沙和上浮的污秽，缓缓东去。

渭水一向缺少明快的格调，这不是什么可怕的问题。强求它变得明快，未免期望过高。渭水的问题在于它很肮脏，它那种固有的泥沙般的颜色显然已经遮掩了自己的肮脏。如果它先天是一条清澈的河流，那么它就有可能成为地球上最丑陋最龌龊的河流之一。这样揭露渭水，我是很痛苦的，我的灵魂有一种遭到雷击似的震颤。我就出生在渭水创造的平原上，那里恒久残存着它曾经冲刷的纹理。不过渭水确实不干净，不卫生，否认这种状况便是虚伪。人类的很多事情，坏就坏在虚伪上，我不想这样对待渭水，它毕竟是一条古老的渗透在历史和现实之中的河流，真诚地对待它，就是对它表示尊重。

在宝鸡，或是在咸阳和西安，我到处看到汽车载着垃圾向渭水倾倒。堆积在堤岸的垃圾五颜六色，疯狂的苍蝇群起群落。实际上不仅仅是这些城市向它排泄，渭水一线的众多的乡村没有一个放过它，只要是靠近渭水的人家，都会将垃圾扔向其河。没有谁想过这样一个问题：我们和我们的子孙只有一河渭水。也许有人想过，然而这种观念如果没有成为多数人的观念，那么渭水只有遭殃。不喜爱和不维护自己的生存环境，我想，这样一群人的灵魂一定非常渺小和猥琐。夏天，上涨的渭水从滚烫的阳光下面穿过，它的两岸刚刚收割了小麦，玉米和谷子正在生长。田野闷热之极，兔子都不愿觅食。冬日，下落的渭水被突出的泥沙之渚撕扯得破破烂烂，渭水分割为小溪，小溪若断若续，似流似停。那些突然变得开阔的河滩，一片空旷而冷清，城市和乡村，都在灰暗的天空下面沉默着。如果阳光照耀，那么宁静的河滩也许会有情侣，当然也可能有小偷和妓女，还有孤独的灵魂在悄悄活动。风忽然会从他们身上越过，然而他们不会理睬。河滩在断裂的地方断裂了，在平坦的地方平坦着，没有一个整体之感，不过到处都有渭水的波涛之痕。

我一直想到居住在渭水之滨的人家去看一看，这是一件很简单的事情，但我始终没有成行。我曾经几次站在渭水的河滩上向那些村子眺望，那里总是静默的。高耸的杨树、槐树和其他树木，密密地聚集一起，几乎掩盖了高低错落的平房和楼房。村子仿佛没有人的喧闹，唯有稀疏的鸡鸣犬吠越过渭水，远远传送。我不知道他们是如何度过沉沉夜晚的，我更不知道他们是什么时候居住在这里的，他们是迁徙而来还是自古栖息，这些我都不知道。我当然不知道面对单调的日出日落与月升月降，他们都想些什么，他们是否喜欢这里。

附录：秀浐骚灞论

浐者，浐水也；灞者，灞水也；近者知，远者思。浐入灞，灞入渭，渭进黄河，构成了一个生动的现代进行时的水系，而西安则居其中。西安幸运，西安人当感谢远古岁月那些智慧的规划者和建都者。绕城数水，随演化已经或断或逝，可喜渭在流，灞在流，浐在流，西安有水便不悴。

我在大学读书时，有一年要到临潼去作社会调查，乘车过浐桥并灞桥，从而识其二水。悲哀啊，因为我所见的浐水和灞水，全然不是我所想象的。灰天团云之下，堤岸裸露，川道凌乱。李白诗曰："上有无花之古树，下有伤心之春草。"可惜我寻而不见，甚至它们败坏了我的印象之美。

实际上在20世纪之前，浐水和灞水一直处于自然状态，雨多水涨，雨少水落，春木尽绿，冬草遍黄。尤其是浐水与灞水总能慷慨待人。母系氏族要安家，那就安家。秦穆公图谋霸业要架桥，那就架桥。汉唐以关中为京畿，要灌溉，那就灌溉，要航运，那就航运，要赏光，那就赏光。老子论曰："水善利万物而不争。"诚然，浐水，诚然，灞水，特别是对于人，它们既哺之以命，又养之以灵。

但人没有给浐水和灞水相应的护理，尤其是进入20世纪，随着工业化的出现，它们遭到贪婪的攫取，甚至变成了纳垢之所。美国生物学家 R. 卡逊以一则寓言警示了环境的破坏："这儿的清晨曾经荡漾着乌鸦、鸫鸟、鸽子、樫鸟、鹪鹩的合唱以及其他鸟鸣的音浪；而现在一切声音都没有了，只有一片寂静……"尽管浐水和灞水及它的周边没有这种遭遇，不过也十分丑陋了。有一阶段，挖沙者把其变成狗啃状，排污者把其变成炸酱色。日照百里，鱼不游底，鸟不鸣柳，沉闷之极。

在西安人有了生态理念之后，浐水和灞水的命运开始转折。沙不再滥采，污不再恶注。西安人还舍得投以巨大的人力和财力，种草植树，修堤制坝，整流固源。这很有向大地忏悔和谢罪的意思，它也是否定之否定的证明。总之变了！凡是这几年到浐水和灞水一带走一走的，无不叹而赞之！

浐水和灞水从来没有像今天这样打下了科学技术的烙印，它显然是西安人的一种创造。不过保持其个性，加强其地域与传统的特点也非常必要。我观其水，浐杰出于秀，而灞则闻达于骚。浐水流程短，落差小，河道弯曲度从上游到下游渐渐宽大，石白沙纯，浪细岸平，不亦秀乎！灞水之异，在它完全荡漾着一种由诗歌笼罩着的历史感和文化感。汉王粲曰："南登灞陵岸，回首望长安。"唐李白曰："送君灞陵亭，灞水流浩浩。"杨巨源曰："杨柳含烟灞岸春，年年攀折为行人。"戴叔伦曰："濯濯长亭柳，阴连灞水流。"清王士禛曰："闺中若问金钱卜，秋雨秋风过灞桥。"风雅之士，世代所弄，不亦骚乎！

2007 年 1 月 5 日于窄门堡

滚滚帝陵

　　关中到处耸立着帝陵，随便走出西安哪个城门眺望，我都会看见烟云托着高坟大冢。踏遍这些帝陵是艰难的，它们分布在广阔的地域。帝陵悠久地隆起于苍凉的田野或山坡，在那里，它们寂寞地向风雨叙述过去显赫的岁月。帝陵的位置由风水先生选择，他们并不是以普通的眼睛选择普通的地点，这是神秘的，关系着皇上的江山和子孙，于是帝陵就可能修建在任何一个地方，不嫌其远，不嫌其偏。当然，这样的帝陵限于那些在位的皇上，王朝是变化的，那些落难的皇上，往往会被草率地埋掉。在历史上，曾经有13个王朝在关中建都，时间总计千年之久。实际上10世纪之前的中国人，是以关中为圆心而活动的，他们给这里遗留了近乎80个帝陵和800个陪葬之墓并不奇怪。坟冢在这里星罗棋布。坟冢像凝固的波浪在大地上起伏。走在这古老的大地上，我感到帝陵滚滚而来又滚滚而去，累累坟冢简直要淹没了我。

　　咸阳原是帝陵最为密集的地方，西汉的11个皇上，有9个埋在这里。汉高祖刘邦的长陵，在渭城区窑店乡。汉惠帝刘盈的安陵，在渭城区韩家湾。刘盈是刘邦和吕后的亲生儿子，17岁继位，但大权被母亲吕后掌握，其生性仁弱，尽管他对吕后的专横暴戾极为不满，然而无力抗争，终于在24岁那年抑郁而死。汉景帝刘启的阳陵，在渭城区肖家村。刘启在位 16 年，其间，他严厉打击割据势力，平息地方叛乱，加强中央集权，是一位有作为的皇上，然而他并不仁慈。史记，他继位之后，立即征集 10 万刑徒修建坟冢，这些人戴着沉重的刑具而从事繁重的劳动。汉武帝刘彻的茂陵，在兴平县南位乡。汉昭帝刘弗陵的平陵，在秦都区大王乡。刘弗陵是一位有才能的皇上，不过非常遗憾，他短命，21 岁便驾崩了。汉元帝刘奭的渭陵，在渭城区周陵乡。刘奭优柔而迷恋声色，常常为宦官所利用，没有什么政绩，在位 16 年，42 岁死亡。汉成帝刘骜的延陵，在秦都区郭旗寨。其 46 岁逝世，没有比其父亲刘奭长寿几年。他属于荒淫的君主，初宠班婕妤，后宠赵飞燕，有意作乐，无心勤政。汉哀帝刘欣的义陵，在渭城区底张乡。刘欣在位的时候，王莽施展权术，争取民心，成了炙手可热的重臣，但他不闻不问，只一味赏悦他的男宠。他与董贤出则参乘，入则卧起，甚至连董贤的脚步之声也能辨别。其 24 岁便性命哀哉。汉平帝刘衍的康陵，在渭城区大寨村。他是西汉的末代皇上，9 岁为王莽所拥立，于是他就注定成为王莽掌中的傀儡，并终于被王莽毒死，可怜才 14 岁，还是一个少年。

这 9 个帝陵和它们的近乎 500 个陪葬之墓，组成了浩荡的群落，沉重地覆盖着咸阳原。咸阳原处于渭水和泾河之间，地势高耸，土层深厚，背靠北山，面向长安，遥远的西汉风水先生认为，这是一片宝地。2000 年之后，我曾经几次到这里作旅，我的心情是犹豫的。我带着强烈的批判意识徘徊在帝陵之间，然而，站在这一个又一个覆斗形状的土堆面前，即使站在其主昏庸之极的帝陵面前，我也总是沉默着。

在一个清冽的冬日之夜，我由一个农民陪着，登上了刘邦之墓。他是一个成功的皇上，不过我反对他的为人，我判定在他的身上，有一种流氓气味。古代政治以运作权术而决定成败，如斯恶劣之习惯，他是要负一份责任的。尽管我作此之想，然而我仍向这个帝陵鞠了三躬才登上其顶。天高而寒星闪烁，地平而冷风吹拂，这是我对长陵的印象。刘邦瞑目之际并不安然，虽然在他逝世之前，召集了文武百官和吕后其人，要他们到一座大庙去议事，举行白马之盟，约定非刘氏为王而诛之，但他终究担心吕后篡权。皇上之位，当然是至高的，然而至高之位并不意味着永固的幸福。刘邦担心的事情终于发生了，白马之盟遭到了破坏，这由不得刘邦。在那个冬日之夜，长陵周围的土地，白水汪汪，红光点点，农民为了小麦的丰收夜以继日地浇灌。朦胧的雾色之中，他们的身影缥缈而动，四周一片寂静。

刘邦的陪葬之墓是众多的，吕后之墓在这里，他的功臣密戚之墓也在这里。由于年代久远，坟冢的标志已经消失，很难区分谁在哪个封土之中。刘邦的所有陪葬之墓都在长陵的东边，萧何、曹参、周勃、张耳、田胜及周亚夫、戚夫人、平原君，皆陪葬在这里。迷茫的夜色之中，座座坟冢罗列如山，尽情铺排。在世的时候前呼后拥，谢世之后，仍处尊位，这便是王者的命运，普通人是绝对不能拥有的。

公元前135年春季的一天，刘邦之陵失火，到了夏季，远在辽宁的刘邦之庙接着失火，这使朝廷上下忧心忡忡。但董仲舒窃喜，其原因在于，虽然他提出的天人感应为刘彻所欣赏，不过他觉得罢黜百家而独尊儒术的主张还没有落实，遂打算利用失火之机，盼刘彻推行他的观点。于是董仲舒就认为失火的问题是皇上对儒术重视不够,从而苍天降灾以惩戒。他万万没有料到,刘彻是不接受这种做法的,一怒之下,将得意洋洋的董仲舒抓进监狱,判了死罪。所幸董仲舒为著名学者,而且当时正提倡儒术,杀了董仲舒是不合适的。刘彻为了自己,便免他一个极刑。长陵当年的风貌是难以想象的,我只知道我所在的冬夜,巨大的坟冢一片荒凉,茫茫枯草在生硬的风中瑟瑟抖动。

汉武帝刘彻登基不久便开始修建他的茂陵,一直进行了半个世纪之久。他是公元前87年2月14日在周至逝世的,埋葬他的时候,茂陵已经林木葱郁,那些粗壮之树,竟不能合抱。这是咸阳原最雄伟最威严的坟冢,我曾经多次到过这里。茂陵高达50米,站在这个孤立的突然而起的封土顶端,风总是强劲地吹着我。村舍散布,云霞低垂,行人和车辆在遥远的道路上运动。我感到这里很是寂寞,很是凄楚,常常产生一种对天呐喊对地呐喊的冲动,然而,我的声音刚刚出口,便消失于蓝色的空间了。

汉武帝是一位有雄才大略并富于个性的皇帝,16岁继位,71岁逝世。在他统治期间,西汉极为强盛。刚刚登基,他的政治艺术便显示出来,先是削弱其他诸侯的地位,以防谋反,继而召令各地富豪与侠客迁居茂陵,以便监视,并剥夺丞相与大臣的权力。当他在朝廷站稳之后,遂下手解决异族入侵的问题。他命卫青和霍去病抗击匈奴,以稳定北方边境,随之拓展了南方的疆域。他接受董仲舒的观点,用儒术统一思想。他派遣张骞出使西域,沟通汉族与其他民族的关系。为了促进生产,兴修水利,并采取各种措施,发展经济,充实国库。这是一个非常重视人才的皇上,他下诏要求各级官吏将各类人才推荐给他。在汉武帝时代，中国确实出现了很多军事家、思想家、文学家、外交家。他曾经严正地给自己的外甥判了死罪，外甥醉酒杀了人，他不想违背民心，便流着泪水，拒绝了替外甥开罪的人。然而人是矛盾的，这样一个威震四海的皇上，竟非常怕死，从而到处寻找益寿之药，遂难免上当受骗。好在他还能接受大臣的建议，将那些方士终于都赶走了。在晚年，他调整政策，以减轻农民的赋税和徭役。

尽管如此，他毕竟依靠其权力而穷奢极欲，绝不会真正地以人为本。造他的坟冢到底花了多少人力和财力，是无法计算的。有这样一种观点，茂陵的封土全由外地运来，为了清除野草之根，这些封土都用炉烧锅炒，并以筛子去其杂质。刘彻喜欢女人，这没有什么大的问题，问题在于数千女子充斥其后宫，而且更残酷的是，他逝世了还让她们继续陪他。他指示后宫数千女子统统置之茂陵，让其慢慢老死。当年经管和守护茂陵的人竟达 5000 之众，这里实际上已经变成了一个繁华的县邑。然而不管怎么防范和保卫，也未能阻挡盗贼的爪子。刘彻入葬四年之后茂陵便遭掘，地宫的玉箱、玉枝、杂经，遂很快流散民间。大张旗鼓掠其财物的，当然是农民起义部队，西汉末年的赤眉和唐朝末年的黄巢，都挖过茂陵，这可能是汉武帝没有想到的。

1990 年夏日的一天黄昏，我到了茂陵。我慢慢地走过荆棘丛生的小道，登上了它的顶端。我突然步入了无边无际的夕阳之中。金黄的夕阳，从远远的地方辐射过来，披挂在我身上。我是从东边攀爬的，这里当然都是阴影，不过茂陵的顶端迎着天空，于是夕阳就无遮无拦地飞翔而至。汉武帝的陪葬墓一个连一个，宁静地坐落在绿色的田野，我约略可以分清他的爱妃李夫人之墓，名将卫青之墓，霍去病之墓，还有名相霍光之墓和金日䃅之墓，其中霍去病墓苍松翠柏，一片葱茏，为纪念他而筑的馆堂，在夕阳的渲染之下金碧辉煌。霍去病先后6次出兵塞外，屡屡打败匈奴的侵犯，深受汉武帝喜爱，可惜他24岁便逝世了。皇上伤悼，建议将其墓置于茂陵旁边，并要以祁连山的形状作基。这样爱其将领的君主，在中国历史上并不多见。为此，我在茂陵向这个皇上致敬，我总是想，没有博大的胸怀和智慧的头脑，是不会这样做的。

西汉别的两个帝陵位于渭水南岸，霸陵在白鹿原，杜陵在少陵原。汉文帝刘恒，是一个比较节俭的皇上，曾经以减少税收的措施促使经济发展。修建霸陵，刘恒提出只用瓦器，不以金银为饰。霸陵是西汉帝陵之中唯一没有封土的坟冢，而且他遗诏治丧期间，不得禁止农民结婚和祭祀。我相信并非所有的君主都是作威作福的。当小人包围君主的时候，往往以为君主是小人，这是一个错觉。汉宣帝刘询，少年并不得意，他的祖父刘据由于造反被杀，不足一岁的他，受连累而被关，难得一个检查监狱的人救了他，并将他托人养大。他幼时流落民间，这使他在一定程度上是同情百姓疾苦的。登基之后，他曾经多次减轻农民负担。执政清醒而机智，赏罚分明，很有政治才能。不过皇上就是皇上，他的杜陵近乎30米高，站在其顶端，我看见云雾缭绕的陪葬之墓，如蚕产卵，既向西排列，又向东延伸。在农民耕耘了2000年之久的田野，杜陵寝殿的废墟仍有瓦砾从土中露出。在坟冢周围的广大地区，小麦长得非常稀落。几块残碑，冰冷地倾斜在墓前，它的威严已经剥蚀殆尽。修建杜陵消耗巨大，然而其结果仍是荒乱。从杜陵下来，我便回家去了，我的家在杜陵西边。在路上,我看见所有的村子都在云雾之中静默,尽管太阳在天上正常运行。这是沉沉的岁暮之时。

丧仪是人类有了组织之后才产生的。我曾经在西安半坡看到了母系氏族社会的埋葬情况,在这里,氏族成员几乎都在公共坟地埋葬。由于没有稳定的婚姻关系,人们便只关心自己氏族的命运,生死都要在一起。在半坡发掘的250座坟墓,没有发现男女合葬,也没有发现父子合葬,而且没有椁室,很显然,埋葬形式是很简单的坑埋。

到了奴隶社会,产生了私有财产,统治阶级占有一切生产资料并占有奴隶,于是他们就将王朝的尊严带入墓葬制度之中。在商代,墓上有了建筑,墓下有了椁室,而且出现了残酷的杀殉之坑。周文王之墓和周武王之墓,现在仍没有被发掘,这是很可惜的,是他们顺应潮流,取代了商代而建立了西周的统治。过去以为咸阳原上的两个坟冢是他们的,实际上并不是。1990年秋天,我登上了这两个高耸的前后对峙的坟冢,我想象着周文王和周武王创造的业绩。他们确切的墓地,是在长安县郭斗镇一带古老的高阳原,史记如斯,而且沣河是流经这里的。西周富于个性的周穆王,埋葬于长安县祝村乡一带,清代陕西巡抚毕沅所立之碑,站在荒草之中,霜冻日晒,其石头都风化了。周穆王在位的时候,北方的游牧部落入侵,他不顾朝臣反对,坚持出征,且大获胜利。不过周穆王是以喜欢游历和探险名垂青史的,他远至昆仑,在美丽的瑶池会见了西母王,他们互赠礼品,互对歌曲,富于浪漫色彩。

中国长达300年的春秋战国时代,结束在秦始皇嬴政之手。统一的专制主义中央集权的封建国家,由他创建,随之,他开辟了造作帝陵的先例。秦始皇陵在临潼县，南耸骊山，北雄渭水，所在位置空旷而势大。到这里来的人，或在陵前徘徊，或在陵顶眺望，总是感慨系之。

嬴政生于公元前259年，其母赵姬本为吕不韦的宠妾，赵姬结婚之前已经怀孕，嬴政实际上是吕不韦的儿子。13岁那年继位，22岁开始亲政。这是一个有才智有谋略而且心狠手辣的人，他充分利用秦国的政治和经济基础，推行扩张与兼并政策，在10年之内，消灭了其他六国，成为至高无上的始皇帝。他的功绩是不可磨灭的。中国长达2000年的封建社会统治之术，都可以从秦朝找到渊源。中国始终保持统一的文化，他的改革措施起了主要作用。为了抵抗匈奴入侵，他动员农民及刑徒修筑了万里长城，其建筑现在依然耸立于中国北方。然而他对人民是过分了。王者以什么措施巩固他的统治，似乎都有自己的理由，不过他的措施，应该以让他的人民能够生存而且生存得日益安康为原则，否则王者便是摒弃了他的大任，重要的是，这样的王者不会长久。秦始皇便是如斯。由于他横征暴敛，人民不得安宁，反抗之火有随时燃烧的可能，这是他能感觉的。公元前210年，秦始皇出巡，行至河北沙丘一带而毙命。50岁的生命，结束在夏日的暑热之中，为防叛乱，竟秘不发丧。

嬴政刚刚继位，他的陵墓便在临潼动工了。统一中国之后，他以为功德无量，自称朕，号始皇帝，并加速和扩大其陵墓的修建，一段时间，有几十万刑徒劳动在广阔的工地上。所有的石头都来自甘泉，而木材则来自湖北和四川。1990年冬季某日，我登上了秦始皇陵。漫长的岁月之中，有过难以计数的雨水，这些雨水已经将秦始皇陵从100余米削低至70多米。尽管如此，我居高临下，仍明显感到它的恢弘之气与挺拔之势。这是一个四方锥形的坟冢，从下向上仰望，有三层波浪微微起伏，唯一的甬道呈现灰色，它悠悠地穿过阴湿的斜面，仿佛一线通天。在顶部，寒风搅动乌云，骊山近在眼前，渭水沉于脚底，深厚的土地，满是过冬的小麦，小麦一直延伸在迷茫的雾中，还有一片一片的林木立在那里，树全落了叶子，暗淡失色。那是一些村子，农民的房舍尽为树木所掩盖。秦始皇将陵墓修建得这样高大，当然是在彰显他至高无上的权力。他活着要独霸世间，死了也要雄居冥府。在他的幻想之中，秦朝的统治是无尽的，他是始皇帝，其儿孙继位，将依次顺延为二世三世，以至无穷。作为始皇帝，他创建了一个庞大的帝国，其神圣与尊严显然要表现在各个方面，包括表现于他的陵墓。无论如何，这是一个不朽的人，他的陵墓也是不朽的风景。

秦始皇陵是以其国都咸阳为模型修建的，这符合秦始皇的性格，他贪婪得即使在阴间也要作威作福。史记，秦始皇陵的地宫堆满了珠玉珍宝，并以汞液为长河大海，以膏为烛。上具天文，下具地理。工匠制作的弓弩，会自动发射，谁走近谁便中伤。不过工匠因为知道内情而被活埋地宫，被活埋的还有那些没有生育的嫔妃，这些女子生供皇上取乐，死为皇上殉葬，生命是何等悲惨。为了炫耀自己的武功和军威，秦始皇给地下埋藏了庞大的兵马俑。1974 年有农民打井发现了这些兵马俑，天下哗然，一举成为世界奇迹，各个国家的有权之官，有财之商，有识之士，皆欣然赏之，没有谁不惊叹此地出土的兵器与武士。史记，秦始皇陵是有殿堂的，分为寝殿和便殿，这些殿堂顶部雕琢着精致的花饰，地面铺着明亮的青石板和鹅卵石，守陵人天天走过这些青石板和鹅卵石打扫殿堂，并恭敬地侍奉死去的皇上。

秦始皇的种种幻想都是利令智昏的结果,他自感能将国家统一起来,就能将国家掌握下去,而且他的坟冢就会随之永远完好,殊不知在他驾崩四年之后,别的一个英雄项羽便挖掘了秦始皇陵,接着关中的盗贼销椁取铜,使其体面荡然无存。

秦二世胡亥陵,在曲江池南岸和少陵原北缘,此地坎坷而凹陷,缺少那种高耸伟岸之势。继位秦始皇的应该为扶苏,然而赵高和李斯串通,伪造圣旨,拥立胡亥为王。遗憾,他没有治国安邦的才能,遂做了赵高的玩偶,并被赵高逼死。不久秦朝便灭亡了,子婴以黔首掩埋了他的叔叔。我到秦二世陵去的时候,是在雨过天晴之际,我站在荒草之中,听四周一片秋虫之声,而天空则长久地排列着瓦片似的灰云。我默默吟诵司马相如的赋,其曰:

持身不谨兮,亡国失势。
信谗不悟兮,宗庙绝灭。

秦朝之后,是强大的西汉,其末年王莽篡权,仍以长安为国都,然而,新朝很是短命。王莽的结果是,尸解多块,死无葬身之地。东汉将国都建于洛阳,关中暂时失色。东汉之后,中国出现了数百年的分裂局面,政权更替,民族融合,到处都有称帝的人,然而总难长久。史记,此间有6个王朝在长安建都,近乎20个人为皇上,多数是少数民族统治的王朝。由于风俗和战乱,这些人死亡之后几乎都不起封土,唯西魏文帝元宝炬和北周闵帝宇文觉葬于富平县,他们都是鲜卑族人,其陵也并无什么装饰。

著名的隋文帝杨坚结束了这种长期割据的状况，他是陕西华阴人，袭父之位在北周做官，胸怀大志。公元581年，掌握兵权的杨坚，寻找借口，将皇族召集起来，并统统杀之，接着，在腥风血雨之中登基为帝，隋朝便开始了。隋文帝不朽的伟业是，他重新统一了中国，使社会安定，生活改善。隋文帝在位24年，其泰陵位于扶风县五泉乡三畤原上。夏日的阳光之中，生气勃勃的玉米和谷子葱茏一片。登上高达30米的封土，我眺望关中熟透了的土地。历史的风云远远而去，这里有一种被淘汰和被遗弃的沉寂。杨坚是被儿子杨广所杀死的，杨广急于称帝，便撕下一向伪善的面具，向父亲下了毒手。然而他本不是王者之料，其不但嫉贤妒能，而且贪图淫乐，终于失去了江山。

唐朝出现，随之关中大地涌起最雄伟最壮阔的帝陵，而帝陵则以其宏大烘托着中国历史最鼎盛最辉煌的岁月。唐代有20个帝陵，唐昭宗和唐哀帝是这个赫赫王朝最后的风雨飘摇之际的皇上，生不得安居，死不能厚葬，他们的坟冢远在今河南的洛阳和今山东的菏泽。别的18个帝陵都在关中，唐高祖献陵、唐敬宗庄陵、唐武宗端陵、唐僖宗靖陵，皆修建于渭水以北的台原，堆土成陵，其他14个帝陵，一律依山为陵。14个陵墓实际上是14座山峰，海拔都在1200米之上。北山起伏于关中平原的边缘，翻过北山，便是广袤而神秘的黄土高原了。在长安遥望北山，只要是晴天，那些断裂的峰峦便会耸立在清澈的阳光之中。唐代的皇上就看中了北山的峰峦，那里崇高而明朗，将自己埋葬于北山，既有恢弘之魄，又有永恒之感。皇上在统治人民的日子，无形之中形成了高高在上的心理，他们自命为天子，其葬身之地也都是非凡的。在关中的唐朝帝陵，西起梁山,东止丰山,连绵150公里,呈现着以长安为基点的巨大的扇形,它展开翅膀,铺排于辽阔的渭水北岸。要一个一个地登上这些帝陵,必须有顽强的毅力,它们分布在乾县、礼泉、泾阳、三原、富平、蒲城,共6县之内。其中唐太宗昭陵在九嵕山,唐高宗与武则天乾陵在梁山,唐中宗定陵在龙泉山,唐睿宗桥陵和唐玄宗泰陵皆在丰山,唐肃宗建陵在武将山,唐代宗元陵在檀山,唐德宗崇陵在嵯峨山,唐顺宗丰陵在金瓮山,唐宪宗景陵在金炽山,唐穆宗光陵在尧山,唐文宗章陵在天乳山,唐宣宗贞陵在仲山,唐懿宗简陵在紫金山。这种种生硬的岩石,并没有生长多么青翠的草木,不过它为大地所拥,为白云所绕,便迷惑了企图不朽的皇上,他们葬身于此而使之引人瞩目。

  唐代皇上因山为陵,始于唐太宗李世民。我曾经在一个晴朗的冬日,登上九嵕山,瞻仰了气势磅礴的昭陵。中国封建社会的皇上,真正有所建树的并不多,李世民属于这不多的开明皇上之一。累累高岗包围着昭陵,站在田野之中的我根本发现不了它。通向昭陵的道路很是偏僻,漫长的斜坡全是尘土,我坐着农民的三轮车上,汹汹白埃紧追不舍,我到九嵕山的时候,从头至脚,如雪如霜。这里已经是海拔1800米之上,我遥遥而望,辽阔的关中浮于阳光难以穿透的雾霭之中,阡陌细长,村子凝缩,白杨、柳树,一切草木,都落光了叶子,大地一片寂寥。然而,昭陵仍在凛冽的风中巍然挺立。厚实而枯萎的呈为灰色的野草倒伏在昭陵,使这个高耸的帝陵仿佛是用钢铁包裹起来似的。为了修路,不知道什么人将昭陵周围的岩石炸得一片狼藉,不过,它反而使帝陵显得威严而不可侵犯。

  我对李世民的故事并不陌生,是他力劝其父李渊起兵图谋大举,并在唐朝建立之后，通过玄武门之变成为太子，近而逼迫其父李渊退位，自己做了皇上。权力之争是你死我活的，不能以简单的道德标准衡量这种复杂的人类行为，关键是，掌握权力的人使用它做什么和怎样使用它。李世民拥有权力，唯恐失去它，并担心国家灭亡。他除了在政治和军事领域加强统治之外，也非常重视人民，人民为水，水可载舟，也可覆舟，于是他对人民就轻徭薄赋，使人民得以休养和安乐。李世民对人才的重视是显然的，魏征曾经反对过他，不过他知道魏征的能力，依然让他为官。某些时候，魏征直谏，实在使李世民难堪，其中一次竟气得李世民回宫之后扬言要杀了魏征。为他息怒的当然是皇后，她穿上朝服向李世民道贺，认为魏征直谏属于忠臣，有忠臣是因为有圣主。魏征死亡，李世民十分痛心，哀其丢了一面镜子。由于李世民高明地运用其权力，并得利于一种天时地利，使唐朝在他的统治时期强大而富于活力，史称贞观之治。

公元649年4月，52岁的唐太宗死于药物中毒。他幻想长生不老，竟迷信那些神秘兮兮的方士之术。治丧到了夏天，他才葬于昭陵。从长安至昭陵，60公里的路程，不管是步行还是马运，都很艰难，然而，千年之前的唐人就是这样为皇上送殡的，那是一支非常庞大而肃穆的队伍。走在昭陵南部广阔的原野上，我看到大大小小的陪葬之墓坐落在冰凉的阳光之中，农民在那里栽种果树，浇灌小麦，气氛是沉闷的。史记，昭陵的陪葬之墓有188座，占地30万亩，这使我惊异那个凄凉的冬日自己竟久久地在一群坟冢之间奔走而不觉疲倦！

乾陵是唐高宗与武则天的合葬之墓，耸立在独特的梁山，终年人来人往。位于乾县的梁山有三峰，最高而最峭的北峰是乾陵的主体,其他两峰,一东一西,对峙之势仿佛门阙,浑圆之状俨然乳房。10 年之前,我读大学,随着同学攀爬过乾陵。立于梁山之巅,我在秋风之中举目顾盼,不见其脉,不见其岭,只见漠漠田野空旷着向天边延伸,从而猜疑梁山是唐人用石头堆砌的,不然它怎么如此孤独,遂对皇上表示憎恨。实际上梁山货真价实,它是逶迤的北山的一支,是北山顶天立地的惊叹。唐高宗和武则天将葬身之地选在这里,智慧之中藏着滑稽,游戏之中含着严肃。人生如此,确实如此。

唐高宗李治是一个平庸的人,继位之后,没有多少作为。不过他与武则天有恋,遂将武则天封作皇后,这改变了他的命运,也使唐朝从辉煌走向辉煌。世人对乾陵的兴趣,主要是对武则天的兴趣,由于武则天是唐高宗的妻子,他也随之驰名天下。武则天的父亲是一位木材商人,也认识李世民。其女儿聪明美丽,为唐太宗所悦,便收其入宫。一天,李治见了她,很是喜欢,遂悄悄以观鱼调情。可惜唐太宗驾崩,武则天随之出宫为尼,显然前景黯淡。好在她得到了李治之爱,先将其封为昭仪,后将其封为皇后,从此,她开始参与政治。武则天是中国历史上罕见的具有政治气魄和政治艺术的女人,唐高宗活着的时候,她能取而代之,唐高宗死了之后,她竟连续废掉继位的唐中宗和唐睿宗,自己做了女皇上,从而名正言顺地行使权力。称帝那年,武则天已经 66 岁。在中国历史上,女人掌握国家权力的,唐朝之前有吕雉,唐朝之后有慈禧,她们皆不如武则天敢于称帝。武则天在位只有 15 年,可她有效统治中国的时间近乎半个世纪。在这半个世纪,社会安定,经济发展,少数民族与唐朝的关系得到改善。史记,当时全国的户数竟增加了一倍。

武则天心狠手辣,这既是秉性又是需要。为了让唐高宗废掉王皇后，武则天做了很多手脚。她亲手掐死自己的女儿，随之诬赖王皇后，骗得唐高宗非常生气。接着，武则天做了一个木偶，明指皇上，并给木偶扎满钢针，放于王皇后床下，唐高宗见了更是愤怒。不久唐高宗便废掉了王皇后。在乾陵，有众多的陪葬之墓，其中两个是太子之墓。章怀太子是武则天的儿子，作为学者，他注释汉书，抨击了汉朝吕雉临朝与外戚专权的现象，武则天认为这是影射她，遂遭怨恨，不久武则天便以私藏武器与阴谋政变为由，流放太子并逼他而死。懿德太子是武则天的孙子，由于他议论武则天私通而被武则天处死，年龄不足20岁。武则天对其骨肉都是如此，何况对他人，何况对百姓。不过，武则天确实是重视人才的，她每年举行一次科举考试，并亲自出题，把及第的进士召到殿堂提问。她三令五申，要各级官吏举荐人才。乾陵的无字碑是绝妙的，这个在烟云之中站立了千年之久的石头，永远给人以遐思。武则天临终的智慧，将这个石头擦磨得如此光滑和明亮。

丰山是唐睿宗和唐玄宗的葬身之地。唐玄宗称帝的时候，经常拜谒唐睿宗桥陵，丰山的龙盘凤翔之势使其欣赏，遂吩咐左右，他千秋之后宜于此处。事情就这样进行了，泰陵成了他的冥府。处于鄂尔多斯台地南缘的丰山，它的天空多是晴朗的，桥陵与泰陵，拉开30公里的距离各占一个峻岭，威风凛凛，气贯长虹。我曾经披着夜幕徘徊于泰陵，闪烁的星辰之下，泰陵如岗如岸，凝然而默然。在它前面排列的所有石人都丢掉了头，这是住在附近的农民砸毁的，他们认为这些石人永远望着自己的窗口很不吉利。唐玄宗在位发生了安史之乱，到了阴曹仍不安宁，这真是他的不幸！我登桥陵是在清晨，这个平庸皇上的坟冢沉浸在金黄的霞光之中，整个峰峦一片宁静。农民正在修路，庞然的石狮张着巨大的嘴向我笑着，不过我心事重重，不想理它。一丛一丛的干草，铺垫在桥陵风化了的岩石之间，踏着长长的斜坡，我产生了奇异的感觉：它竟是空洞的，我踩出了一串鼓声。

李渊是唐朝的开国皇上，唐高祖的献陵坐落在三原县徐木乡。1992年12月20日，我来到献陵之顶。阴云笼罩，黄土漫延，冰冷的野风挟着尘埃在我周围流窜，我感到形单影只。史记，献陵是在李渊死后才造作的，初有寝宫，然而公元815年农民起义将这里的建筑烧毁了。那时候，李渊的子孙仍为皇上，不过他们也无可奈何！我在冬日所看到的帝陵已经破败不堪，枯萎的野草成了黑色的块状，封土之上，布满了野草腐烂的斑点。农民将桃树种在帝陵，野风早就扫荡了它的叶子，桃树的枝干扭曲而凌乱。几乎没有什么标志在这里，唯有那个清代巡抚毕沅所栽的碑石，不过它也倾斜了。远处还有一个孤独的石马，它远远地站在荒凉的田野，暮色之中，无声无息，伤感如我。

潼 关

潼关古为桃林塞，大约到了春秋战国时代，此地才形成一处隘路，这当然是出于军事目的。我曾经有几次经过潼关，只是由于我坐着火车或飞机，它对我产生的印象遂很是模糊。实际上这是一个能够强烈震撼灵魂的险要地方。潼关是突如其来站在我面前的，对它复杂而凶恶的形势，我简直难以消化。我独立一隅，茫然如一只蚂蚁处在老虎的爪子之间，它巨大的长满坚硬牙齿的嘴呼吸着粗壮的气息。不过，潼关之所以重要，是它为关中的东门，这里可以守卫关中，即使今天，它依然沟通从连云港到帕米尔高原的广阔地域。最早在这里设置关隘的是秦国，此举潜藏了秦国的雄心，可以认为，在它刚刚立足关中的时候，它就有了消灭其他六国的思想。

我以为潼关的险要，是黄河在这里接纳了渭水和洛水，并趁着它奔下壶口又跳过龙门的势力，远远地从高原的沟壑冲泻过来，从而碰撞秦岭，转身向东，愤怒地切割着高原，使自己有了巍峨而起伏的沿岸。这些沿岸过去是树木葱茏，野兽出没，为一种荒蛮的阴森的气氛所笼罩，但现在成了赤裸裸光秃秃的黄土。

清晨的阳光，照耀着寂静的黄河两岸。北面高原的断壁，稀疏地长着一些黑色的杂树。这是1992年4月16日的春天，树叶仍躲在缺少水分的枝枝杈杈之间。一片黄壤，十分贫瘠，如果不是风陵渡设在半坡,行者一批一批地出现在一条曲折的路上,那么高原将更为荒凉,更为冷漠。北面为山西的芮城,一水之隔,这里就成了陕西的潼关。潼关曾经拥有将近 10 万人口,20 世纪 50 年代末期,要在黄河修建水库,这里的人几乎都迁移了,但县城的废墟依然存在,那些残破的城楼和城墙,依然一段一段地耸立于高原的悬崖之上,并一直默默地目睹着滚滚的流水。空旷之地,宽阔的黄河似乎是无声无息的,其实不是,它将巨大的声息消融在高原和天空了。高原已经在流水的推压之下,遥遥地退去了,可无边无际的天空却飞翔在黄河的壑口,那里迷蒙着湿润的水汽,金光似的芳香一缕一缕在风中蒸发,如果不是看到片片菜花种植在平坦的沙滩上,那么我可能会认为是谁给黄河调了明亮的香油。黄河当然没有那么温柔,它铜汁般的泥水,铺陈在两岸之间,每漩一个涡,每起一排浪,都似乎在它的水面制作了一个褐色的神秘的浮雕,其敲之有音,摸之有刃,仿佛满是兵器。黄河就是以这样的形象走过潼关的。

  潼关兴旺的时代已经过去,尽管它的废墟仍然住有一些人家,不过整个县城显得空空荡荡。古老的房基和陈旧的墙壁,偶尔将它的残片展示在阳光之下,它们往往为枯萎的蒿草所覆盖,经过一段时间,翠绿会浸染它们,但它们永远不能遮挡这里的衰败。到处都是挖掘之后的土堆,到处都是破碎的砖瓦,那厚重的砖瓦,完全风化了坚硬的岁月,然而也凝结着沧桑之色。如果将它们一块一块地排列起来,那么它们将一定可以成为注释历史的词典。硕大的老鼠受了惊吓,突然从什么地方钻出来,睁着乌黑的眼睛打量着皱着眉头的我,然后放心了似的,慢慢爬进悬崖的缝隙,其缝隙竟像黑暗的绳索一样,弯弯曲曲地拉向黄河。那条著名的东西走向的古道,静静地伸展在潼关，一端连接县城的东门，一端连接县城的西门，高耸的城墙和狰狞的沟壑将它夹在中间。它仅有五步之宽，车不停双轨，马不能并骑，而且在没有月亮的夜晚，有士兵打着火把巡逻，显得多么恐怖，多么森严。虽然这一切现在都消失了，然而我行走在这里，仍感觉到一种悚然。巨大的青石，一块拼着一块，组成一条阴冷的石路，我透过刚刚萌芽的草叶和隐隐涂抹的雨痕，寻找着烙印其中的铁骑和脚步。可我获得的却是沉寂。两边的杨树挂满了绿色，枝头摇曳在安谧的天空，青石之上，洒落着斑斑光影。

在潼关的南门之外，是一级高过一级的台原，它们像波浪似的，一层一层延伸到秦岭之中。正在返青的小麦，生长在精耕细作的梯田，偶尔有一棵梨树和桃树，将它们雪似的白花与霞似的红花开放在和煦的阳光之中，似有似无的雾霭企图掩盖它们，又不能完全掩盖，便为之增加了一种朦胧的意象。宁静的沟壑，实际上曾经是用于军事的12连城，风雨虽然将狼烟烽火熄灭了，但护卫潼关的堡垒的基座依然在那里拱起，它的土是灰白的，显然是经过了特殊的处理。悠悠的岁月，竟不能使它改变，它光光的一片，硬是不生草木和庄稼。

潼关属于真正的兵家必争之地，史记，这里曾经发生过的战争多达40多次，其中著名的有：

公元前318年，天下大乱，数国同伐秦国，并集中力量进攻潼关，遭到秦国的反击，逐之。

公元前232年，数国合纵扑向秦国，夺取了寿陵，秦兵奋勇迎战，在潼关打退了他们。

公元221年，军阀混战，曹操准备讨伐屯兵汉中的张鲁，割据关中和凉州的军阀马超与韩遂十分惊惧，便集合了 10 万士兵进驻潼关，企图阻止曹操。盛夏的骄阳之下，曹操骑着一匹白马，亲率大军迎战，黄河之滨，两军相对。曹操表面急攻潼关，但他在暗中派兵渡黄河进入关中。他们立足平原之后，回头袭击潼关，马超难以招架，求和于曹操，随之曹操夺取关中。

公元 310 年，西晋过渡东晋之际，匈奴出身的刘聪正闯荡天下，他指使部将赵染进攻关中的王模，激战潼关，王模失败，赵染长驱郆下，占领渭南。

公元 755 年，安禄山起兵，率叛军从中原一路杀来，并渡过冬日的黄河，直通洛阳。官军将领封常清与高仙芝毅然放弃其他地方，集中兵力坚守潼关，使叛军难以逼进。然而唐玄宗曲解其意图，竟派人杀害了封常清和高仙芝。安禄山在洛阳称王之后，进犯长安，唐玄宗遂遣大将哥舒翰驻守潼关，并亲自为他饯行。在潼关，哥舒翰的策略是：按兵不动，据险固守，使叛军疲劳而分裂，之后出击。果然半年之久，叛军在那里徘徊而无可奈何。可恨杨国忠谗言唐玄宗，命令哥舒瀚决战。哥舒瀚久经沙场，知道沟壑之中有精兵埋伏，但他不能违背圣旨，遂痛哭一场，带兵出击。虽然官军奋勇杀敌，不过还是失败而丢弃了潼关。消息传到长安，那里一片混乱，唐玄宗带着杨贵妃匆匆逃离。

公元 880 年，旨在推翻唐朝统治的黄巢起义部队到达潼关，他们旌旗招展，战鼓喧天，官兵胆战心惊，而且一触即溃，黄巢顺利地占据了唐都。

公元 1127 年，崛起于北方草原的金国步步南下，并迫使宋高宗赵构放弃开封，潼关落入金国手中。

公元 1223 年，成吉思汗的军队四面出击，蒙古将领木华占领长安，接着进攻潼关，尽管金国为此地而放弃了河北与山东，然而其地仍为蒙古人所夺。

公元 1370 年，明朝将领冯宗异攻破潼关，并打算平定陕西，已经登基的朱元璋得意地认为，潼关是三秦的门户，扼而守之，残敌当如穴中之鼠了。

公元 1638 年，李自成的起义部队在潼关遭到明军的包围，深秋的高原，野风吹拂，无数尸体横躺荒地，只有李自成一行十八将士幸免于难，他们踏着十月的白霜，退入秦岭，并从野山往商洛而行。

……

思敛心收，我感到潼关安静而萧瑟地坐落在流动着白云的天空之下，灰飞烟灭，偃旗息鼓，但黄河却一直向东奔泻，它强劲的水浪，世代冲刷着它的沿岸。

这一带曾经长满了芦苇，大雁四季都在这里生活，于是潼关就出现了一些以捕捉大雁为生的人。他们撑着小船，以潼关为中心，来回航行。夜晚，他们将小船泊在沙滩，居住于沿岸的洞穴，那是他们用自己的长刀刻挖的，里面铺着羽毛，点着油灯。到了黎明，一声口哨，人都爬了起来，然后，由一个首领向对面的芦苇放上一枪。在那茂密的芦苇中，有无数肥壮的大雁正在酣眠，忽然出现的枪声，将它们惊醒，在它们飞上芦苇上空之际，所有的枪都打开了。枪响之后，黄河归于平静，那些狩猎的人重新睡下。天亮了，他们才将船摆渡到对面，他们看见广阔的芦苇之中，到处都是死了的大雁。这是半个世纪以前的事情了，现在，黄河两岸的树木已经减少，沙滩的芦苇已经殆尽，捕捉大雁的人已经无影无踪，苍凉的一片山河，除了我在游动，几乎没有其他的人。

不过，我发现了人所留下的新的印记，我看到在乌黑而平坦的沙滩上，生长了一片果树的幼苗，黄河将湿润的气息洒向它褐色的枝梢，催促着翠绿的闪烁。火车会钻出隧道，从横跨黄河的铁桥凌空飞过。

尽管县城已经迁移，但古老的街巷仍有烟火，偶尔穿过街巷的汽车或马车，将尘土卷起，然后落在低矮的房屋上，这些房屋几乎都是老式的，板门，小窗，房脊饰有砖刻的鸽子，房檐吊着铃铛，可惜它们都为岁月压迫得歪斜了，蜘蛛罗网挂在窗角，麻雀的窝巢建在墙缝，而老人则抽着长长的烟袋，木木地坐在石磴上或柴垛上，用昏花的眼睛看着寥落的世界。这里依然是一个社会，只是这个社会含有更多的过去的气氛，含有更多的传统的情调。卖烟卖酒的，将自己的货物放在青石制作的柜台上，人坐在那里，通过圆形的窗口传递钱物。卖肉的将猪羊一分为二，悬在三脚木架，腻腻的油抹得木架光滑乌亮，闪光的铁钩和屠刀悬在空中，主人系着肮脏的围裙，站在木架旁边等待客户出现。从板门走出的姑娘，将浓密的黑发扎成一个高高的髻，乜斜着眼睛望着你，不过你要看她，她却怪怪地垂下自己的睫毛，仿佛为心灵拉上了帘子，使你难以捉摸。

在昔日漫长的岁月，潼关渐渐形成一个小镇，一个小城。守卫这个门户的将士，将自己的家安在这里，逃荒逃难的人居留在这里，甚至罪犯和贼寇，装扮良民窝藏在这里，于是潼关就从荒蛮之中脱颖而出。

此地恰处陕西、河南、山西之间，互通有无，各取所需，都要在这里交易。在唐代和明代，潼关都出现过相当繁荣的景象，展示过富于个性的文化,而且有过独特的商业市场。在约定俗成的日子,这些日子往往是逢一逢三逢九,城东人赶着毛驴,将河南的药材、木炭、铁锅之类驮来,他们小心翼翼地爬上山冈,慢慢腾腾地走下土坡,然后从潼关的东门入城,这时候,人和驴都大汗淋漓,气喘吁吁。城西几百里平川,人当然是赶着马车,布匹、绸缎、粮食是他们的主要货物。他们从潼关西门入城,将马车停放在一个专用场地,然后大摇大摆地招揽生意。城南人是种植蔬菜的好手,两个台原在这里分岔,中间成为一片凹地,阳光充足,土地肥沃,他们春有菠菜、香菜、韭菜,冬有萝卜、土豆、红苕,夏秋之间,种类最多,番茄、豇豆、梅豆、洋葱、黄瓜、笋瓜。这里尤其适宜莴笋的生长,将莴笋刮去绿皮,切成一拃长短的小段,倒进盛有新鲜面酱的瓷缸,加上铁盖,在烈日之下曝晒。经过一段时间,投放一次醋糖之类的配料,春节之后,就成了酱笋,其红中透黄,鲜润养目,咸淡适中而稍带甜味,香脆可口。清代康熙之年,它就成为朝廷的贡品,并在1915年获得巴拿马万国博览会特产品金质奖。他们将各种各样的蔬菜担到集市以供采购。城北为黄河,山西的人用船载着农具和食品,然后从北门入城。那是一个热闹繁忙的日子,也是一个充满危险的日子,因为这里是交界,作案之后很方便潜逃,遂常常出现偷盗和抢劫之事。

在潼关之南的山中,有丰富的金矿,挖金之风,古已有之。他们总是在这里倒手,那些准备冒险的人,企图发财的人,纷纷出现,所以这里永远晃动着陌生的面孔。但潼关的人习以为常,而且依靠这里的优势发展自己,他们开设裁缝店、木器店、棺材店,并设药铺、旅舍、饭馆,敢打敢闹,生性凶悍,脾气暴烈。

不过，多情多义的故事在这里并非没有，我所知道的李小姐就是这样的人。她出生于苏州一个书香之家，由于家道败落沦为妓女，随所谓的江南义寓路过潼关，准备往西安，巧在此地遇到一位上海富商，一夜交流，他对她产生了感情，遂掏出银元一堆交给老板，作为李小姐的赎身之钱。遗憾，这位富商正为抗击日本筹备武器，不能立即将她带走，考虑再三，便将她托付给潼关一个医生，答应她半年之后相会，谁知他一去杳无音信。李小姐感激并爱上这位潇洒的富商，相信他一定会来接她。这一等就是半个世纪之余，今天，她已经72岁，满头白发，在阳光之下像雪一样明亮。她仍坐在门前等着。她的牙齿掉了，眼睛花了，唯独年轻的是她的心。她安然地坐在破陋而落寞的潼关街巷，我感觉她像一个圣徒！确实是这样，那年为修水库，要搬迁县城居民，她哭得泪如泉涌，死都要待在这里。她担心自己所盼的人回来了，不能找到她。然而没有谁知道那个富商的下落，没有谁知道他是什么缘故而失落了承诺，所知道的是李小姐一直在等他。她的情义天知道，地知道，黄河与它两岸游动着白云的高原知道。

夜晚，我走在曲曲弯弯的街巷，这里没有一个人，也没有一盏灯，唯稀落而低矮的房屋里的光从窗子透出，那光因为窗子的制约，变成了一个晕黄的方形，并不很明亮。我的脚步震响着这古老之地，仿佛我是一个悄悄潜入潼关的土匪。我顾盼着关闭的门户，这门户当然少得可怜。隐隐的黄河的波涛从我身后随风而来，湿润的空气之中，流动着浓郁的桐香和沉重的泥腥。月亮升到山顶上了，街巷有了一种如雾如汽似的白色。遥远的沟壑化为一片广阔的阴影，它起伏的轮廓似乎镶嵌在迷蒙的天空，使这里显得落寞之极，幽静之极。一只黑色的狗出现在我面前,它悄悄地站在一个石头旁边。它仿佛是故意拦挡我,我很自然地停下了脚步。不过我感觉它并没有恶念。它默默地看着我,长圆的眼睛流露着非常温和的神情,甚至是慈悲与感伤的神情。它似乎要向我询问什么,然而终于没有开口。它踏着月光默默地走了,细碎的声音在它脚步之间轻轻响着,身上的毛非常明亮。它走了几步,又沉思着停下来,回过头看我,它发现我恰恰正在望着它,便立即转过眼睛,坚决地匆匆地走了。我一直望着它,等它在残破的砖瓦和美丽的月光之中消失,我才继续走我的路。我的心里一片空虚。

我就是这样离开潼关的。

樊川犹美

　　回野翘霜鹤，澄潭舞锦雉。

　　这是唐代诗人杜牧所看到的潏河。他生活于803年至852年之间，一生之中的某些时候是在潏河之滨度过的。所谓的潏河之滨，就是樊川，位于西安以南。

　　樊川是一片狭长低洼地带，伟岸的少陵原与起伏的神禾原，在它的两边崛然隆起，樊川的天空仿佛是一个淡蓝的盖子，显得十分高远。从它的东端引镇到西端塔坡，平坦地带足有15公里。严峻的秦岭，日夜从缭绕着云雾的山顶俯瞰着它，而少陵原和神禾原则像两匹黄色的骏马，始终追随它奔跑。

　　潏河之源在秦岭北麓的大义谷，它从这里涌出，然后汇合白道谷和太乙谷的溪流，水量大增。它潺潺地流过樊川，将这里滋润得青翠欲滴。站在少陵原或神禾原上，可以看到潏河的流水，阳光之下，像一条逶迤的断断续续的白练，樊川深厚的碧绿为它欢呼。

　　杜牧所见的潏河的样子，其气之朗然，其禽之怡然，其水之清，其流之响，我仍可以感觉。

　　樊川自古很美，所以它成了汉代大将樊哙的封地。这个屠夫出身的人，跟着刘邦起兵，以后随刘邦南征北战，英勇杀敌，斩首近

200人。鸿门宴上，樊哙为保刘邦性命，擅自闯进项羽的帐篷，此时此刻，项庄舞剑，意在沛公，他不但镇定地拦挡了寒光，而且巧妙地送走了刘邦。刘邦知道他的功劳，登基之后，将少陵原和神禾原之间的土地赐予樊哙。

不过，樊川真正成为一片胜地是在唐代，尤其那些达官富豪与高士骚客，经常在韦曲和杜曲游玩，成为樊川的欣赏者和建造者。韦氏家族以韦曲为中心而聚居，韦皇后的娘家和宰相韦安石的别墅皆在这里。杜氏家族以杜曲为中心而聚居，杜佑致仕之后，在这里度过了晚年。杜甫流寓长安期间，一个阶段就将家安在樊川。在这些闻人的悉心经营之下，樊川成了一个令天下艳羡的地方，所谓城南韦杜，去天五尺，便是指这种形势。

唐代是中国社会发展过程中的一个高峰，这个社会所产生的贵族，无疑是其文明的重要标志。如果从这样的角度考察问题，那么唐代的樊川，当然充满了唐代的精神与风尚。千年之后，我仍然可以从当时骚客的诗歌之中，领略那种华丽而显赫的生活。它的气息，显然残留其中。

> 韦曲花无赖，家家恼杀人。
> 绿樽须尽日，白发好禁春。
> 石角钩衣破，藤梢刺眼新。
> 何时占丛竹，头戴小乌布。

这是杜甫奉陪郑驸马所吟诗。郑驸马是唐玄宗的女婿，其宅第在樊川南岸的神禾原。

> 数亩园林好，人知贤相家。
> 结茅书阁险，带水槿篱斜。
> 古树生春藓，新荷卷落花。
> 圣思加玉铉，安得卧青霞。

这是钱起对杜佑别墅的印象。钱起为浙江湖州人，公元752年进士，时有隐逸之意流露。杜佑在樊川的别墅属于城南之最，其陇云秦树，风高霜早，周台汉园，斜阳衰草。杜佑的坟墓在樊川北岸的少陵原。

> 谁无泉石趣，朝下少同过。
> 贪胜觉程近，爱闲经宿多。
> 片沙留白鸟，高木引青萝。
> 醉把渔竿去，殷勤藉岸莎。

这是郑谷在樊川的感受，其闻几个朋友要游樊川，兴起，遂将自己的情思告诉了朋友。郑谷是江西宜春人，公元887年进士，其以咏叹鹧鸪而为长安文人所知。

> 邀侣以官解，泛然成独游。
> 川光初媚日，山色正矜秋。
> 野竹疏还密，岩泉咽复流。
> 杜村连潏水，晚步见垂钓。

这是杜牧其心惆然之下的樊川:他邀请舍人沈询游其故园,遗憾等而未到。杜牧是杜佑之孙,25岁那年进士,以济世之才而自负,曾经多方为官,公元852年逝世。

实际上樊川不仅仅是风景秀丽的郊野,如果它单单是一个河水流淌而山原并立的地方,那么它就不会产生如此巨大并持久的魅力。这里建造了很多的山庄别墅,为达官富豪所有,其中著名的是:何将军山林、郑驸马池台、牛僧孺效居和杜牧别业。骚客也是希望从政的,他们喜欢樊川,难以排除希望亲近达官富豪的心理。樊川就有一些骚客的庄园,岑参、韩愈、元稹、郎士元、权德舆和韦应庄都曾经在这里居住。在中国,知识阶层一直存在着这样双重的性格,既热衷仕途,又喜欢逍遥,仕途使他们显赫,逍遥使他们自在。这是一种矛盾的心理,樊川为这种痛苦的消化提供了条件,这就是:他们既可以投入官场,又可以寄情山水,尤其是官场的失意能够在山水之中解脱。我认为,在樊川,集中地体现了唐代知识阶层的一种观念。现在,那些漂亮的山庄别墅已经没有了,那种既想入世又想出世的心理,却一代一代地积淀着遗传着。

去年今日此门中,人面桃花相映红。
人面不知何处去,桃花依旧笑春风。

这是崔护的得意之作,题在樊川的一个农家的门扉上。他是河北定县人,公元796年进士,不过大约在此之前,他落第独游樊川。时在清明,他散步于鸟语花香之中,不知不觉来到一户农家。此处草木葱翠,寂静无声,遂敲门求饮。一位女子开扉递水,之后,独椅桃花之下，注目崔护，倾慕之情忽然流露。崔护询问，她不语，遂默然而去，这时候她很是惆怅。到了次年春日，崔护思念之情涌动，便再到樊川，寻找这个女子。然而，门墙如故，桃花盛开，人已经无影。

在唐代产生了众多的诗人，崔护，以他唯一的一首诗而名垂千古。人无不赞赏他形神皆备的人面桃花，可我感兴趣的却是崔护在落第之际到樊川独游的目的。感伤与落寞的心是需要同情和鼓励的，然而他所需要的，五陵少年不会给他，长安王孙不会给他，如果幸运，那么他会遇到为官的骚客，也许他们可以给他以帮助，这种帮助即使是一些简单的安慰，都可能让他温暖，于是，他就到了这骚客好聚的樊川。我想，这样的猜测是有一定道理的吧。

当然，樊川在历史上所显示的分量，别的一个重要的原因是：这里有八大佛寺。佛教传入中国是在汉代，不过它作为具有中国特色的佛教的完成，显然是在唐代。这个阶段，上流社会和下层人民都以信奉佛教为大事，他们从佛教之中，接受了因果报应和平等要求的观念，从而使佛教成了这个时代的主要信仰。唐人希望佛居住在青翠的樊川，这样，樊川就有了八大佛寺，其中屹立于少陵原南岸的兴教寺和坐落在神禾原北坡的香积寺最为著名，尽管历经沧桑，但我在樊川仍可透过丛丛树木，看到兴教寺的红墙，并穿过蒙蒙烟岚，发现香积寺的砖墙。红日蓝天之下，佛地一片静虚。这样，樊川就不但表现为这里有世俗的快乐，而且有天国的气氛。

在这里，我久久沉浸于樊川的昔日，难以自拔。我从零落的诗歌之中，看到了樊川的华丽，尊贵，秀雅，宁静。这是一个民族精神处于高峰阶段的产物，想象一下那个时代，想象一下那个时代的情调，我感到自豪。

可惜，在历史的进程之中，一次接一次地出现兵乱、起义、战火，它们将赫赫唐都多次洗劫，多次毁坏，樊川当然也不能避免蹂躏了。事实是，现在要在这里寻找一块别墅庄园的砖瓦都很困难，甚至当年那些贵族的后裔都下落不明。

然而，樊川犹美，这是我的感觉。在春天的樊川，我情不自禁。它属于我的故乡，我有幸自己的家就在少陵原。小时候，我曾经向这里眺望，在这里走动，但樊川的美只有在这个春天我才能如此明确地认识和领会。

黄昏，夕阳柔和的光辉照耀着樊川，由于没有山也没有原的阻挡，那些金黄的颜色长驱直入，铺满大地，并久久在这里徘徊。光洁的古道悠然从这里通过。人已经稀少了，高耸的一棵连一棵的白杨，排列于古道两旁，微风吹拂着明亮的树叶，银灰的树皮反射着夕阳的光辉，那里偶尔会出现昆虫啄出的黑色的窟窿。走在这样的古道上，心情是难以平静的，你会想到从田野突然窜出的土匪，也会想到曾经有唐朝的文官武官将在这里通行，他们或坐轿子，或骑骏马，随从和美女跟随其后。

韦曲附近，到处都是菜园，农民将塑料薄膜搭成拱形的棚子，温暖的薄膜之中，鲜嫩的蔬菜正在成长。棚子一个一个联合起来，使大片的田野都处于塑料薄膜的覆盖之下，于是薄膜的白色就在夕阳的映照之下一片明亮，这使远方稠密的树林显得幽暗，阴沉，凝重。农民正在菜园浇水，施肥，锄草，一位壮实的姑娘，面色红润，汗水微渗，扶着锄头向古道上的行人张望。红色的倒扣的瓦罐下面的，是韦曲的名菜芄黄，其叶黄似金，茎白如银，整齐卫生，爆炒脆而不顽，做汤浮而有腴。

小麦正在拔节，乌黑的秸秆密密麻麻，在夕阳之中凝然不动，坚不可摧。一种夏天的庄稼成熟的气息，正从远方而来，从孕育着的穗子而来。桃花已经谢了，树下的落英，仿佛红霞铺在地面，豌豆大小的果实开始生长，也有一瓣两瓣干枯的桃花仍夹杂于它的绿冠之中。菜花长得发狂发疯，很多都开了杈子，过一些日子，它就要成熟，那时候，农民会用锋利的镰刀收割它，碾打它，然后将红沙似的菜籽装进机器搅拌，从中榨取它的汁液作为食油。

比较平缓的神禾原北坡，为淡淡的雾气所掩映，绿光在那里闪烁。少陵原南岸绵长的悬崖一带，开满了紫色的桐花，无穷无尽的桐树，将硕大的树冠支撑在蓝色的瓦房上空。从韦曲到杜曲，这些桐树组成的景色没完没了，你随时可以看到朴素的桐花，夕阳之中，它的芳香一阵一阵地在樊川流动。其他杂草和杂树，都尽力占据南岸的一方水土。这里阳光充足，空气清新，有风有雨。一个牧羊的农民，驱赶着棉团似的白羊在弯曲的小路上走动，可见鞭子挥，不闻鞭子响。在挖掘得非常平整的崖畔，常常会现出成排的窑洞，它们曾经为军队所居住，我看到的却是废弃的黑洞，它们将自己寂灭的眼睛对着夕阳普照的樊川，显得神秘莫测，阴森可怕。黑洞远离村子，处于荒野的平坡，没有人知道其中窝藏过什么，也没有人知道其中即将发生什么。走在白杨萧萧的古道，眺望着在夕阳之中那么宁静那么沉默的黑洞，我不由自主地胡思乱想，我总感觉一些特殊的人会在那里做些什么事情。

绵延15公里的少陵原南岸，并不是一样的平整，它不但上下起伏着，将天空挤压成一条游动的曲线，而且某些地方会忽然向前突出,像一头老牛伸长了脖子要吃樊川的禾苗,某些地方会突然向后缩回,像一只巨龟收藏了自己的脑袋。不过,沿着向阳的南岸一带,村子是众多的,它们一个连着一个,各种各样的杂树,欣欣地从房屋前后街巷左右窜出。在幽静的绿叶之中,显得十分嚣张的一种当然是桐树,它全然是紫色的大朵的桐花。村子是安静的,大人都劳作去了,唯有小孩、狗、鸡,在村子玩耍。在这里建了几个学校,夕阳之中,成群成群的学生坐在半坡上读书,有的站在树下吟诵,他们面对空濛而翠绿的樊川沉醉着。

我曾经在坐落于少陵原南侧的长安一中学习了半年,那是 14 年之前的事了。那时候,我正为考取大学积极准备,在同学之中,我是最贫穷最忧郁的一个,我视大学为我命运的转折。我穿着补丁衣服,啃着干硬的馒头,寻找我所需要的教师以向其请教。我 18 岁,常常独自在樊川散步,在少陵原走上走下,我强烈地感觉到一种纯正而顽强的气息在我身心涌动。那时候,我专注地复习我的功课,没有心情欣赏樊川的美。尽管如此,它的美仍渗透于我的灵魂,陶冶着我的精神,甚至其美为我作着向上的启示。遗憾的是,对这样积淀着中国文化的自然环境,我久违了。复杂而喧闹的生活诱惑着我东进西攻。某些时候我感觉茫然,我怀疑我的追求。我不知道我攫取的是垃圾还是金子。我难以意识我在向什么方向发展。

夜晚,我感觉少陵原和神禾原为樊川制造了一种闭塞之感,这里显得十分黑暗,但狭长的苍穹因为樊川而格外透明,无数稠密的星星像玉兰一样开满天空,我在城里永远难以看到这样清朗而爽快的天空。一些星星是朦胧的,它在遥远的银河之外,一些星星是灿烂的,闪烁着雪山或河冰似的光芒。南边的天空,逐渐地倾斜下去,飞越神禾原，投入终南山。北边的天空显然为少陵原生硬而陡峭的悬崖切断，那种起伏的印痕清晰可见。在这里，我惊奇地发现天空不是沉寂的，它简直是一个由星星组成的热闹的世界。树木已经被夜晚的雾气融化，唯有高高在上的白杨的树冠悬挂天空，不过它们的树干也消失了，树枝也消失了。零落的灯光从村子闪出，我走过麦田之间的小路，感到林子的众多的灯光被蓊郁的树木遮挡了。平坦的古道已经没有什么行人了，唯有汽车偶尔疾驰而过，汽车的灯光迅速地从麦田扫过，铁青的凝成一片的麦苗遂有了嫩黄的色泽。灯光轻快地滑翔着，仿佛麦田起了波浪。汽车消失在遥远的地方之后，这里归于宁静。寒凉的风，含有一种春夏之交的混合气息，这种气息让我兴奋，振作，感到生活的魅力。在夜晚的樊川，这种感觉竟是那样的强烈，我几乎要呼喊而出。我面对着无边无际的麦田，面对着终南山、少陵原和神禾原，面对着星空，我就那么呼喊了。然而，我的声音消失在旷野之中，一点儿回响都没有。倒是农人在他们房子咳嗽的声音，母亲迷迷糊糊拍打孩子的声音，我听得清清楚楚。狗会忽然在一个遥远的地方叫唤起来，于是，四周的狗就都在狂吠。

早晨，空气是清冽的，仍带着寒凉之意。我骑着车子，手在风中感到冰冷。淡淡的白雾淹没了整个樊川，麦田、树木、流水，甚至行驶的三套马车，都仿佛在乳汁之中洗濯了一样。小麦的叶子微微有些卷曲，而白杨的叶子则敷着薄薄的水汽，它们都将在阳光照耀之后舒展或蒸发。桐花膨胀在湿润的空中，似乎更娇嫩，更丰腴，它的气味在早晨仿佛浓缩和凝结了，那般使人感到刺激。太阳红了，樊川一片熹微，各种各样的鸟儿从树林飞了出来，它们鸣叫着，在槐树、椿树和白杨之间跳跃。新的一天在樊川开始了,我看到,成群结队的孩子在走向学校,农人走向田野,有的农人通过古道到城里去经营其他生意。妇女已经在溪流之中洗衣,那些溪流是从少陵原和神禾原的根部冒出的,沿着樊川一带,随时随地都有水从高原的根部冒出,那水是细小的,绵长的,经过深厚的黄土的过滤是洁净的。几乎在原下的所有村子,都有这样的溪流,溪流的两旁,耸立着粗壮的老树。

中午,我沿着潏河顺流而行,明亮的阳光照耀着樊川这片低凹地带,广袤的田野,散发出一种土壤与麦苗混合的气息,这气息是浓郁的,只有富饶的地方才有这样的气息。潏河穿流在这样的气息之下,它宽大的河床满是石子,这些石子可以作为建筑材料,农民挖掘石子所留下的坑洼到处可见,狼藉斑斑。茂盛的白杨,扎根在潏河两岸,常常有白杨倾斜于水面,它明亮的叶子,仿佛打了油一样光滑,微风翻动着它们。阳光穿过白杨的枝叶,让水变得闪闪烁烁。河水平缓地流淌着,它时而展开成为薄薄的一片,时而收紧成为细细的一束。圆的石头扁的石头,时而露出水面,时而深入水底。沿潏河而行,我在微微的闷热之中,感到一股清爽,这当然是水的气息。可惜,水在杜曲一带给污染了,我难以相信水成了这样的颜色和形状:河床之中,仿佛铺了一张肮脏的牛皮,一股潜在的力推着它迟缓地走动。聚集在一起的泡沫随之漂浮,所有的石头和草蔓都沉潜于这张牛皮之下。这一带潏河,西安美术学院的学生称之为啤酒河,而村子的农民则称之为酱油河,足见其污染的程度。我在一片野草丰厚的田间躺了下来,我不由自主地躺在那里。天空并不是蔚蓝,仿佛更多更深的是灰白,云没有形成那种游动的团状或块状,云是薄薄地连接在一起的。四周是寂静的麦田，不过，在寂静之中仍有自然的声息。我可以感觉昆虫的活动，蝴蝶或蜜蜂会从我身上飞过。

　　回野翘霜鹤，澄潭舞锦雉。

　　我默默地吟诵着杜牧的绝句，一种巨大的变迁之感敲击着我的心。不但人类在变化，而且其赖以生存的环境也在变化，悲哀的是，这种环境并没有向好的方向发展。我躺在那里，倾听着潏河流动的声音，竟产生了这样的忧患：人类贪婪地攫取自然，这种不顾后果的行为，可能就是自掘坟墓。我想如果杜牧先生现在看到潏河，一定是没有诗兴了。

　　然而，当我从田间站起来的时候，我仍可感到无穷无尽的苍翠向我靠拢，向我汇集，而且所有的树木、绿草、田野、小桥和流水，都沉浸在明媚的阳光之中，于是我就这样告诉自己：

　　"我们的祖先毕竟是智慧的，看看这里宁静的天空，看看山的白岩和原的黄土，看看风怎样吹动树木的叶子，看看鸟怎样展开光滑的翅膀，看看混在杂草之中的野花，看看照在石头上的阳光，看看古木掩映的佛寺，看看麦田相夹的小路，你就会知道他们多么亲近自然，多么注意享受，你就会发现他们灵魂之中消极与隐逸的意识多么深刻，如果你沿着这种思路继续行走，那么你大概就知道了自己所属于的这个民族的性格，问题是，你不论是自豪还是悲哀，你都是属于它的。你别无选择！"

太白皓然

　　在海拔 2260 米的高度，我看到了耸立于云层之上的秦岭主峰的一角。它凝结着汉朝的坚冰和唐代的积雪，甚至凝结着不可计数的遥遥岁月的冷冷之霜。14 点 15 分的阳光，宁静地照耀着那里的洁白境界，郁郁苍苍的群山，一律拜倒在它的脚下，我既激动似潮，又沉默如雷。

　　我是随我的同事到太白来旅游的，这样的活动在单位是一春一次，不过步入充满诱惑的社会之后，整整 8 年时间，我没有一次参加过单位的活动。8 年，我恐惧地发现，这是一个恰恰相当于把日本鬼子赶出中国的阶段，在这样一个过程中，我确实一次都没有伴着同事游山玩水。不是别的缘故，唯一原因是我自己缺乏旅游的心情。将自己投放山水之间，需要一种平和的态度，然而，此起彼伏的欲望，使我的浮躁盈于手脚，如果不是我久仰太白的境界，那么我仍然不会出来。我多么希望自己能单独在这里眺望秦岭之巅，但我不能，我是一个苦苦求索的学子，我做梦都想捕捉真理之女的裙裾，可惜孩子的面包与玩具已经耗尽了我的俸禄，我不能有独行的交通工具，所以单位的汽车是我所需要搭乘的，但我的灵魂难以从众。

　　太白刚刚出现在我面前的时候，我很是压抑，它那游动在空中的巨大的沟壑，仿佛向我逼迫。太阳已经被森林遮挡，在长长的黄昏，无数平庸的山岭包围着太白的雄姿，我什么都不能看到，我只感觉它们的阴郁，沉重与强大。不过就是因为有这些平庸的山岭为基，太白才成为主峰的。我徘徊于它的脚下，发现周围到处都是卖吃卖喝的地摊，肮脏一片。这使我忽然涌出一种鄙视自己的情绪，我感觉自己竟不如那些石头，那些流水，那些摇曳的树木，甚至不如那些随便扎根在什么缝隙的野草。它们生于自然，长于自然，永远是一副真实的自然的姿态，但人在冠冕堂皇之中包藏着多少猥琐的心思。

暮霭降临之后，我拉开了我与太白的距离，沿着一条河谷走向远方，然后回头望着它。在狭长的一片虚空的天色之下，太白坚实而黑暗的轮廓，巍然而庞然。山下，旅馆灯火通明，我的同事正在其中快乐地下棋，跳舞，聊天。大家将投宿那里，为明天的攀登养精蓄锐。5月的风在这里仍然是寒冷的，我的目光穿过越来越浓的夜色向山顶看着，那里凝结的冰雪，既是这里寒冷的元素，又是我身旁的河流的源泉，清凉的水，潺潺地穿过河谷的白石，曲曲折折地寻找其他的河流，一起走向海洋。

太白属于盘踞在渭河与汉江之间的秦岭的顶巅，对这样崇高的主峰，生息在它膝下的人当然是敬畏的，膜拜的。古书记录，太白是金星之精坠于秦岭的结果，祖先尊它为西方之神。我约略知道，汉时，这里就筑有敬神的祠堂，唐时，唐玄宗从这里获取了一枚福寿之符而大赦天下。特别是关中的农民，遇到干旱岁月，一定要在太白之端祈雨，那里有三个明净的水池，昼映红日，夜映白月，祈雨是非常灵验的，就连乾隆皇帝都为之感动，竟为太白封王。这样神奇的大山，当然是一个诱惑，难怪李白和苏轼都曾经攀登，并连连赞叹。

　　太白就是太白，在夜晚，它突然展示了自己严峻的一面。大约零时，一股凶猛的风将旅馆的窗帘卷起，浓重的雨气从原始森林滚滚而来，闪电，垂直于天空和地面的细长的闪电，迸发着强烈的白光，它急剧地抖动着，照亮了半个宇宙，一瞬之间，覆盖着太白的绿色树木，清清楚楚地暴露在那里，我感觉闪电仿佛给它喷射了一层透明的雾气，此时此刻，森林之中的禽兽是睡着还是醒着，是惊恐地准备逃跑还是安然地立足原地，我都难以知道。巨大的响雷连续在太白周围滚动和爆炸，旅馆的门随之有了奇怪的颤音，我听见密集而急骤的雨点鞭打着窗外的世界。躺在床上，我痛苦地认为，可能明天难以攀登太白了。然而过了一会儿，雨便停息。万籁俱寂，蕴含着草味花味森林之味的清冽气息处处可闻。

　　早晨6点出发，自山下至山上，足足80公里，即使不到顶巅，行动也不宜迟缓。没有谁愿意拖拉，一种无形的引力牵动着所有兴奋的心。蔚蓝的天空之下，相互交错的山岭，为雨所浸，一片青葱和鲜碧，雾与云已经被洁净的空气调和了，太白庄严地坐落在那里，是如此的雄壮和如此的奇伟。

　　攀登太白，理想的方法应该是悠然步行，不过，要汽车送一段属于单位的规定，我是无可奈何的，不但如此，导游小姐将关于太白的粗俗故事兜售给大家，尤其使我难受。我的考虑是，在太白这样的造化面前，人最好保持沉默，保持谦虚，因为人远远渺小于自然，任何轻佻的行为，都可能减弱和隔阻它对人的启示。问题是，随着都市生活的发展，人渐渐淡漠了自然，疏远了自然。实际上人是多么需要自然的熏陶和感染。自然无疑是人最美丽的母亲和最伟岸的父亲，是人必须反复阅读的神圣经典。如果人不走进自然，体味自然，让自然的气息灌注自己，那么人就不可能有真正的健全和真正的高尚。对于太白，我便怀着这样的感情。

在杵窝，汽车停下了，我走出它的金属之门，立即感到山的世界穿着古老的森林向我扑来，身前身后的嬉笑声音，一下消失在透明的充满鲜花和腐叶气味的空气之中。此地为孙思邈隐居之处，在唐代，他拒绝当官的邀请，无疑是他对世事洞察的结果。从杵窝向前，山路变得曲折，真正的攀登便是从这里开始的。柔和的光芒斜斜地倾泻天空，尽管太阳仍然在山的后面，但一些高耸的峭壁涂抹了金色。旅游的人渐渐拉开了距离，捷足的当然先行，散漫的当然尾随，我瞻前顾后，发现人在坑坑洼洼的山路上断断续续。瞻前顾后不是我的性格，不过我知道自己的身前有人身后有人。我平缓地走着，山的黑色从上到下作垂直的变化，植物的种类应有尽有，只是树的叶子渐渐缩小。山有多高，鸟就有多高，那种我不认识的长着红翅红尾的鸟，总喜欢孤独地待在水旁或石角，风铃仿佛妙语穿越着森林的古木与新苗，在空中作响。仰望悬崖，放纵着流云而紧系着飞瀑，苍黑的石缝站立着傲岸的松树，在阳光永远不能照耀的阴处，湿润的青苔依附着郁闷的石面，粗壮而纠缠在一起的藤萝追赶着硕大的树冠，花谱没有记录的紫朵与黄朵，自由地开放于河边溪旁，清纯的水滴向它们抛洒。5月的风没有一个夸张的动作。野草没有因风起伏，树枝没有因风摇摆，然而我全身心地感到风的存在。空气已经稀薄得暴露了天穹的骨髓，广阔的蔚蓝便流淌在我的周围，如果举臂抓它，那么蔚蓝将会染上我的手指。很多的山峰相继落下，很多的山峰仍在崛起，浩然太白是一座山峰摞着一座山峰的立体，攀登它，除了向前就是向前，它的顶巅在海拔3767米的高度。

　　登上红桦坪，20公里开阔的峡谷倏地闪开，锋利的风从天而降，那天仿佛是用石器打磨了一样光洁匀称，我身旁唯一深情的女士的裙裾在风中拂动，她忧郁的眼睛向着远方，而人则站在突出河流的一块石头上指指点点。明亮的碧空之下，稠密的原始森林承受着阳光的照耀，表现得静静悄悄，由于温暖仍然徘徊在海拔1000米以下的地带，这里的树林显然都是阴郁的、干枯的，那光秃秃赤裸裸的枝杆，像僵硬的牛筋和皮鞭一样伸向天空，染了绿带了青的只有稀疏的几点松杉。在灰暗的森林之中，一瞬之间，我感觉这森林像冬天贫穷的乡村一群农民穿着破烂的棉衣站在那里，其中，能够反射尊贵色泽的树是红桦，它高大的树身，疏朗的树冠，仿佛是红铜铸造的一样坚实而傲岸。天光的每一映照和山风的每一触动，红桦都要在巨大的峡谷中发出回声，仅仅它的这种回声就使人惊诧。到处都是红桦，它成了这个高度的显赫的植物，其他所有的杂木都退缩在它粗壮挺立的躯干之后。在这里，我看到了秦岭主峰太白的一角，它远远从两个铅色的山头之间闪现，豁然开朗的沟壑恭敬地把它暴露在外，蔚蓝的天空作了它永恒的背景，那是真正的蔚蓝，没有一点杂色，水一样柔和而透明的阳光，非常轻盈地照耀着它。在只有鹰可以立足的倾斜的山岩，凝结着高寒之地和悠久之年的皑皑冰雪，圣洁的主峰望之皓然。夏末秋初之际，朗朗晴日，站在关中平原的任何一个地方，都可以看到太白的反照。一个道士告诉我：在主峰附近，生长着各种各样的杜鹃，其中最大的一片足有1000余亩，数峰嫣红，十分壮观。

　　根据我的力气和蛮劲，我完全可以攀上太白的顶点，不过我不想向上了，我感觉它高贵得如此孤独而美的境界，唯有伟大的灵魂才能够接近它，像我这样渺小的俗人，只配站在它的脚下仰望，如果我不断地努力，不断地努力，那么也许会有向它靠拢的机会，然而现在不行，现在不行。倘若我冒昧地走到它的顶点，那么除了证明我的浅薄，只能显出我的丑陋。不过我在空旷的红桦坪看到了太白的一角，山冈上的风卷起祥和的阳光吹拂我的头发，我伫立在海拔 2260 米的高度久久仰望着，尽管十分之九的太白仍为其他山峰遮掩，不过我依然情不自禁地呐喊起来，我感觉，一个腐朽的躯壳痛苦地震裂着，随之，我的灵魂开始了新的升华。

此时此刻，太白威严地俯视着我。

武　关

　　从西安至武关，只有一条路，那就是翻过秦岭。自蓝田开始，经过商洛和丹凤，汽车一直在山区行驶。风景当然是美的，不过，当汽车忽然要转成一个直角俯冲过去，而且两个轮子，一个冒失地掠过峭壁的巉岩，另一个惊险地碾着悬崖的边沿，那会儿，你就不会注意风景了。你的心高高悬起，你默默地盼望司机不要大意，不要瞌睡，不然，差之毫厘，汽车便要掉进沟壑，摔得粉身碎骨。旅途危险而遥远，我坐了整整10个小时的汽车，才进入武关。这时候，天已经黑了。

　　我对武关的印象是深刻的。我跳下汽车所感觉的那种清澈的凉意，多年之后将难以在别的地方体验。路两旁的高大的树木似乎并没有摇动，仿佛没有刮风，不过凉意沁人心脾，会使人神志清醒，疲劳消除。我迈着轻捷的步伐，走在寂静而黑暗的树木之间。在阴影笼罩的一些小屋，主人悠闲地在做着什么，灯光将他们的影子拉长或缩短。我的足音是急促的，鞋底摩擦地面的声音，穿过潮湿绵软的夜雾，传得很远，可它不能融入河水的不舍昼夜的流响。秋夜的月亮嵌在狭长的天空，这天空是区别于城市那种混浊的天空的，它简直像是一块蓝色的宝石。山坐落在润腻的夜雾之中，山的峰峦将天空勾勒成那种狭长的形状了。我所感觉的凉意，一定是浸染着月光和水汽，否则，它不会那样天然洁净，妙可神会，不可言传。

我很幸运在这里碰到一个姑娘小燕，她在路边一个小小的商店卖货，天很晚了，已经没有什么人光顾了，她便纳着袜底。我进去的时候，她正伏在青石柜台上穿针引线，神情很是专注。感觉有人来了，她才抬起头，我看到一双大大的眼睛望着我，目光好奇而天真。她问我是否购买东西，微笑着打量我，似乎为一个陌生人迟疑地站在她的面前而不解。我拎着黄色的提包，风尘仆仆，那样子，显然不像当地人。我明白地告诉她，我是专程考察武关的，并且要让它进入我的文章，只是对这里不熟悉，希望她给指点一下旅舍。

她呆呆地站在那里没有反应，手里仍拿着她的袜底。突然那眼睛忽闪了几下，长长的睫毛随之跳动，脸蓦地红了。她羞涩地告诉我自己写了一些诗歌，要我给她看一看，竟回避了旅舍的事情。她18岁，高考落榜，由于成绩不错，得以在附近一所小学教课。她似乎对一切都很满意，一种蕴藏着的幸福之感，像光一样从云缝之中照射而出。她的头发梳得非常整齐，衬衣的白领翻在红色的毛衣外面，背着灯光，那俨然是一对白色的蝴蝶栖息于红色的牡丹。一件普通的方格子上衣，她穿着很是得体，没有一条折皱。她等待我的回答，然而，我的目光一瞬之间飞到她身后的货架上了，那里满满当当的全是钉子、螺丝、灯泡、手帕、肥皂、碗筷之类的生活用品，日子久了，货架上蒙着一层厚土。灵秀的姑娘从杂乱的货物之中浮现而出，她红红的嘴唇微微张开。

她希望我能认真看一看她的诗歌，这是我没有料到的，不过这很便当。她拿着袜底，一个转身，便从柜台里面走出来，门也不锁，灯也不熄，领我到她的家去。隔着公路，树木之间透出一片光亮，两扇柴门洞开，一个中年妇女走了过来，眼睛在暗中闪烁如晶，那是小燕的母亲，她默默地去了商店。这样的习惯对我并不习惯，我半信半疑地走进小燕的家，经过空空的堂屋，到了她的闺房。

灯光从墙上的白纸反射过来，她的闺房浸染着一种温热，尽管窗子向公路敞开，风从树林携带着秋夜的轻寒与河水的微凉，不过我在这里感到的多少有一点暧昧。如果窥探我内心，那么我知道，自己确实没有到此偏僻之地浪漫一下的念头，反而隐隐构筑着我的提防。对人性之恶的认识，已经使我在任何地方都不能完全放松了。我当然也知道，以灰色的思想对待一位纯真的姑娘，是多么不公和无理，然而我不能不提防自己掉进伪诈的陷阱。小燕是兴奋的，她让我坐在床边，给我倒水，接着她自己坐在桌前的椅子上，拉开抽屉，取出她的诗歌让我看。其间，她的母亲悄悄进来，将一盘花生放到我面前，随之，她的父亲默默进来又默默出去。他是一个身体精瘦而脸庞粗糙的男人，走路几乎是无声无息的，不像她母亲那样暗中藏着潇洒。

小燕的诗歌清新而忧郁，丰富的意象和浓郁的情绪扑面而来，而且涂着一层淡淡的初恋的色泽。这使我惊讶，我暗暗感慨武关孕育了她的灵性。我不由自主地从她的纸片上抬起眼睛，她的那些诗歌都写在小小的纸片上，用红线订成一册，我抬起眼睑偷偷看她，仿佛是为了不干扰我，她埋下自己的头，深情地继续纳着袜底。压在桌子上的明净的玻璃板，映着她的半个身子，一种幸福的感觉流露在她的举止之中。

我如实告诉她对诗歌的印象，并问这些诗歌是怎么写的，希望她珍惜自己的天赋，争取得到父母的支持，设法到西安去上学。没有学问和思想，才能终究会干涸的。武关自然很美，然而毕竟地方小了，要在现代社会从事文学艺术，狭隘和贫乏是不行的。这些都是我的肺腑之言，我不能对她敷衍，可她继续沉默着，唯一的反应是，那种喜悦从心里洋溢到脸上了，她的两腮红得发热。小燕的母亲在黑暗的堂屋出出进进，我对她提出我的看法，想让她支持女儿继续上学，否则，小燕在这里就湮没了。小燕的母亲显然高兴，她的性格很是明快，但她没有正面回答，我感觉，她并没有要女儿上学的意思。我描绘了小燕可能有的一种前途，目的是让她动心，然而，她只是重复了自己的意思。她的声音在黑暗的堂屋疲软得没有硬度，之后，她就走了。对此，小燕仿佛处于局外，竟然没有表态。她依然纳着她的袜底，那上面开始出现了荷花的雏形。我难以理解其中的谜，遂继续翻着她的诗歌解除我的尴尬，并考虑怎样离开她的家，为自己寻找住所。

　　这时候，小燕才告诉我，这些诗歌是她的男友写的而不是她写的。她的头没有抬起，反而更深地埋下了。我睁着诧异的眼睛望着她狡黠的后脑，那里乌黑的头发整齐地辫在一起，显出了她的精明。显然，她的花招只是为了让我认真看一看这些诗歌而已，也并无别意。如果我开始就知道这是她男友写的，那么可能就不会仔细看了，这是她的担心。我完全理解她的假托之举，而且我发现了她纯真的爱，这爱一下照亮了黑暗的武关之夜，使我顷刻之间解除了所有的戒备。我觉得待在她的闺房一下变得舒坦而安然了。一颗恋爱的心，使这里显得多么干净和整洁，墙面、挂历、牙刷、茶具，一切都放在恰当的位置，它们足以证明一位山区姑娘对生活的热烈向往，这种向往的激情是她的男友给她的，而且她赏识他，那些诗歌，当然也寄托着她的希望和他的希望。可以猜测，那正做的袜底，是给他的，她用古老的密密麻麻的针线，表达着她的爱。一旦将她的秘密泄露出来，她就没有了掩饰，没有了拘谨。她在灯光下抬起头，那水灵的眼睛一顾一盼，满是妩媚。她的男友是她的高中同学，他和她一样，今年都没有考上大学，不过他立志从事文学。他白天荷锄，黑夜伏案，那些诗歌就是最近写给她的。

人在高兴的时候，是乐于帮助人的。此时此刻，小燕便处于这种状态，她要带我考察武关的城墙。我与她遂沿着沉寂的公路走着，那条在夜雾之中的流响的河水，偶尔会闪出一段白光。它从朦胧的笔架山下走过，呈弧状绕过武关。武关是从莽岭山下延伸而出的一个台地，大约明朝末年，商洛出现了一次瘟疫，逃荒的人安营到这里，便渐渐形成一个村子。但它作为关中的要塞，形成于战国初期。我和小燕踏着清冷的月光步入村子，河水的白光消失于身后，我看到了一条古老的街巷。街巷空空濛濛，没有一棵绿树，也没有一条游狗，月亮悬挂于一带蓝色的天空，安安静静的街巷铺满了霜与沙。房屋向街巷簇拥，屋檐下面都是板门。有人在吃饭，有人在干活，我从街巷走过，可以很清楚地看见他们，他们都好奇地盯着我和小燕。牙牙学语的稚童，坐在石头上叫着，嗷嗷待哺的幼婴，偎在女人怀里拱着，几个挂着书包的孩子，聚在一起拍着用纸折叠的包子。街巷没有笑语，也没有欢闹，那些在房屋的灯光之中活动的身影也全是无声无息的。然而，刚刚越过街巷和房屋，一片郁郁的树木与苍苍的峰峦便突兀而出，我感觉它们深不可测。

完整意义的武关应该是：沿着台地筑起一圈坚固的城墙，河水环绕城墙流过，这样，在城墙里面防御侵袭的敌人将非常有效。武关向着河水的三面开着大门,没有大门的一面,恰恰是山。这弹丸之地,实际上成了一个咽喉,曾经是连接秦国和楚国的唯一通道。秦国消灭楚国,必须经过武关,而且这种消灭有一个过程。史记:公元前299年,秦昭王邀请楚怀王到武关来结盟,楚怀王赴约,不过这只是秦昭王的计谋,结果是将其扣留起来,当作人质,终身囚禁于秦国。过了半个世纪,嬴政执政,他的大将王翦为之消灭了楚国。当时王翦率兵60万,为了不使嬴政疑心他有异图,王翦出征之前,要求嬴政给他很多好田好屋。行至武关,王翦还特意派遣使者到咸阳,催问给他准备得怎么样了。做了这种种工作之后,王翦才猛攻楚国。作为关中的南门,武关的战事是频繁的,我大体知道这些情况:公元前208年,反秦义军首领陈胜,派其大将宋留领兵进入武关,接着,刘邦率兵攻下武关,占领了咸阳。公元前154年,诸侯谋反,汉景帝以周亚夫为太尉从武关而出,平息叛乱。公元24年,赤眉义军在樊崇和逢安的率领之下,自武关到关中。公元193年,吕布经武关到南阳,制止李傕一伙犯上。公元763年,吐蕃侵入长安,郭子仪往商洛发动武关防兵,收复长安。公元884年,黄巢义军溃败,从蓝田进入商山,并从武关退去。公元1328年,燕铁木儿迎立怀王,遣兵驻守武关。

我将这些一一告诉给站在城墙上的小燕,月光之下,她的眼睛热情地闪烁,并反复叹息自己的男友不在这里,他在这里就好了。我望着缓缓流淌的武关河水,它闪着白光,飘拂而行,两山之间,唯它有声。武关是没有狗的,在这样的地方没有狗,我很是奇怪。这里的城墙并不高大,风雨已经将它削弱得很矮了,那些从城墙两边盖起的房屋,在秋夜之中似乎要淹没了它。城墙上生长着茂密的草木，小燕用手将它们扒开，为我开路，她反复叮咛我注意，担心摔了我。她纯真的嗓音消失在绵绵的雾中。在她为我开路的时候，偶尔有凝结在草木枝叶上的露珠洒在我的手上，它的清凉实在鲜润。不过那时候，我站在武关的城墙上，忽然感觉很沉重，我祝愿那个陌生的青年能够成功，盼他不要打碎了一位姑娘美丽的梦。我将自己真诚的祝愿，投入武关的秋夜。我看见河水驮着月光奔流，白雾堆满了山川，这个古老的要塞一片宁静。

我是在一家小小的客栈过夜的，小燕带我投宿这里。难怪她一直不提旅舍的事，她是有把握的，这小小的客栈，为他的三叔所开。她为我敲门的时候，那里的房屋都黑了，街道没有一个人，小燕喊醒了她的三叔，她湿润的嗓音，响彻客栈周围的树林。给我安排了住处之后，她便挥手走了，她的穿着花格上衣的背影，消失在凉意若沁的秋夜之中。她明天有课，清晨必须早早赶到学校，而且她想立即把我对那些诗歌的评价告诉给她的男友，她对他是那样的深情，那样的寄予厚望。她初恋的心仿佛是星光倒映在流淌的河水。

简陋的客栈，放置着五张板床，三个司机互相攀比他们的鼾声，空气中的酸味臭味烟味，还有身体散发的温热在交融和发酵，但窗外的秋夜满是清风和明月。我经过很长时间的昏沉而入眠。我睁开眼睛的时候，天已经亮了，核桃树的叶子摇曳在窗外，偶尔有问答之声，并有汽车从公路经过。那些辛苦的司机，当然走了。我给小燕的三叔付了钱，立即离开客栈，我想上山看看武关。

武关的居民在默默劳作，所到之处，无不是忙碌的身影。妇女在公路上晾晒谷物和豆类，她们的衣着，有的褴褛肮脏，有的也时髦洁净，很多男人在田野扳折玉米，那些干枯的玉米秆子茂密地立在起伏的田野上，从而到处响着玉米棒子断裂的声音。男人将玉米放进篓子背到家里，然后登上梯子，拴在院子的树上。村子的树上几乎让金黄的玉米占满了，红叶与灰瓦之间，金黄的玉米分外妖娆。蓝色的炊烟，轻轻地升到天空，不久，这些炊烟就软弱得消失了，天空依然那么清纯。宁静的阳光之中，从谁家响起的鸡鸣，飘荡在葱郁的山间。男人趟着冰凉的河水背着篓子和自己的妻子，妻子是丈夫的帮手，在田野里，她们跟着丈夫踏踏实实地收获，丈夫不想让她们受寒，来回都背着她们。雾已经从河道蒸融了，白光闪闪的河水悠然而流。这些都是我在山上所见的，我走过皮绳似的瘦小的斜径，爬到山上，在这里，我呼吸着鲜润的空气，并久久地望着武关，我希望看到那个生长了草木的城墙，秋夜的露珠曾经在那里浸染了我的手。然而我没有看到，树枝与房屋完全淹没了它。

　　从武关到西安，只有一条路，那就是翻过秦岭。人类的祖先，在相当长久的岁月所依靠的是马匹，难以想象，那是多么缓慢。汽车是先进的工具，然而，它行驶在秦岭，并不是一路顺利。没有一点冒险的精神，是不能在秦岭奔波的。我到武关去的时候，汽车在麻街岭忽然冒烟，烧焦的橡皮的气味呛得人都在流泪，司机紧急刹车，并对乘客大声疾呼赶快下去！我是翻窗下去的，好在那只是油管断裂，没有遭难。我回来的时候，汽车在铁峪铺突然撞树，剧烈的震动将那个昏睡的司机惊醒，尽管如此，也没有人提出抗议。乘客都悬心吊胆而沉默，因为汽车仍得由他驾驶。事情就是这样：你要在这危险的道路旅行，你就得有丧命的准备！

附记：2002年春天，也就是我在武关考察的9年之后，我带中央电视台一个西部节目制作的负责人封筱梅重返武关，以拍摄其变迁。工作之余，想起当年的小燕，便结伴寻找。很遗憾，小燕结婚生子了，不久丈夫遇车祸而亡，自己一个人到西安打工去了。

2008年11月2日

辋川尚静

辋川是一个长长的峡谷，王维曾经在这里居住。如果一个20世纪的人，为尘世所烦而效仿王维的行为，到辋川去生活，那么一定荒唐，尽管辋川尚静。

辋川确实很静，一条河流，两岸青山，仅仅是这种结构就区别了乡村的小巷和城市的大街。那里的人烟总很稠密，但这里稀疏得忽儿便融化在风云之中了。我是坐着三轮车到辋川的，同行的农民陆续地到了站，转身即消失在树林之中。点点房屋，筑在岩石之侧，并不容易发现。

我到这里来没有什么明确的目的，只是为了感觉一下辋川的气息。倘若这是目的，那么我以为这目的潇洒而苦涩，这就是味道。司机将我拉入辋川的深处，收了使他满意的钱，兴奋地驾驶着他的三轮车走了。辋川一下子归于沉寂，孤独的我，望着在河床滚动的白水，竟觉得恐惧，这恐惧没有对象，只是这里的空，这里的无声无息。

王维栽种的银杏，挺立在雨后的河岸，树皮满是裂纹的粗壮的主杆，被水淋成了黑色。从叶子上流下的水，继续洗濯着树皮。它实在是老了，呈现着一种挣扎的状态。它已经在辋川生长了千年之久。风云掠过它高高的枝头，小而圆的叶子将水刷刷地摇落着，我看到,那叶子翻动得忽白忽绿,晶莹如迸溅的水花。这样葱茏的叶子,生长在几乎腐朽的枝头。那奇崛的枝头很多都像烧焦的干柴,触之就会掉灰,然而我由此也知道了生命的顽强。年迈而伟岸的银杏,压得我十分渺小,仰望才可以看到它的全貌。山峰罗列在它的周围,尽管那些都是秦岭的余波,但在峡谷,我仍感到它们的伟大,它们需要仰望。唯有溪水在我一侧,其渊远而流长。

　　王维在辋川的别墅,在开始是宋之问的,这个喜欢歌功颂德的诗人,以媚附权贵而得宠朝廷,最终的下场却是被唐朝赐死。王维迁往辋川的时候,宋之问已经做鬼,那么他是如何购得这里的别墅呢?我能猜测的只是,辋川的美一定迷惑了王维,不然,他怎么单单选择了宋之问的别墅?终南山中,可以供他居住的地方应该很多。时间将他的别墅早就摧毁了,幸运的是,支撑某个柱子的扁圆的石墩,竟穿过层层的岁月而保留下来,而且完整地放在银杏旁边。那些湿漉漉水汪汪的苔藓,绣住了它的每条皱纹和每个斑痕。

　　秋天的雨顺利极了,仿佛云微微扭动一下它就有了。辋川的雨是明净的,线似的,一根一根拉到峡谷,但雨空得它无声无息。山坡上的红叶,渲染在碧翠的草丛,而颗颗青石,则架在杂树的根部,危险得随时都会滚落,不过濛濛的雨送给它们一层薄薄的梦,梦悬在辋川的山坡上。王维一定见过这样的梦,甚至入过这样的梦,不然,他的诗画怎么那样惟妙惟肖,有声有色!王维之后 300 年,苏轼书摩诘蓝田烟雨图而赞叹:味摩诘之诗,诗中有画;观摩诘之画,画中有诗。摩诘就是王维,是王维的字。

　　王维购得辋川,那是他过得富贵的证明。贫穷的诗人,是不可能拥有一个辋川别墅的。其情况是:他在 20 岁左右便及第进士,从此步入仕途。他担任过大乐丞，并以监察御的身份出使塞上。王维在40岁的时候做了左补阙。恰恰是这个年纪，他开始迷恋山水，来往于朝廷与辋川之间。他既做官员，又当隐士，游离于人类斗争与自然情调的两极。朝廷的险恶，伤害着他的心，而辋川的美妙，则给他的心以慰藉。他便是如斯生活的。王维这样的生存状态，是他最智慧最实际的选择，也是他无可奈何的选择。除此之外，他的任何做法都可能是下策。人总是希望自己生活得比较幸福一些，以王维的气质，他不能完全陷入官场的名利之争，同时以王维的经历，他也不能彻底寄情于辋川的田园之乐，他必须两者兼顾，这样他就得到了入世的好处而摒弃了入世的坏处，同时避免了出世的苦处而感到了出世的乐处。在入世与出世之间，存在着一个广阔的地带，他奔走其间。人似乎只能这样生存，不然，完全媚俗与完全脱俗，都可能导致深刻的痛苦。我不赞成一个学者对王维的抱怨，这位学者认为，他缺少陶潜那种勇气，他没有彻底地决裂于官场。这是一种刻薄的认识！

　　雨中的辋川并不知道人的思想，它只是自然而然地呈现着它的状态。秀峰沉默，乱石相依，雨悄悄地缝合着万物。秋风过处，衰柳飘荡，黄叶旋飞。曲折的路径，流水扬落，浅草明灭。松、柏、杨、槐之类，高高低低，互相掺杂，组成了绿的森林，并覆盖着辋川的沟沟坎坎。偶尔一树柿子，落了肥叶，唯红果占据枝头。白水流过幽深的峡谷，遇石而绕，触茅而漫，柔韧地走过河床。

　　公元756年，安史之乱，已经55岁的王维被叛军逮捕，软禁于洛阳的一座寺庙。他吞药致病，装哑而活，但他终于敌不过安禄山的骄横，无奈地接受了伪职。唐朝征服了叛军之后，皇帝对那些接受伪职的人统统定罪，然而，王维在软禁之中，曾经向探望他的朋友裴迪诵诗，此诗受到皇帝的嘉许，遂对他只作了降职处理。这是王维的幸运了。其诗是这样的：

万户伤心生野烟，百官何日再朝天。
秋槐叶落空官里，凝碧池头奏管弦。

尽管如此，安史之乱毕竟摧残了这个老人，他逐渐变得消沉了，或者，他变得更加淡泊，更加寂寞。他常常挂着拐杖站在门外，眺望辋川的落日夕烟。暮色之中，稀疏的钟声，归去的渔夫，飘走的花絮，柔弱的菱蔓，都使他感到惆怅。他看着看着，就转身回到他的屋子。他已经深深地陷入了空门。王维的母亲就信仰佛教，这影响了他的心灵，不过到晚年，他才彻底地皈依佛教。他食素而不茹荤，认真地打禅。他坐在枯寂的辋川，闭着眼睛，寻找着解脱烦恼的路径，企图超越生死之界。香烟袅袅，烛光闪闪，王维的心凄凉而宁静。

独坐悲双鬓，空堂欲二更。
雨中山果落，灯下草虫鸣。
白发终难变，黄金不可成。
欲知除老病，唯有学无生。

人生真的像王维觉悟的这样吗？我不知道，唯有达到王维的境界才能理解王维，不过我没有。我只感觉，自然如我面前的辋川，社会如我身后的市井，都有美的一面，都能给我以享受。然而，我的辋川之行，明显地含有烦于我那个圈子的成分。是的，我很烦，某些时候我简直不堪负荷。从我栖身的圈子走出，到辋川去换换空气，确实使我感到一种轻松。

雨中的银杏是那样独具风采，它的圆润的树叶像打了发蜡似的明滑，辋川强劲的风反复地翻动着它们，但银杏的树身牢固地埋在土中，风怎么吹它也不动。这是辋川最古老最高贵的植物，水汩汩地流过它黑色的树皮。王维种植的银杏，成了他在这里生活的主要标志，然而，它终究要倒下的，留下的，将只有辋川。

辋川很静，长长的峡谷已经完全沉浸在秋日的烟雨之中了，所有的树木和石头，都化作迷濛的一团，一只鸟也没有，一只兔也没有，甚至除了我，一个人也没有，唯有风声雨声和河流的浪声。这样的一种空，一种自然给我产生的空，是恐惧的。一瞬之间，我真是惊骇起来，我害怕从山中钻出一个野兽或怪物。这样想着的时候，我似乎已经有了对付它们的准备，于是忽然吊起的心就慢慢放了下来。蓦地，我感觉身后有脚步的挪移，飒飒的，仿佛是谁用树枝在地上划动，我猛地回头一看，竟是一个穿着蓑衣的农民，他站在雨中，轻轻地问我：

"你要三轮车吗？"

华山巍然

  凌晨五时，我登上了华山的东峰，在这里，可以观看日出。山巅聚集了很多人，肃穆的气氛之中，那些坐在悬崖峭壁的人似乎变成了一堆黑色的石头。天就在头顶，我和天从来没有这么接近，从来没有，我居然不敢仰望它，我只是谦恭地平视着它倾斜而开阔的一面。风撩起了我的头发，我感觉了天柔和的触角，它广袤之极，我的头发仅仅摸到了它的一点。天不够透明，我仿佛是沉浸于水中，水蒙住了我的眼睛。朦胧的华山像是一曲渺茫的音乐，一些断续的私语。但黑暗确实如抽丝一样，被谁在悄悄地抽走。在远方，黑暗要被抽走得快而多一些，天慢慢露出了白色，那白色向周围扩展，散漫，加重。风像退潮似的，随着天空发亮，一排一排从东峰撤离了。偶尔，会有一股掉队的风，突然飞到挂在岸边的松树上，它形成的冲击，推动着那些坐在悬崖峭壁的石头，人只得蜷缩了身子回避着。风摇晃着枝干，搞出极响的声音。那掉队的风完成了一套动作之后，就走了，一瞬之间，已经无影无踪。华山难以望断的一个连一个的峰峦开始从雾中浮出，羲微的阳光穿过了稀薄的云层。风似乎没有给那些峰峦留下痕迹，倒是红霞映在了峰峦上。我看到太阳一闪，它就从喧哗的红霞之中脱颖了。

  实际上日出在华山并不最美，最美的，是它无边无际的白色的峰峦，这是我的印象。欣赏这最美的风景，应该在天完全透明的时候，要尽量站在高处。白色的峰峦最美，是我在东峰发现的，到了西峰，我仍然感觉它最美。在华山，我只去了东峰和西峰，其他地方，我竟不想去了。无边无际的白色的峰峦迷惑了我的灵魂，我久久沉浸在它的触动之中。所有的峰峦都拔地而起，挺立如削，所有的岩石仿佛都剥了皮。淡然的阳光之中，峰峦干干净净，一片白色。站在华山之巅，我看到白色的峰峦大大小小，高高低低，疏疏密密，错错落落，一律宁静而坚韧。白色的峰峦像森林一样远远而去，跟随它的是云，是风，是纯粹的阳光和湿润而清冽的空气。岩石的缝隙长着青松，不过青松只是白色的峰峦的点缀和花边。

我在华山看到了白色的峰峦，它是这里最美的风景。然而，没有登上华山之前，我仅仅知道它是五岳之一，华山的路只有一条，它非常艰难而险阻。

向往华山，是在 20 年之前。那时候，我刚刚从农村考入大学，我所有的梦都是绚烂的，花藏在自己的壳里而没有绽开。5 月是风流的日子，班上一些同学要爬华山，我蠢蠢欲动，做着准备，心在桃花与杏花的芬芳之中兴奋。偏偏我的父亲突然生病，要做一次手术。在犹豫了几个昼夜之后，我终于告诉组织的同学我不能参加了。父亲的手术也是很简便的，它不会出现任何麻烦，不过我觉得它总是一种阴影，带着阴影走上华山，是一种负担。18 岁那年，我就没有登上华山。我的那些同学晚上回到了学校，我坐在草坪，透过树枝的空隙看到所有的人都累得身体错位，然而我仍然感觉他们幸福，纵情地累一次，不是很幸福嘛！我像受了挫折似的难过，低沉的情绪久久难散。时间接着流逝了 12 春秋，其中我遇到很多可以上华山的机会，遗憾总没有一个好的心境。随之我渐渐知道，华山为西方之神白帝管制，这使我对华山有了一种迷信，在我感觉，它已经不是普通的造化，特别是它的艰险，几乎所有风流的日子，都从华山传来凶信。

华山的可危，无形之中给人制造了一种恐怖的气氛，这种气氛年年在我周围流窜。某年5月1日，攀登华山的人络绎不绝，湿热的空气使他们情绪高涨而浮躁，仿佛孩子进了公园，结果数百人卡在千尺幢，上不得，下不得，困得无可奈何，结果供人攀援的铁链断裂，将9人摔死。某年7月3日，一对夫妻为生儿子到华山去许愿，走到擦耳崖，女的看见云雾在脚下翻滚，头晕目眩，身体趔趄，男的便走上去搀扶，不料失去重心，双双跌于峡谷。某年9月5日，一家报社的郦氏与葛氏偷情，男的邀请女的攀登华山，平时人在单位，有眼睛制约，到了如此幽僻的地方，自然是轻狂起来，他们竟在苍龙岭拥抱盟誓。那是崛起于万丈沟壑的一脊山岩，全由台阶构成，人坠落之后，绝对是粉身碎骨。三年已经过去，他们的尸体也一直没有找到，唯有挂在树枝上的手提包和照相机捡了回来。史记，古代帝王凡在陕西的，多至华山之麓而举首瞭望，惧其险而不敢攀登。谚语富不登华山，指的就是这种情况。为了禅封华山，参拜大典，他们就在华山脚下修庙筑院。华山就这样成了一个富于魅力而危险的地方，总是有人要去，又总有人制止那些要去的，制止的往往是攀登人的父母，他们担心发生意外。他们清楚，意外的事情是经常发生的。

那些华山的凶信不影响我是不可能的，偶尔，我感觉自己攀登华山的念头在熄灭，仿佛瞌睡要锁住我的睫毛，不过我总是惊醒地睁开眼睛，我不相信自己这么怕死。怯懦地活着，自己也觉得没有什么意思。死而不亡者寿，这是老子的思想，老子曾经到过华山。并非摔死华山就成了英雄，我的意思是，曾经萌发了攀登华山的念头就应该成行，如果仅仅因为它艰险而打消了，那么这就相当于缴械，尽管没有人知道你的投降，不过你常常躲在心的屋子悄悄投降，久而久之，你的灵魂便会枯萎和干瘪。

我决定攀登华山是秋天的事情。我的决定孕育了 12 年。尽管如此，离开西安之前，我仍在屋子里作了祈祷，我闭上眼睛，默默地虔诚地祈祷着，我的心干净得没有一点杂念。我盼我安安全全，然后我就上路了。

华山的路确实是艰险的，而且黑暗给这路染上了神秘之色。已经形成了这样的习惯：攀登华山都是从晚上开始。我打着手电，汇入了断断续续的人群。浅山仍流通着人间的气息，然而进入深山，人间的气息便减弱了。突然冲出峡谷的强烈而冰冷的旋风，突然耸起的狰狞的巉岩，暗中摇曳的妖怪似的树影和暗中鸣叫的迎魂似的虫唱，都给人以异样的感觉。在平原所看到的辽阔的夜空，在这里被峡谷剪割得成了一带皎洁的河水。星星全聚集在峡谷的上方，它们简直稠密得在那里拥挤。相连而相混的星星，在边沿破碎的夜空闪烁如荧，融化为云。这固然很好，不过，折磨人的是脚下无穷无尽的台阶。华山高耸，人要到达它的顶点，需要这些台阶支撑，它将一寸一寸地垫起你，一直把你抬举到海拔 2160 米的高度。这些石头台阶并不会移动，要上华山，提携你的只能是你自己。风蘸了冰凉的溪水扑在我的脸上，可我依然有汗，汗悄悄地渗出。阴影之中，传来了身体坠地的声音，而且有拐杖零乱地敲击着石头。到了一个转弯的峡谷,来了一群下山的人,他们是那样疲倦,微光之中,我看到沉重的一个又一个的头在肩膀来回晃动,手的摇摆已经失去了协调,甚至脊梁都弯曲了,麻木的脸上翻动着一些白的眼睛。持续地把身体放在一个高于一个的台阶上,真是累人,过了青柯坪,过了回心石,我已经膝盖酸痛,脚跟僵硬。在这里,人品尝了攀登华山的苦味,但背身的人没有。那个巨大的让人压抑的回心石,拦挡了你,然而,你感到它是一种激励,是一声棒喝,它使你调整可能涣散的精神,因为真正的攀登是从这里开始的。

　　我永远难以忘记华山的千尺幢,它是从山崖穿过一条陡峭的鸟道,宽容二人上下,而坡度则大得垂直,那 372 个台阶,像嶙峋的肋骨。千尺幢的台阶不深不厚,恰恰放一个脚板。它年复一年地被人踩踏,磨得它黑而缺损,确实像老人细瘦的肋骨。它斜斜地从崖底通到崖顶,崖顶当然擦着天了,山崖之间的鸟道是幽暗的,在手电的微光之中散发着一股石头霉烂的气味。铁链的声音始终响在长长的鸟道,如果没有这些铁链助人攀援,那么人根本是不能上去的。铁链的颜色已经融入鸟道的幽暗之中,我能感觉的是它的腥气和油光,这是众多的手抓摸而形成的。没有人在这里喧哗,那些小心翼翼的举动,在鸟道营造了一种独特的安静。脱口而出的声音,全是简洁的叮咛和提醒。在千尺幢,我看到了使人惊奇的一幕:一个挑夫担着砖瓦从此经过,这是我在下山的时候看到的,时在上午 12 点 20 分。挑夫光着膀子,从崖底上来,经过我,向崖顶走去。他一手抓着铁链,一手抓着台阶,两筐砖瓦随着他的运动在肩膀摇晃,一卷铜色的肌肉在扁担的挤压下滚来滚去。那两筐砖瓦直直地悬吊着,下面就是人,其中有向崖底倒爬的我。从崖顶向下,人人都是倒爬的。

　　百尺峡也是难以忘记的，它也是两壁之间的通道，也是近乎垂直的层层相垒的台阶，也是铁链。它让人畏惧的是，身边的两个悬崖仿佛要合起来，高耸的巉岩仿佛在向人挤压，如果不是两块石头将其撑开，那么人就完了。两块石头夹在那里，岌岌可危。我忐忑地从下面钻过，非常害怕我钻过的时候它掉下来，像一个熟透了的柿子那样掉下来。实际上这两块石头上大下小，像锥子一样插在那里，轻易是不会掉下来的。没有人知道锥子似的石头在那里插了多少岁月，我只知道这条通道在汉代就有了。根据郦道元的考察，他到这里的时候，既无铁链，又无石阶，人只能穴空迂回，倾曲攀登。

　　擦耳崖是这样一个必经之地，脚边便是云雾缭绕的朦胧的峡谷，夜晚，那里冒着一股阴森的气息，头上是青苔覆盖的刀切似的绝壁，路是不足三尺的石槽。人从这里经过，不由自主地要贴着绝壁。没有谁知道深沉的峡谷装着什么，只感觉它可怕得像是虎口，它的舌头在虚空之中搅拌，人必须向绝壁靠拢，不然，虎口会吞没了生命。所有走到这里的人，都倾斜身子，用手抓着平横于绝壁的粗壮的铁链。在这里，人都变得那么认真，谁都是规规矩矩，一步一个足迹。

　　上天梯是这样的：继续攀登，路已经消失，人只能像爬梯那样，从垂直于青石的山崖爬上去。人依着垂直的山崖凿了槽子，它一个高于一个，节节向上，形成脚窝。顺着那排脚窝，吊下两道铁链，人可以抓着它攀登。

　　华山最险最危的是苍龙岭，远远而望，它确实像一条巨大的苍龙，呈青色，粗野而强大。它蜿蜒盘旋，仿佛要腾空而去。它的头部高扬向华山的顶点。凌晨的微光之中，那里影影绰绰，有松树抓着山崖摇晃,呼啸的风声总是在它的头部作响。这是一架孤立的石脊,两边为万丈深渊,白白的虚浮而空濛的全是雾,浓雾将深渊填满了。苍龙岭只有三尺之宽,不过高得出奇。我伫立在它的尾部,幽暗掩盖了那些正在行动的人,然而,寂静使疲倦的铁链之声清晰可闻。我模仿着那些手脚并用的人,一个台阶一个台阶地挪移自己,我的前方是天,后方是雾,无穷无尽的雾跟随着我,拥挤着我。

我重新走过苍龙岭的时候,是在中午,那时候,我已经站在东峰和西峰眺望了远方,不过到了这里,伫立在它的头部,我依然感到它的险峻和惊骇。那黑色的石脊在天空之上是如此狭小,它歪歪扭扭将细长的尾部伸进渺茫的深渊。缭绕的云雾之中,是阳光照得发亮的众多峰峦。我渐渐收回了目光,我望着脚下已经老化的台阶,只能这样想,我是一步一步走上来的,我还得一步一步走下去。

韩愈曾经到过华山,那是在他贬谪的日子。他因为反对迎奉佛骨离开长安,要到潮州赴任,途中,他经过华山。他的心情愤懑。他攀登华山,并不是由于雅兴,是希望排遣自己的郁闷,甚至有更为复杂更为隐秘的心理。52 岁的老人要攀登这座险恶的华山,心情一定不会轻松。他下苍龙岭的时候哭了,其号啕之声随风回荡,并投下遗书诀别家人。华阴县令知道之后,亲自接他下了华山。为之,很多人认为是苍龙岭吓着了韩愈,不过我怀疑他是因为害怕而哭的观点,其理由是,这样贤明的人,敢在皇帝那里慷慨陈词,坚持己见,当然是充满了魄力的,他不会因死而退缩。苍龙岭是不会吓着他的。如果他确实哭了,那么也不是出于胆怯,他很可能是出于智慧和谋略才哭,或者以哭控诉,或者以哭惊动。

关于华山的故事是很多的,历代都有隐士居住在它的松树之下,汉之杨震，晋之王猛，宋之陈抟，明之冯从吾，清之顾炎武，都曾经在这里著书立说，开办学馆，其遗物常常可以在华山发现。然而，特别吸引我的，一直是华山的姿态和气势。在华山之巅，我看到了白色的峰峦。卓然的峰峦沉浸在游云与秋阳之中，仿佛千头白象，万匹白马。白色的峰峦矗立大地，遥遥在望。在这里，我与天悄悄地订立了契约：从此，朱鸿的故事将峥嵘而瑰丽。

散　关

　　散关在宝鸡南部的杨家湾，杨家湾是一个村子，只有七户人家。

　　我到散关的时候，天在下雨，散关就冒雨耸立那里。秋风抚弄着天空，横七竖八的雨以秦岭为背景纷纷落下，明如冰屑，冷似霜气。由巴蜀而来的云雾，仿佛有谁在后面推动着，滚滚翻越山峰，但进了散关无影无踪了。广阔的平原，展开在散关之内，它什么都能容纳，那些云雾当然也能容纳。散关是一个峪口，其宽不足30米，两岸巉岩悬挂，危崖挺拔，连绵的秦岭威严地镇压着地面。秦岭站在雨中，散关站在雨中。尽管铁路和公路都从这里穿过，然而火车与汽车并不是频频往来，所以散关常常是安静的。我立在我的伞下，望着古木苍苍而苔藓斑斑的散关，甚至觉得它是岑寂的，岑寂之中，透出一种古代战场的阴森。唯有清姜河发出声音，它从峪口奔泻而下，猛地冲进关中，单刀直入，寒光闪闪，杀气腾腾。它的白浪拍打着河床的白石，于是整个散关就都是它的呐喊了。

　　雨中的散关是那么安静，它安静得很是落寞。平坦的沥青公路，悠悠地穿过散关，然后蜿蜒于秦岭和平原。它一头通向成都，一头通向宝鸡。秋天的雨淋湿了公路，明净的水洼映照着散关的峭壁和草木。雨溅在水洼，反复地创作着精细的涟漪，那些涟漪自生而自灭，没有人欣赏。偶尔才有一辆汽车驶过，不管是卡车还是客车，都是风驰电掣般的速度。汽车一晃而过，轮子吱吱地响着，将水滴到处抛洒。沿着散关，竖立了几排电线杆，角状的和圆形的电线杆，全然立于雨中，一些电线闪闪发亮，一些电线缺少光泽，一些电线发出声音，一些电线沉默不语。神奇的电线过了散关，跋涉在秦岭的脊梁之上，它不但带着光明，而且带着我难以知道的秘密。电线传导着秘密，人类众多的消息都由它传导，这是一个常识，但站在散关，这个问题变得沉重而严峻，我甚至机警，我在这里到处张望，是否会引起怀疑。我没有发现向散关盯梢的眼睛，只看到在河岸草地上，有几个放蜂人。蒙蒙的雨中，帐篷呈一片灰白，不过周围的蜂箱都是灰黑，雨打在那里，溅起针芒似的水星。一条狗站在雨中向我做着冲击的姿势，如果不是铁索拴着它，那么它可能会向我扑来，我想，它是一条恶狗。它竟然不喊不叫，只露着牙齿，绝对的敢作敢为的做派。

  我奇怪散关怎么会有乌鸦，这飞禽仿佛已经从关中消失了，我很难看到它，但在散关就有几只乌鸦。它们从一个山头飞到别的一个山头。它们无声无息地飞着，有时候是几个结伴飞，有时候是一个单独飞。它们反复这样，使我觉得它们无奈而无聊，但转念而想，又觉得这可能是它们快乐的游戏或调情。乌鸦落在岩石上或者飞在天空中，都是很突出的，特别是离开岩石冲进天空的瞬间，仿佛变成了黑色的窟窿。乌鸦就那样从一个山头飞到别的一个山头，它们冒着雨，那雨密密麻麻而且冰凉，把散关浇得一片淋漓，但乌鸦没有躲在散关的窑洞。现在想想，它们是否在监视我呢？如果这样，那么它们是接受了谁的派遣呢？我一个人在雨中走来走去，我静静地感受着散关的灵魂，几乎是没有人这么做的，遂显出了我的独特，难道这就引起了乌鸦的注意吗？

火车奔驰在散关的上端，东边一条隧道，西边一条隧道，露出山岩的砖上仿佛流着黑水，仿佛是山的一片又湿又滑的补丁。隧道隐藏着，若不是火车的轮子摩擦了铁轨，那么我可能不会举目而望，或者不会在散关的上端搜寻。火车过去了，散关安静下来，甚至火车从散关经过之际，它仍保持着一种岑寂。火车是散关的异物，散关具有一种排斥所有异物的怨气，包括要排斥人。实际上露出山岩的砖上并没有流淌黑水，黑的是砖而不是水，但我站在路边，举目而望，感觉那是黑水。

让放蜂人拉住了狗，慢慢地走进他们的帐篷，一半为了避雨，一半为了好奇。那狗并不大，也不美，嶙峋瘦骨，一块一块的，似乎要从它黑白相混的杂毛中迸出，尽管它显得饥饿，然而不失自己的狰狞。放蜂人将它的头使劲压着，压了好长时间，它竟仍固执地向我瞪眼咧嘴，并露着一截血红的舌头。放蜂人教训着，将它推进钢丝床下，它才变得乖了一点。这是几个成都人，我坐在一个竹椅上之后，其他两个青年离开了，到别的一顶帐篷去了，从而剩下一个40岁左右的汉子陪我坐在那里。大概是长期辗转的缘故，在他瘦而黑的脸上，始终没有消除他的凄凉与寥落之色。凄凉渗进了薄薄的肌肉，而寥落则锈在稀疏的皱纹，尤其在他眼角的皱纹里真是堆满了寥落。他是4月上旬出来的。他从成都到汉中，然后到关中，接着从关中到宁夏和甘肃，然后到榆林，从榆林复返关中。在散关才待了5天，这5天阴雨绵绵，蜜蜂都窝在箱子里不能出来。他准备待到 10 月下旬回到成都。他没有流露出思乡之情,不过,看着卷在钢丝床上的油腻的被子,摆在地下的没有涮洗的铝锅,撒了一桌的辣子,就知道他们的日子过得多么懒散和消沉。唯一可以振作他的精神的就是家,他的女人和孩子,能给他增添新的生机。然而,他现在还得在这里放蜂。散关处于秦岭的北麓和平原的南沿,气温是适中的,到了秋天,周围到处都是野花。放蜂人就是向花奔波的人,哪里有花就在哪里安营。但放蜂人的收入并不能保证,这个成都人告诉我:如果顺利,那么他一年可以收入 2000 元左右,如果运气不好,那么还会亏本,糖的价格在涨,可蜜的价钱涨不上去。我忽然发现狗在流泪,它卧在钢丝床下,伸着前蹄爬在潮湿的草地上,镂刻般的圆圆的眼睛眨了一下,便有水盈在灰色的眼眶里,接着那水淌了出来。雨打在帐篷上和蜂箱上,一种是膨胀的声音,一种是凝缩的声音,它们交织而响,不过这声音并没有增加人生的光彩,反而夸张了人生的无奈。我感谢了放蜂人,很快地走出他的帐篷,我感觉散关的风雨立即笼罩了我。我想返回宝鸡并返回西安,然而,散关没有客车,我得等待,如果幸运,那么我是能等到过路的客车的。

  人类的进步总是伴随着战争,散关是关中的西门,在这里,曾经发生了数十次兵灾。从秦汉到隋唐,封建王朝一直建都关中,散关为秦蜀之咽喉,它当然是一个军事要地。史记,公元 25 年,汉中王嘉与延岑交火,延岑引兵进入散关,到陈仓,王嘉攻而破之。公元 216 年,曹操讨伐张鲁,就是从陈仓出散关,至河地而收复汉中。公元 228 年,诸葛亮闻知魏军被吴军打败之后,立即出兵,从散关进攻魏军,包围陈仓 20 天,终因粮尽而退却。这是他 2 次出兵,他共 6 次出兵而征魏军。公元 617 年，李渊率军 20 万攻下长安，遂派将士出散关而抚拢人。公元 675 年，党项人抢掠宝鸡，并焚烧散关进入凤州，节度使李鼎迎战而败之。公元 756 年，唐玄宗为避安史之乱出散关而入成都。公元 880 年，黄巢率起义军攻占长安，唐僖宗从散关逃亡四川。公元 902 年，宦官韩全海劫持唐昭宗出散关到凤翔，然而朱全忠紧追不舍，并从凤翔携唐昭宗而去。公元 1137 年，金军在其将兀术率领之下，以 10 万人进攻散关。在南宋，散关是一个屯兵之地，严防金军侵而入巴蜀，同时，金军驻留宝鸡，时刻准备克散关。金军垒石筑城，步步逼近散关，但宋将吴玠吴璘兄弟足智多谋，以山石为掩护，放着雨似的利箭射杀金军，其败而撤退。兀术蓄着漂亮的胡子，特征鲜明，宋军总是盯着他打，从而逼他割去了心爱的胡子。散关一仗，是金军侵南宋之后的最大一次失利。公元 1634 年，李自成受挫于安康，他佯装招安，率兵经散关而入宝鸡。在这里，他得到转机，随之继续造反，英雄本色是不会改变的。在到散关之前，我查阅了散关之战的书，我风雅的空堂因此充满了硝烟，坐在椅子上，闭了眼睛，似乎到处都是金戈铁马，刀光剑影。不过我并不惊异，人类的战争与和平此起彼伏，世上没有不息的战争，也没有永远的和平。天下大势，战后必和，和后必战。我就是抱着这样的态度到散关来的。

  散关巍然于雨中，如果它有情感，那么它一定知道我对它的理解。在这里，流了多少血，碎了多少骨。散关仅仅是秦岭的一个峪口，流血和碎骨，那是兵家要争夺它的结果。不过散关依然承受不了这样的事实，否则它怎么这样肃穆，肃穆之中，透出如此沉重的怨气。雨继续淋着秦岭。散关西边的悬崖水光闪闪，岩石一片殷红，仿佛是人血渗了出来。东边的高岗长满了草木，青翠的枝叶几乎覆盖了那里的沟沟坎坎，偶尔裸露的几块黑色岩石，俨然凝缩的人骨。

我在等待。我想，经过散关的客车总是有的。

在马嵬透视玄宗贵妃之关系

杨玉环死于马嵬，是她难以预料的。此地在关中西部，山峦有痕，田野无边，稀落的村子在葱茏的谷物包围之中远远静默，唯千年发展起来的小镇有农民交易，阳光之下，身影晃动，秦腔熙攘。她怎么也难以预料是奉唐玄宗李隆基之命而自缢，那么美丽的38岁的身子，结果是以紫茵包裹，草草掩埋于黄土之下。

然而，她的死不但在当时引起人们的感叹，之后的朝朝代代，人们对她及玄宗与贵妃之关系，仍感兴趣。鲁迅就曾经为此去过骊山，可惜长安灰暗的天空败坏了他的兴致，他看到的长安与他想象的长安千差万别。在相当一个时期，贵妃之墓的封土，总是为年轻的姑娘所取，她们或从近处来，或从远方来，迷信这里的黄土浸渗了贵妃的颜色，可以滋润肌肤使之美丽。她们纷纷携带，几乎夷平了坟堆。由于禁而不止，只得将坟堆以青砖覆盖，不过那砖缝之间，依然留下指头挖抠的痕迹。我迎着8月的热风，站在横贯马嵬的道路旁边，望着打伞摇扇观瞻贵妃之墓的男男女女，感到了杨玉环超越时代的魅力。

唐玄宗认识杨玉环，牵线的是宦官高力士，这个阉割了的男人，长期在朝廷侍奉唐玄宗。公元735年，唐玄宗之妃武惠逝世，使其久久郁闷。后宫三千，任其挑选，然而没有令唐玄宗满意的。这时候，高力士为他推荐了杨玉环。问题是，杨玉环是李瑁的妃子，他们一起生活了近乎六年，此时此刻，他们仍在一起。李瑁是唐玄宗的儿子，介绍儿子的妃子给父亲，这事情本身便是对骨肉之情的越轨，然而高力士竟这么做了。

他在唐玄宗身边久矣，当然了解唐玄宗，没有把握他便不敢这么做。不过他也应该明白，杨玉环作为李瑁的妃子对唐玄宗意味着什么。高力士的所作所为，是否隐藏着一种阴暗的心理？宦官制度是中国封建社会的畸形产物，它潜在的危险是，这种人随着生理的摧残而心理变态，他们往往以破坏的目光打量并安排周围的秩序，不然，他们的心理便难以平衡。高力士经过长期物色和琢磨，恰恰给唐玄宗推荐了杨玉环，这绝对不会出自一种简单的考虑，他的思想一定很是复杂。不过，他毕竟看得准确，否则，唐玄宗怎么就一下迷恋了杨玉环，而且深深陷入她满是脂肪的怀抱日夜陶醉呢！

对唐玄宗的召唤，杨玉环一点都不敢违背。不过她作为李瑁的妃子，丝毫不动感情地离开他，似乎也是不可能的。然而事实是，杨玉环与唐玄宗很快便如胶似漆。他们相见的时间是公元740年10月，这一年唐玄宗56岁，杨玉环22岁。唐玄宗对杨玉环显然满意，不仅如此，他对她已经神魂颠倒，到了入魔的程度。

唐玄宗在称帝初期，励精图治，有所作为，使唐朝的鼎盛得以延续，但后期沉溺于色情。女人已经成了他重要的刺激，没有女人与他调笑做爱，他便不能抖擞精神。懦弱的君主最终都拜倒在女人的胯中，似乎没有女人，他们便没有着落。当然，君主有完全的条件得到女人，美丽的女人像河水源远流长。唯有伟大的君主才永远保持奋斗的姿态，遗憾唐玄宗不能进入其行列之中。

那么多的女人中，什么原因使杨玉环如此吸引唐玄宗呢？不仅是杨玉环年轻，不仅是杨玉环貌好，也不仅是她通音律而善歌舞，当然也不是唐玄宗与杨玉环之间突然产生了霞光般的爱。爱只有在平等的地位才能产生，可唐玄宗与杨玉环并不平等。唐玄宗对女人能够任意选择，而杨玉环对唐玄宗则只能完全服从，这决定了他们的关系不是一种爱的关系。

唐玄宗将儿子的妃子召为己有，总不是一件堂皇的事情，遮羞的办法是，让杨玉环做道姑，这是高力士的主意。杨玉环便以信奉道教为名，离开李瑁，五年之后，她才被封为贵妃。当然，这五年之中，她是常常侍奉唐玄宗的，而且他对她的依赖也越来越深。杨贵妃出生山西，但她祖籍是四川，她明显具备南方女人的特点。其父母死后，在杨玄璬家里度过童年。她以杨玄璬为生父，入册做李瑁的妃子，多年之后，又以杨玄璬为养父，入册做唐玄宗的贵妃，目的是要混淆视听。这仍是高力士的计谋。在这个老奸巨猾的宦官心中，有一颗要控制杨贵妃的种子。他以入木三分的目光，发现唐玄宗需要的就是杨贵妃这样的女人，于是他控制了这个女人，就能继续得宠于唐玄宗，自己的地位也就不可动摇。不然，朝廷的斗争是残酷的，如果自己不能主动创造平衡，并掌握这个平衡，那么别人便会去做。

马嵬坡很是安静，夏季最后的阳光，灿烂地照耀着辽阔的平原，此时此刻，到贵妃之墓来的人，几乎都钻在树荫之中。这里是一处渐渐升高的台地，流通的风运送着远方的清爽，庄稼的碧绿滚滚而来，广袤的田野到处都是谷物。天空高远而明澈，秋的颜色从它深邃的中心发源，随之在整个宇宙扩散。这是关中最透明最潇洒的季节，我思考着历史进程之中的一段艳情，却感到一层阴影，那是威严的朝廷的阴影，即使打开窗子，放这灿烂的阳光进去，那里的腐朽之气也难以驱散。我在贵妃之墓徘徊，为自己突然看到了辉煌宫殿的丑恶而幸灾乐祸，我悄悄地笑了。

　　玄宗碰到了贵妃，是他的胜利。作为一个男人，其终生都在寻找这样一个女人：在她的怀抱，消除自己的焦虑，这种焦虑是本能的，深刻的，唯有异性才能消除。玄宗在贵妃那里，品尝了男女之间最激动最痛快的乐趣。玄宗在贵妃怀抱感到的满足，首先在于他获得了使他销魂的性爱，然而不仅是这种可以享受的性爱，在贵妃的怀抱，他一定还感到了母亲般的护卫和女儿般的撒娇。男人是需要这些的，可它们难以集中在一个女人身上，像杨玉环这种聚性爱、母爱、女爱于一体，并捆绑着给予唐玄宗的女人，是罕见的，偶然的，它不可模仿。年迈的唐玄宗，碰到了如此绝妙的杨玉环，从而获得了巨大的满足，他当然醉了。醉是一种愉快得灵魂脱离了肉体的境界，幸运的玄宗拥有了它。

　　不过，他的失败恰恰从这里开始。贵妃以她的温柔满足了玄宗的渴望，同时，玄宗对贵妃的温柔也产生了依赖。玄宗在贵妃的怀抱醉了，这是玄宗的成功，然而，在他沉迷于这种境界的时候，贵妃也已经将含蜜的毒刺扎进了玄宗的身上，于是那至高无上的皇帝就不能摆脱这个年轻女人的姿色了，他也丧失了摆脱的力量。如果从这个角度考察玄宗，那么他就变成了一个失败的男人。

　　杨玉环为唐玄宗所召，她当然是被动的，不过她一旦到了唐玄宗身边，她便变得主动了。她必须抓住他，拢住他，否则，她的命运将很是悲惨。想一想，倘若唐玄宗对杨玉环召而抛弃，那么她的去处只能是冷宫。杨玉环的聪明在于，她将种种利害吃透嚼烂了，她决定用整个身心迎接唐玄宗。唐玄宗对女人的需要，当然不为给他穿衣，吃饭，出谋定计，他需要的主要是性爱的刺激和乐趣。他在位的后期，常常感到精神的空虚。他已经懒于朝政和国事，唯有女人使他兴奋，可这种兴奋往往很是短暂，一般女人似乎都不能使唐玄宗如意。

杨玉环到了唐玄宗身边，她的性爱是满盈的。在杨玉环的怀抱，唐玄宗获得性爱的全面体验，他不但消除了焦虑，而且忘却了烦恼，他感觉那地方非常好，他不愿离开，也不能离开。唐玄宗在杨玉环的怀抱，确实到了乐不思蜀的程度。

贵妃在给予玄宗以性爱的同时，又将玄宗当作父亲那样依恋，还将玄宗当作儿子那样逗哄，这全方位多角度的温柔之网，牢牢笼罩了皇帝。她刚刚给予玄宗之际，很可能是自发的，随着玄宗的反应，她便自觉地给予，以满足他的需要。对于贵妃，当然有一个放松和熟练的过程。

不过，贵妃所做的一切，并不是出于她对玄宗的爱，她完全是依靠本能，为了生存。当她已经知道玄宗难以离开自己的时候，她甚至会戏弄这个皇帝，这是别的人永远不敢的，可她却敢。不过，这是她对玄宗欲擒故纵。贵妃曾经两次得罪玄宗，致使玄宗遣其搬出后宫，然而，承受不了离别的，不是贵妃，恰恰为玄宗。他心慌意乱，迁怒他人，不出几天，便给贵妃赐食，送礼，随之接她回来。

一个威震四海的皇帝，便这样让女人的风流控制了，他寻找这种风流，获得了且沉湎其中不能自拔。要从女人温柔的怀抱挣脱而出是需要力量的，力量的源泉只能是意志和使命，然而唐玄宗不能，他缺乏力量。于是，朝廷就先是李林甫，后是杨国忠，这两个宰相掌握大权，怎样排斥异己，怎样嫉妒贤能，怎样专横跋扈，唐玄宗全然无心过问，他只知道在贵妃那里做爱。贵妃是管不了那么多的，她唯一的目的是要集皇帝之宠于一身。

范阳节度使安禄山，在边境累建战功。他一脸憨态，满腔野心，大智若愚，受到唐玄宗的信任。这个昏庸的皇帝，竟以安禄山在他面前作怪而高兴。杨国忠与安禄山明争暗斗，杨国忠以防安禄山谋反为名，每每谗言唐玄宗，而唐玄宗则半信半疑，不能明察，对此，安禄山恨透了杨国忠。杨国忠为贵妃堂兄，不仅如此，因为杨玉环是贵妃，她的三个姐妹都封作夫人。安禄山清楚杨氏一族多么耀武扬威，奢侈豪华，清楚他们怎样不得人心，于是，他就以讨伐杨国忠为借口起兵，接着反抗唐朝。叛军攻破潼关之后，长安危急，唐玄宗便准备避难四川。

唐玄宗携带着杨贵妃，而且有杨国忠并皇子同行，数千禁军为其护卫。公元756年6月14日，他们到了必经之地马嵬坡。这里是一个驿站，荒野在四周神秘地呼吸，草木似兵，土丘如敌。忽然哗变开始了，禁军首领陈玄礼有意除掉杨国忠，士兵神会，便制造事端，以箭射之，并用刀砍他几段，接着杀了杨氏一族的其他人。不过，这并没有完结。真正的戏，玄宗和贵妃的戏，才刚刚开幕。

消灭了杨氏一族之后，禁军不发，进而包围了唐玄宗的住所。十分惊诧的唐玄宗，探问原因，并希望禁军退去，平息这场风波。陈玄礼告诉皇帝，士兵盼他舍弃并就地正法贵妃，贵妃是灾祸的根本。此时此刻，老态龙钟的唐玄宗，有一点发抖。

禁军之举，当然是为了朝廷，他们不满皇帝使杨氏一族那么猖獗，从而为安禄山作乱提供借口，所以皇帝是安全的。如果玄宗执意要保留贵妃，那么陈玄礼很可能出于尊重皇帝服从其权，收回自己的意见。唐玄宗毕竟是72岁的人了，不好逼他过分。即使陈玄礼不给情面，玄宗仍可以用变通的办法保护贵妃，以免其死。中国的封建朝廷积累了众多的计谋，这种变通的办法可以顺手拣来，一条让贵妃逃生的办法，绝对是有的。然而，玄宗竟同意赐死贵妃。玄宗此举，表面观之，他是无可奈何的，是为了自己安泰从而朝廷安泰，但深刻的原因并不是这样。

贵妃跟玄宗已经16年了，那种以性爱为基础的关系，随着岁月的流逝，渐渐稀松。老迈的玄宗，欲望减少了，相应的，他对贵妃的需要也减少了，而且他在刚刚得到贵妃那几年所体验的一种新鲜之感早就寡淡了。他已经没有能量追求使他陶醉的刺激。生命力的衰弱，缓解了他的焦虑感，他变得能够不靠贵妃而消除它。他一直让贵妃待在他的身边，既是由于需要，更是由于习惯。这对贵妃是危险的，十分明显，这个浑身起皱满脸刻纹的皇帝，终于有一点厌弃她了。真正悲哀、真正无可奈何的，应该是贵妃。

38岁的贵妃，在那个明媚的夏天风韵正好，但陈玄礼要唐玄宗为正法而赐她死。事情便这样做了。高力士寻找来一条帛带，让贵妃自缢，贵妃哭着攀向一棵梨树上吊而死。陈玄礼验尸之后，好像松了一口气，高力士也好像松了一口气。禁军解甲，向唐玄宗请罪，但唐玄宗默默摇手，安慰了他们，于是哗变就结束了。死是一个过程，我想在陈玄礼和高力士验尸的时候，贵妃的身上还有温热，如果这样，那么他们的手指一定感到了温热之中的芳香，可惜不久贵妃的肌肤便冰凉了。在马嵬，我没有看到唐代的梨树。那棵将一个美丽的女人悬空的梨树，消失得无影无踪。

　　陈玄礼一定要唐玄宗赐贵妃死，我总觉得是有一些奥妙的。他要士兵除掉杨国忠，而且清洗了杨氏一族的其他人，这样做很是正义而凛然。他有理由认为，贵妃继续待在玄宗身边很危险，贵妃会报复他。不过他应该明白，他逼迫玄宗赐贵妃死，依然很危险，而且这种危险更大。他是禁军的首领，玄宗和贵妃寻欢作乐，他一向看得很清楚，那么白皙而多情的女人，年复一年日复一日地给一个老迈的人施展风流，他会怎么思想？谁能知道他窝了多少嫉妒之火？他难道没有产生拥有一次占有一次她的念头？然而，他是得不到那风流的，这太痛苦太难受了。他是在这个美丽的女人停止呼吸之后平静的。他安然地向唐玄宗请罪。不能得到自己渴望的女人，便贬损她，甚至毁灭她，以此断绝别的男人得到她，是一种平衡心理的方法，它来源于性爱的自私。

　　红墙围着灰色的贵妃之墓，高远的蓝天之下，这个精致的坟冢孤单而凄凉，即使辉煌的阳光也驱散不了它的哀伤情调。蝉在树上鸣叫，它们嘹亮的声音，越过仿佛火焰燃烧一般的红墙，飞向广阔的空间。生活很好，我想。

碑林嚼字

我常常会想，中国人当然是不乏探索精神和创造才能的，这表现于对待汉字，他们竟能在其中艰苦地炼丹，使之结晶为一种书法艺术，而且追求它的不朽，要将汉字刻于石头。

中国的碑便是这样一种石头，它镌着汉字或图画，并竖立在那里，作为纪念。随着岁月的流逝，它们也可能散失，遂出现了防止其毁灭的方法，就是收集起来，以便保存。开始要保存的两方碑是唐朝的，一是石台孝经，一是开成石经。这两方碑先前置于皇城的本务坊，公元904年，朱温叛乱，长安遭到破坏，唐朝将领韩建为了便于防守，缩小了皇城，可惜这一举竟把本务坊划在皇城之外了。然而石台孝经和开成石经是很重要的碑，于是他就将其迁至皇城之内。这是1600多年之前的事情。经过各朝各代的收集，在西安的碑越来越多，终于决定全部移到孔庙，而且盖房筑亭建廊以保存它们，碑林便这样产生了。

碑林所在的地方，是城墙之内的闹区，但这里十分幽静。孔庙的一堵砖墙，周围的几棵古槐，这些古槐都足有千年，秋日的夕阳，将它们密密的椭圆的叶子，涂成了一种透明而浅淡的黄色，它们像巨大的翅膀，飞翔在一片平房之上。这砖墙和古槐便给碑林定下了一个古色古香的基调，特别是古槐的主杆，有的开裂，不得不用水泥填上，不然它将腐朽得成为空洞，有的已经形成空洞了。粗糙的黑皮构成一个直立的壳子，站在铺路的青石之上，那青石的缝隙悄悄地渗透着苔藓，站在这样的青石之上，望着弄得空洞的古槐，斯地无论如何都使人感到它的悠久和凄凉。繁华是遮盖不了凄凉的，那是一种历史从这里走过而不可驻留的感觉。在这里，到处都是书画店和印章铺，民间工艺品也是应有尽有，它们悬挂在店铺的墙上，让人眼花缭乱，不过即使在缤纷之中，它也有一种遥远岁月的气息。

石台孝经在碑林占有特别的地位，它独立一亭，将亭撑得满满的。此亭红柱绿栏，飞檐翘角，为夕阳所照。我惊异石台孝经碑身的高大。它由四块细石合成，色如黑玉，光可反照。其碑头彩云涌动，瑞兽行走。碑座是深立地面的三层台基，蒿草翻卷，雄狮呼啸。此碑给人的总体感觉是雍容华贵，气宇轩昂。当然了，这不是一般的碑，碑的内容决定了它不可怠慢。孔子的学生曾参，记录了他与孔子的问答之词，主要是关于孝的道理，这就是斯碑的内容。唐玄宗为它作序，注释，并以自己喜爱的八分隶体写其而成。到碑林去的人，总是在这里徘徊一阵才欣赏其他的碑，之后仍然到此流连。

不过，给人以威慑力量的是开成石经。此碑由 114 块巨大的石头组成，上面刻着 12 种儒家经典著作，共 550252 字。这些碑按次序竖立在宽敞的房屋，如墙如岸的碑，太沉重太宽大了，它使这个房屋轻飘得似乎没有分量。开在高处的窗子，采集了有限的阳光，所以西边的几方碑才是明亮的，而其他则处于阴影之中。汉字刻于碑的两面，在这边欣赏的人，既看不见那边人的身影，也听不见那边人的声音，遂以为人很稀落，实际上是碑遮挡了人，或者是人淹没在碑之间了。在这里，我的心情总是复杂的。我既感到一种伟大的精神，其精神使人以石制籍，显然要坚决而固执地让它存在下去，流传下去，我又感到一种压抑，那冰冷的碑和刻在它上面的道理，简直要剥夺人的个性。我觉得如果人不从碑林走出，那么人有可能要被碑林吞噬。这部开成石经是唐玄宗接受郑覃的建议而刻的，经过七年才得以完成，它是中国封建知识分子必读必校的蓝本。这些碑充满了残破之痕，那些划过碑身的裂缝，或如闪电，或如刀光，不过它往往是面断而连，角损而补。史记，公元1550年冬天，关中地震，斯碑40方碎裂，很多方崩毁，是西安一个秀才填充其缺，才保持了它的完整。透过罩着它的玻璃，我看到的不仅仅是硬币大小的汉字，而且我看到了重重叠叠的指纹。

那些展示书法艺术之碑，在这里参差而立，各领风骚。其年岁最老的，是峄山刻石，它为秦朝丞相李斯以篆体撰之，歌颂秦的伟大。其书法骨气丰匀，方圆绝妙，似长风万里，鸾凤在飞。著名的隶体之碑有仓颉庙碑、仙人唐公房碑、曹全碑，其中曹全碑刻于公元185年，但它依然碑身完整，黑亮若涂抹了油脂，谁欣赏它，它便映出谁的面孔和神情。其书法秀美流畅，神韵飘逸，如行行白鹭，翔于晴空。张旭是以草体受到尊崇的，我看到了他的作品断千字文。它刻于五块长形石头上，其书法仗势翻转，连绵回绕，活灵活现一个张旭的影子。他为苏州人，往往酒醉而呼喊奔走，随之挥毫，杜甫每每赞赏他的淋漓之气。别的一位精通草体的是怀素，他的圣母帖、藏真帖、律公帖和千字文，皆为碑林增辉。其小字如蕾乍绽，大字以剑在舞，字字潇洒，那沉默的石头因之透出了灵秀。"墨池飞出北溟鱼，笔锋杀尽山中兔"，这是李白对怀素作品的印象。楷体的特点是字方正，在唐代，欧阳询、虞世南、褚遂良、颜真卿、柳公权,都是楷体的高手。出自他们之笔的,碑林有 11 方。皇甫诞碑,欧阳询写,字有手掌大小,格局峻峭,笔画绰约,初看如草里蛇惊,云间电发,再看似金刚怒目,力士挥拳。欧阳询是长沙人,曾经在弘文馆传授书法,弟子颇多,其高寿 84 岁。孔子庙堂碑,虞世南写,其字坚挺硬朗,外柔内刚,显得安详而富于韵度。此碑记录封孔子的 33 代孙孔德伦作褒圣侯之事和为孔子修庙堂之事。虞世南在当时声誉很隆,甚至唐太宗都以他为师学习书法。同州圣教序碑,褚遂良写。此碑大大高于周围所有的碑,其巍然之势,让人渺小。他的字遒劲刚直,正如其响亮而耿耿之性。褚遂良是杭州人,书法高妙。在唐太宗为虞世南的逝世而叹息不已之际,魏征将褚遂良的书法推荐给皇上,皇上即颜开,足见其美。可惜他反对唐高宗立武则天为皇后而被贬同州,日子遂糟了。多宝塔碑、颜氏家庙碑、郭家庙碑、颜勤礼碑、臧怀恪碑,皆出自颜真卿之手,争座位书稿也是他所写,不过此碑为行体。他为西安人,小时候家贫,没有钱买纸,便在墙上练功,然而终于考中进士,担任了官职,曾经任山东某地的太守。安禄山叛乱之后,颜真卿起兵抵抗,响应者、拥护者甚众,于是他就做了盟主。公元 785 年,叛将李希烈缢死了颜真卿,享年 76 岁。他 44 岁所写的多宝塔碑工整严谨,稳妥平健,是他早期风格的代表。颜氏家庙碑,72 岁所写,其字刚劲笃实,外显丰腴而内寓骨气,到了炉火纯青的境界,为他晚期风格的代表。郭家庙碑、颜勤礼碑、臧怀恪碑,显然处于过渡阶段,有的锋芒锐利,有的姿态峥嵘。玄秘塔碑、冯宿神通碑、回龙观钟楼铭,此三碑皆为柳公权所写。柳公权是陕西耀县人,官至工部尚书和太子少师。他曾经深入研究学问,尤其爱好书法。史记,他的财物,属于笔砚之类便亲手管理，而属于金钱之类则交仆人管理。当时达官显贵为祖先立传，都以柳公权所写而炫耀，甚至一些来自其他国家的宾客，也附庸风雅，纷纷求他的字。著名的玄秘塔碑，是纪念唐僧大达法师而立的，其字清瘦挺拔，仿佛冬夜枣树的枝梢插于月光朗照的晴空。行体简易流利，介于楷体与草体之间，碑林最富魅力、最有影响的行体当是三藏圣教序碑。唐僧玄奘，跋山涉水，到印度去取经，回国之后，昼夜翻译，此碑便是唐太宗为他翻译的佛经所作的序。它是王羲之的字，由唐僧怀仁收集。他一金易一字，久久而成。尽管此碑是摹刻，然而仍有飘若浮云，矫若惊龙之感。其他行体之碑：宋代黄庭坚写的七言诗碑，元代赵孟頫写的游天冠山诗碑，明代董其昌写的秣陵舍送章生诗碑，清代林则徐写的游华山诗碑，都是引人入胜之作品。宋徽宗当皇帝十分失职，以至荒唐到常常微服幽会名妓李师师的地步，不过其书法已经永垂。我看到了由他撰文并写的大观圣作碑，其字瘦直挺拔，纤细优美，横画带钩，竖画带点，撇若匕首，捺如切刀，确实是独一无二的。矗立于碑林的正气歌碑，于右任写，苍劲雄伟之迹，显然是精气涌动的反映。他是陕西三原人，1964年死于台湾，但对故乡一直怀有厚意。我观其书法，确实可觉可悟。书法是心灵的流露，有什么样的心灵，就会有什么样的字，书法也是时代精神的折射，字随着社会的发展呈微妙的演化。秦代之字，法度谨严，唐代之字，多姿多态，清代之字，平庸者多，创新者少。

大批大批的墓志，也陈列于碑林，遂给这里增添了一种阴气。尽管周围随时都有人走动，不过望着那些黑色的墓志，我总会产生一种森然之感。这些墓志在黑暗之中度过了漫长的岁月，终于在某年某日给挖掘出来。当然细摩之,我发现墓志的纹饰及其石头上多姿多态的字,可以冲淡乍见之下的阴气。元桢墓志,时在北魏,其字俊秀清朗。元晖墓志,仍在北魏,但字沉重劲拔,严谨之中蓄含奔放之势。装饰这个墓志的,是四种神灵之物:青龙、白虎、朱雀、玄武,其间有云朵浮动,造成一种运律。隋朝的墓志:李和墓志、民那提墓志、田行达墓志,其书法艺术渐渐高超起来,特别是李和墓志,其字既有隶体之意,又有楷体之神,分明是隶体向楷体的过渡与转变。在碑林,唐朝的墓志极繁,南川县主墓志,韩择木写。张去奢墓志,裴冕写。屈元寿墓志,张少悌写。会王李钟墓志,白居易撰文。李虚中墓志,韩愈撰文。杨执一墓志,贺知章撰文。这些写者和撰文者,都是当时的著名诗人并学士,其葬主显然不是一般的平民百姓,那些石头都很光洁而堂皇。不过也有一些砖制墓志,使人感到十分朴实,其多是穷人纪念葬主的。李文都墓志,其字简陋而粗略,下层社会的气息滚滚流露,此砖制墓志 1954 年在西安东郊出土。刘世通妻王氏砖制墓志,可能是工匠直接所刻,匆匆之痕可见可触。阿娘砖制墓志,长不足 15 厘米,宽不足 5 厘米,竟是半块砖,并烂得掉渣。它大概是儿子亲自为母亲制作的,其字生硬稚拙,然而其情真挚,望之使人感动。唐朝工部尚书杜公女墓志,1983 年于陕西长安大兆乡司马村发现,墓志显示葬主的曾祖父为杜佑,曾任宰相,祖父为杜式方,曾任司徒,父亲杜宗,曾任工部尚书,而杜牧则是其叔父。这些内容与史记皆很吻合,为考证杜氏家族的演变提供了材料。我想,一个家族的兴衰所含藏的意义一定是非常丰富的。那些少数民族和其他国家宾客的墓志,给碑林带来了奇异的色彩,这些墓志陈列在此,证明着一个民族曾经有过的光荣与伟大。

塔铭是专为寺院的僧徒而刻立的，此习尚盛行于唐朝。塔铭可竖于塔前，也可嵌于塔中。碑林的塔铭，影响最大的是关中神禾原上香积寺葬主善导之塔铭并序，此塔铭作于公元724年，是佛教净土宗的门徒为高僧善导竖立的。善导为创建净土宗终生努力，他圆寂之后，弟子怀恽为安葬他，不但给他建造塔铭，而且召集门徒，举行了数次祭祀活动，唐高宗还为之赐予舍利和百宝幡花。

在碑林，我看到的经幢是一种其字已经剥落的石头，幢身八棱，幢座为莲，其文是梵文和汉文对照的佛经。一种观点认为，人接近经幢，或者触到经幢的影子，或者经幢的尘土落在人的身上，都可以消灾免罪。于是在世间就有了经幢的流行，不只寺院立之，而且路旁立之。在碑林陈列的梵汉文陀罗尼真言残幢，很受人喜爱，很多人都抚之摸之，使它光洁明亮。

碑林的石刻造像，我唯一喜欢的是那幅达摩面壁。它为明朝疯癫和尚所画。达摩端坐，十分庄严肃穆，其精神饱满飞扬，似乎要离开黑色的石头而升腾。

碑林位于陕西，很自然，反映陕西情况的碑便多一些。荒岁歌碑，记录了公元1877年韩城的凄惨情形，字字是泪。平利教案碑，记录清朝政府镇压人民的罪证，字字为火。张化龙碑，记录这个农民英勇就义的事迹：他是陕西扶风人，此地贪官经常提高路捐，而且盐价暴涨，农民生活为之困苦。1906年12月，他率农民到县衙去请愿，遭到拒绝，遂领导扶风及岐山一带农民，会集于太白山起义，终因清朝政府镇压遭到失败。为了掩护群众，他挺身而出，在过年期间被杀害。此碑是农民为他自动捐钱而立的，字字是怒！

我走出碑林，仿佛走出了幽暗的历史隧道，这隧道弥漫着一个民族的理想、愿望、迷信及美的趣味，他们将这一切，统统刻在石头之上，当然是希望其能够恒久。然而石头是冰冷的，我在石头的周围站得久了，手脚都降低了温度。夕阳还在，它穿过树木的缝隙，其热还在。我带着迷茫和怀疑在长长的通道踱着，时间很长了，我的寒凉之感才消失。

萧 关

萧关为关中的北门，从秦朝到宋朝的10余世纪，它是萧瑟的朔方通向内地的唯一道路。秦始皇统一中国之后，担心匈奴进犯，迅速在此筑起长城，并派长子扶苏作为蒙恬大将的监军驻扎在这里，英勇的士兵顶着边塞阴沉的乌云，警惕地瞭望着对面。秦朝瓦解了，但匈奴南下的野心并没有放弃，于是在一个漫长的年代，荒凉的原野就常常有狂风的呼啸，在狂风裹挟着马蹄、尘埃、血腥经过之际，首当其冲的总是萧关。

悲哀的是，这样一个重要的地方，已经被冷酷的岁月之刀从现代人的印象之中刮掉了，在车站，我询问如何可以走到萧关，所有的人都在6月的阳光之下摇头，包括老老少少的司机统统不知道，而且萧关没有标记于地图。不过我是要到那里去的，尽管它已经被岁月湮没，然而我相信萧关会在什么地方沉默着。

班车驶出西安，经过咸阳，天就渐渐辽阔起来，稀薄的灰云之下，风开始凉爽，但地势越来越高。一条山沟的出现使人兴奋，多条沟横在面前就使人觉得危险。班车像一只甲虫爬行在千山万岭，它能否安全往返，那完全是命运的事情了。我常常产生这样的感觉：路仿佛是一条曲线缠绕在陡峭而裸露的悬崖上，一边是壁，一边是壑，如果司机稍一闪失，那么人将粉身碎骨。然而汽车终于走出了险境，于是天就更宽而地就更远了，只是村子越来越小，小麦竟仍是绿的，像瘦弱的蒿草在半坡摇曳。但苜蓿生长得茂盛，紫色的小花凌空炫耀，其高度都在一米以上。在乾县、永寿、彬县、长武，随时可以看到成群结队的农民，他们提着镰刀从咸阳和西安收割小麦回来，所有的人都有一张疲倦而劳累的脸。

我就这样久久地在高原的沟壑之中旋转，不分东西，不辨南北。汽车常常要绕过十里八里开阔的峡谷才能前进三里五里。那些峡谷生长着杂树，杂树只有生长在峡谷才枝繁叶茂。然而并非所有峡谷都有杂树生长，往往是峡谷与它的两岸全然狰狞着破损的黄土与岩石。黄土与岩石将野草与杂木排挤在可怜的角落，但云成群结队，忽聚忽散，即明即暗。云在戏弄着这里的土地，它偶尔才化几滴小雨赐予高原，于是这里就永远干旱，或者，云就化作疯狂的暴雨，让土随水而流失。暴雨洗劫之后的高原更加丑陋，仿佛是一群被损害被踩躏的衰老的女人。忽然出现的几层梯田，它当然是人类改造自然的成果，不过它立即就过去了，扑面而来的是光秃秃的山头和赤裸裸的沟壑。我感觉改造这样广大的贫瘠地域，是多么艰难。

10个小时之后，班车到了甘肃的肖金，这是一个小镇，一柱残破的砖塔挺立于集市的中心，成为它古老的标志。乌云翻卷，零星的冷雨在风中滴落。我夹杂于稀落的人群之中，这些人群有的卖吃卖喝，有的卖菜卖肉，有的钉鞋镶牙，有的做刀制剪，但众多的人是在无所事事地游转与张望，尽管人群熙熙攘攘，不过给我的印象是，肖金多么孤独和偏僻，而且被无穷无尽的荒漠包围着。我茫然地望着没有树木和花草的小镇，一种异乡之旅的感觉强烈地向我袭来。我没有想到6月的风在这里竟是如此寒凉，穿着黑色或蓝色衣裤的人看着我在瑟瑟发抖。我继续询问萧关的位置。我询问了几个人，最后向一个戴着眼镜的老者打听，他坐在一个小凳上，悠然地等待着修锁的顾客，但他仍然是摇头。

沉重的暮色从远方铺天盖地而来，人群仿佛接到了命令似的开始散去，一种我从来没有体验过的寂静控制了肖金，那些迟疑在集市的最后几个农民向我打量，很显然，拎着包穿着汗衫的我引人注目。一辆三轮车停在路边，年轻的司机不慌不忙地招揽着顾客，他知道，这里已经没有班车了，要到县城镇原去，必须乘他的三轮车。几个农民已经向他讨价还价了，他们也是刚刚从西安和咸阳收割小麦回来，他们蹲在一爿商店的廊檐下面休息着。我就是坐着这辆三轮车赶到镇原的，12个人无疑是超载了，司机在路上停了几次，反复检查车头与车厢的连接之处，惊慌的神色始终隐藏在他的眉宇之间。司机害怕翻山越岭的时候，轴承忽然断裂。乌云笼罩着四野，唯乌云断裂的一片天空才明亮一点，它很像一块白色的纱布。白杨承受着冷雨的敲打，它们萧萧排列，郁郁葱葱。

到了镇原，天已经完全黑了，不过在茹河对岸，这个简陋县城的温馨和宁静，我是感觉到了。我在这里待了一夜，而且幸运的是，我走进了文化馆和博物馆所在的院子，那里的一个工作人员翻出了志书，为我查找着萧关。志书这样记载：

> 萧关位于甘肃镇原与宁夏固原之间，秦汉以来，为华戎之大限，襟带西凉，咽喉灵武，实为北面之险。现处白草洼村庄附近。

于是天明之后，我就继续前行。我依然是坐着班车，班车依然是一会跌入沟壑，一会儿跃上山顶，所不同的是，经过之地，人多半居于窑洞，少半住着平房。那些窑洞挖掘在一面高大的土崖断面，椭圆的窗门都向着阳光，粗壮的狗或卧躺于树下，或游动在墙根，长长的毛零乱地垂在身上，并不理会班车从自己的家乡走过。牧羊的小伙扛着一把小小的锹，赶着绵羊在坡坎啃草，高原苍苍的天空之下，他们显得渺小而孤单。路的两边，有一种茂密的植物，叶子巧细，枝杆斜出，结着指甲大小的绿果。农民告诉我，这是酸枣，可以制酒。

我在孟庄下车，它是一个白杨围拢的村子。从这里，可以步行到萧关。此时此刻，我不能确切地知道萧关是什么样子，不过我已经清楚地知道萧关所在的环境了。雨已经被淡白的云化解了，萧关的云简直是无穷无尽的。这是一种若断若续的活动的云，瓦蓝的天色偶尔才显露而出，那是云在飞行之际不慎断裂了而展示的宇宙的一角。只是云立即便能缝合，遂使那些瓦蓝随之消失。尽管云将天空满满占有了，可你感觉不到沉闷与压抑，感觉不到雨的降临。萧关的云是这样一种淡白的云，它绵延而轻松。但萧关的地使人沉重，它是那样的平坦，那样的贫瘠，小麦生长在那里，显然是由于营养不良，其麦秆纤细如丝，麦穗小巧如蜂，而且稀疏得能够看到黄色的土壤。天地之间，一股浩荡的气流忽来忽去，它是萧关无形而有力的风。

萧关实际上是长城的一个缺口，它的西段已经坍塌并消失在广袤的原野了，已经融在土壤之中，并生长着瘦弱的庄稼。它的东段还残留着，这是因为从这里开始，出现了沟壑，古老的长城就从险恶的高原的脊梁爬过去，除了风雨，除了冰霜，除了赤日炎炎，人是难以破坏它的。我走过田野，轻轻地登上长城的一堆，它的两边都是深渊，一边是甘肃镇原的白草洼，一边是宁夏固原的草滩沟，平和的天光之中，向阳的窑洞是那样的寂静，远远可见狗在小路上游走。

这里的长城不过是突出地面忽隐忽现的土丘而已。如果不是正在锄草的一个农民告诉我它就是长城，那么我将不能认出它，因为两千年之久的风霜雨雪，已经剥蚀了它的坚固与高大。不过我站在比较突出的一处，仍能感觉它的气势，并能看到它从苍茫的地面蜿蜒而去。它跨过一个又一个的山头，不管有人还是无人光顾，它都那么默默地凝固着，任凭岁月将它夷平，任凭野草将它染绿。我想告诉你，在裸露着黄色土层的沟壑之上，唯有长城的一段覆盖着一层茸茸的绿。

公元前166年，匈奴以14万骑兵入侵萧关，随之直指甘泉，进行疯狂掠夺。汉文帝遂以朝臣周舍和张武为将军，派战车千乘，骑兵十万，驻扎长安周围，防止匈奴进犯，同时派卢卿为将军前往上郡，派魏连为将军前往北地，派周灶为将军前往陇西。汉文帝亲自慰劳部队，并准备亲自率兵征讨，朝臣和太后苦劝，他才得止。最后决定由将军张相如、董赤和栾布率兵赴萧关，打击匈奴。匈奴闻风丧胆，撤至塞外。可以想象，那时候，乌云笼罩着萧关，尖土之中，铁马金戈，旌旗战鼓，是多么紧张和恐惧，多么强大和恢弘。不过，我看到的6月的高原显然一片宁静，萧关在水土流失而破败的黄土之上，默然无声，唯有白草在那里生长。

在地球的这个偏僻的一隅，一天只通过一次班车，所以我是不能复返镇原了。那个锄地的农民叫王声，他带我到白草洼自己的家去，我将投宿此处。这是一个刚刚20岁的农民，精瘦而黝黑，一双明亮的眼睛一直不能正视我。他小学毕业便回家劳动，现在已经是两个孩子的父亲。白草洼是一个深沟，贴着三面土崖，全住着人家。这里瓦无一片，砖无一块，庇护此地居民的，当然是窑洞。高原的太阳，长年累月地照着白草洼，晒得那些土崖都发白了，干得像火烧了一样。几乎没有大树，三棵五棵小树在院子立着，全是耐旱的白杨。一个陌生的人到了白草洼，惹得居民都从窑洞出来围而观之，女人抱着孩子，用茫然的眼睛远远地向我打量。这里有18户人家，其中4户是杂姓，其他14户都姓王。王声告诉我，他们是一家分开的。走在弯曲的小路上，可以看到深沟有一条褐色的溪水，它缓缓流淌着，随时都可能干涸。这里的人所饮用的就是那些溪水，早晨，他们赶着驴子去驮，如果它枯竭了，那么就必须到长城对面的一条深沟去驮，那已经是宁夏的固原了。溪水是浑浊的，喝在嘴里，舌尖有一种涩而稠的感觉。

王声一家四代同堂，他的祖母才65岁。我步入院子的时候，她正在抓食喂鸡，高挺的身板和宽大的手掌，给我一种强悍的感觉。这个有6个儿子的老人，瞥我一下，就忙她的事情了。王声的父亲患着感冒，通红的脸颊，无疑是发烧的症状，看到了我，就从炕上爬起来，招呼一声，蹲到一边抽卷烟了。我没有发现王声的妻子，她正躺在别的一面窑洞，她的二胎孩子才三个月。

在窑洞，我所见的带有现代文明色彩的唯一一件东西是热水瓶，王声给我倒了一杯水让我喝。天光将窑洞照得很清楚，那用木架支撑起来的案板，放着刀、擀、勺、碗，瓦盆中的面粉正等着水调和。瓷缸蹲在土壁一角，水已经所剩无几了。几个黑色的瓦罐并排在窑洞的角落，王声告诉我，那里装着玉米和豆子之类。皱皱巴巴的炕上，覆盖了一张干硬的油布，下面是被子。夜晚，我将在这个炕上睡觉，这是王声的安排。

西方的天空，有一朵长形的云，它的白色消退之后，黑暗便沉重地压迫了整个高原。我站在窑洞的顶端，感到萧关的气氛原始而恐怖。没有星月的天空，成了一匹平滑的盖子，既无缝隙，又无折皱，但大地隐隐显露着地球的嶙嶙骨架，其中逶迤而去的长城，活跃在我的想象之中。古代的士兵，曾经在此抗击过匈奴，曾经在此守卫过家园，他们的鲜血曾经渗入土中，他们的头颅已经抛入沟底，然而现在呢？历史是一个怎样残酷的过程，新的年岁多么轻易地就冲刷了旧的岁月，想一想萧关，有几人知道呢？出生在萧关周围的人，当然是知道的，但他们难以将萧关告诉世界。萧关之外的天地对他们是陌生的，他们难以步入其中。在这里，他们过着日出而作、日落而息的生活，长城附近的土地，为他们提供粗糙的食物，他们的人生只能是自生自灭。也许在冥冥之中他们知道自己的归宿，所以他们要依靠迅速的繁殖使生命延续。漫长的黑夜，没有灯光，没有娱乐，他们怎样度过这黑夜呢？睡觉是唯一的形式，当鸡上了架子，当风在沟上沟下流窜，他们就爬到炕上睡觉了，不过怎样才能排遣生命的寂寞呢？他们只能在生命之中寻找乐趣，于是黑夜就成了他们孕育的汪洋大海。我没有一点贬低他们的意思，我很清楚，王声一家对我是那样的恭敬和诚恳，从他们的眼睛里我没有发现一点伪诈的神色，这是我从自己生活的城市之中很难得到的。此时此刻，他们正在窑洞的炕上躺着，风和黑暗拥挤在窑洞的门窗之外。狗忽然撕咬起来，凶恶的叫声在高原显得空空荡荡，但它成了黑夜的突然兴奋的神经。萧关,你不能像死了一样沉默!

　　附记:2002年春天拍电视再往萧关,长城依然,高原依然,只是王声一家人老且昏,不但忘记了我当年的投宿,而且失去了过去固有的一种喜悦。

2008年11月3日

在鸿门分析刘邦项羽之性格

人的行为,都是一次完成。完成了的行为,累加起来就构成人的一生。后人也无法为前人再度设想,不能修正和改变当时的行为。行为一旦完成,它便永远过去了。人在事后回想事中的行为,往往有一种命运的苍凉之感,但它使人解脱。

站在公元前206年项羽设宴的鸿门,我作如是想。透过一堵砖墙,我寻找着刘邦骑马而逃的路径,然而不能。茂密的玉米和高大的杂树,已经组合为新的风景,刘邦所经过的路径,早就为岁月所消磨了。新丰的妇女,给漫长的斜坡旁边搭着木架,繁多的玉器和工艺品陈列其上,为了防雨,木架放在帐篷下面。各种各样的帐篷沿着斜坡蜿蜒而下,我从帐篷侧面走过的时候,居然猜测这些妇女可能就是当年刘邦邻居的后裔。刘邦的父亲日夜思乡,闷闷不乐,刘邦便仿照故里的街巷,在鸿门附近建筑了新丰。新丰的布局与故里的布局一模一样,并把那里的人与家畜统统搬来,甚至连鸡也不会走错自己的窝。这是刘邦做了皇帝之后的事情。

但在鸿门宴上,他屈从于项羽,向项羽赔情道歉。那年他五十而知天命,项羽才26岁。一个老者向一个青年表示臣服,其中的虚假很是显然。事实是:秦朝灭亡之前,各路诸侯在楚怀王那里盟约,先破秦入关者王之,刘邦以此为目标,避实就虚,绕道进入关中,率兵驻扎霸上，并接受了秦王子婴的投降，随之开赴咸阳。他采纳樊哙和张良的建议要成就大业，从而向关中父老约法三章，退回霸上，等待其他诸侯。此时此刻，项羽远在巨鹿一带血战秦军，他破釜沉舟，九战九捷，消灭了秦军主力。不料竟是刘邦先入关，年轻的项羽很是气盛，当然为刘邦的狡猾而恼怒，于是，他就率40万大军，旋风似的开到鸿门，准备消灭刘邦。他知道，刘邦是想当皇帝的，他当了自己就不能当。张良救过项伯，为防张良被杀，项伯将项羽的计划暗中告诉张良，要他逃命。偏偏张良要辅佐刘邦成就大业，遂将秘密透露给刘邦，并引荐他们见面。刘邦拜项伯为兄，约其为婚，三番五次地要项伯转告项羽，他是没有野心的，并答应亲自赴宴。项伯是项羽的叔父，他便这样做了，而且叮咛项羽对刘邦要善遇之，击之是不义的。对项伯的叮咛，项羽沉默，因为他已经接受谋士范增的主意，要在鸿门宴上除掉刘邦。不过在关键时刻，他竟相信了刘邦的表白，并告诉刘邦，使他产生误会的是刘邦的左司马曹无伤。他完全解除了对刘邦的戒备，像对待朋友一样让其吃肉喝酒。他把必然的敌意顿然化解了。鸿门宴上，范增三次示意他杀死刘邦，他也没有反应。无奈之中，范增要项庄舞剑，并乘机刺之，可项伯频频拦挡，保护着刘邦。刘邦是聪明的，他一切都明白，遂以如厕为名，不辞而别，从偏僻的路径潜入军营。四年之后，项羽自刎，刘邦当了皇帝。

  不能假设项羽在鸿门宴上杀死刘邦，他便一定可以为王。我只能指出，刘邦避开了天罗地网而溜之大吉，因为这是历史。刘邦为人处世的原则是有利——有利于自己生存和发展，他什么事情都做，什么人都用。这一原则，使他的行为保持了清醒的头脑，个人的好恶与爱憎已经不能左右他。在他那里，情感因素几乎消失于他的目的之中。他能屈能伸，能站能爬，于是他的行为就显得宽厚，似乎是谁都可以容纳。事实也是这样，在他周围聚拢了各个方面的杰出人物。运筹帷幄之中，决胜千里之外，他有张良。镇国抚民，保障供给，他有萧何。统率雄师，战而必胜，攻而必取，他有韩信。刘邦终于依靠他们打败了项羽。古今中外，凡是成大业者，都以是否有利当作自己为人处世的原则，这使他们变得异常精明又异常残酷，精明即在算计之际不受道德左右，残酷即在下手之际不受良心左右。刘邦当然是有壮志的，他的声音清楚地表明了他的雄心：某年某月，他在咸阳服役，看到了秦始皇巡游的威风，不禁喟然而曰："嗟乎，大丈夫当如此也！"

为了实现抱负，刘邦一直以对自己是否有利的原则而行事。在早期，他没有显出暴发之迹，是自发地运用其原则，到了晚期，他感到自己可能成大业，便自觉地运用它，当皇帝之后，他担心谋反，担心篡权，担心吕后政变，担心匈奴入侵，他屡屡采取措施，其中都贯穿着对他是否有利的原则。

吕雉之父相中了刘邦，要将女儿嫁给他，此事就成了。吕公是一位阔商，他观其言，察其色，认为刘邦将是大器，遂以女许之，必有后福。这当然符合富商的性格，问题是，刘邦是不是喜欢吕雉。我以为他未必喜欢。他是爱戚姬的，他流露对戚姬的喜欢之情，但他对吕雉所表示的喜欢，我没有发现。吕雉在刘邦当皇帝之后做了皇后，这证明了吕公的远见，不过吕公之女显然一直没有获得刘邦的爱，不然，吕后在皇帝驾崩之后，怎么那样凶残！实际上这是她长期失落的一种曲折反映，甚至要以吕氏取代刘氏而报复刘邦。最大的可能是，刘邦娶吕雉为妻，是以改变他的环境考虑的。当时，刘邦极为穷贱，有无赖之习，他娶了阔商之女，在沛县的地位便得以提高了。

陈胜反秦造反之后，刘邦极力鼓动沛县父老除掉县令，然后举荐一位领导响应起义。他既想做其首脑，又故意推辞，既认为自己能力薄弱，又强调这是一件重大事情。这不过是他欲擒故纵而已。果然，他谦让一番之后做了沛公，并为此隆重地祭祀。这充分证明他要做领导的想法是深谋远虑的，但他的推辞给人以真诚之感，没有计谋的人是不会这样做的。几年之后，他打败项羽，故伎重演，连连向各路诸侯和他的将军推辞不当皇帝，然而终于是欣然登基。

在刘邦政权建立的过程中，韩信、萧何与张良的功劳难以磨灭。他们对刘邦忠心耿耿，可除了张良体弱多病，使刘邦还放心之外，其他二臣却每每受其怀疑。刘邦是既怀疑他们，又使用他们，因为韩信、萧何对他是极其有利的，不使用他们便难以成大业。韩信在攻下齐国之后，希望做一个齐王，为刘邦镇守齐国。使者带来的这个消息使刘邦非常恼火，此时此刻，他正被项羽围困于荥阳，然而，张良对他分析了应该答应韩信要求的好处，他立即息怒而笑，封韩信为齐王，不过他心里是怨恨韩信的，认为他是乘人之危，胁迫他。所以，公元前202年天下平定，他突然调离韩信，夺了他的军权，转封其为楚王。其阴险之心，暴露无遗。接着，他以打猎为名，诱捕了韩信，不过由于不能获得韩信谋反的证据，又不得不放了。然而他不甘其心，又乘机贬韩信为淮阴侯，这使韩信悲哀地叹息："天下平定了，我将死了。"刘邦知道韩信并不臣服他，遂起恶念。公元前196年，韩信为吕后所诱斩。萧何自始至终跟随刘邦，为刘邦组织生产，训练军队，但在前线的刘邦，常常以慰问为由，派使者注意萧何。在刘邦亲征叛军的时候，他一再猜测萧何在后方做什么，得知其安抚百姓，筹办粮草，刘邦竟心事重重，于是为了安全，萧何就不得不装出一副胸无大志的样子，而且设法使百姓对他不满。不过他毕竟不是贪官，刘邦将他无奈，然而这也是暂时的。之后，萧何终于因为向刘邦建议开放皇家林苑让农民耕种而激怒刘邦，并要刑罚。幸亏各位朝臣为他开脱，刘邦才赦免了萧何。萧何上了年纪，光着脚向刘邦谢罪，刘邦虚伪而曰："吾故系相国，欲令百姓闻吾过也。"

刘邦这样做，也有其理由。人类历史的进步，往往是以恶推动的，这仿佛没有锋利的刀斧砍伐荆棘，道路便不能开辟一样。在政治家和军事家那里，如果保留过多的温情，那么他就只有失败。他必须日夜复习这样一个公式，即：所有暴露的与潜在的敌意与自己都是你死我活的。他的一切措施，都是要对敌意战而胜之，这意味着他的所有行为无不有明确的目的。对待人，你有用就拿过来，你无用就抛出去，你若要造反，那么就铲除你。政治家和军事家只能这么干，这是他们的法则。古今中外，都是这样的。人类有各种各样的生存方式，而政治家与军事家则只能按其规律做。不过他们是少数，多数人是不能也不会仿效他们的生存方式的，否则，世界将迅速消亡。政治家和军事家以他们强暴的措施改造着世界，其过程，使人类有了累累的创伤，不过也出现了治疗其创伤的哲学家、宗教家、文学家和艺术家，他们是别的一种生存方式。哲学家、宗教家、文学家和艺术家，是以和平冷静的方式改造世界，他们与政治家和军事家是激烈对立的两极。人类就是由于各种各样的生存方式互相牵制，互相渗透，才得以发展起来。至于对待刘邦，我的态度是，他有使人佩服和敬畏的地方，不过不使人喜欢。我喜欢的是项羽，尽管他失败了。

项羽为楚国贵族，生于公元前 232 年。此时此刻，秦始皇正统一六国，他的祖父为楚国名相，死于秦暴，他对秦国是非常仇恨的。他聪明过人，只是不好习文舞剑，只愿意掌握万夫莫挡的本领。他当然也是有抱负的：某年某月，秦始皇视察会稽，其气魄使他惊奇而羡慕，竟在人群中曰："彼可取而代也。"

然而，他是一个充满浪漫气质的人，强烈的感情，往往干扰了他的理性判断，有时候憎恶起来非常残忍，有时候慈悲起来非常仁弱。在他攻下襄城之后，竟狠毒地将数万军民予以活埋，但在鸿门，他善良地放跑了刘邦。以范增的参谋，以他的计划和安排，项羽是想在鸿门宴上除掉刘邦的，可他经受不住刘邦对他的恭维。刘邦的一顿赔情道歉，一下使他失去了理智，变得糊涂起来，让刘邦走了。项羽就是这样一个容易激动的人，他不能做到冷静地为人处世。他的性格，妨碍着他成大业。刘邦在鸿门的关键时刻，便是发挥了自己可以委屈的特长，当然也利用了项羽吃软不吃硬的习惯，从而转危为安。实际上鸿门的关键时刻，就是刘邦一生的关键时刻，也是项羽一生的关键时刻。项羽在他临终之际，将其失败归于天意，从而解脱了。

由于项羽的行为常常受情绪影响，他对秦国的仇恨便变成确切地要消灭敌人。他没有一点投机的思想，就是消灭敌人。不过刘邦有投机的思想，尽管他也打了不少胜仗，但在战略上他缺乏整体观念，表现出一种避实与取巧之态。只有项羽在正面而彻底地歼灭秦军，其事实是，项羽挫败了秦军的主力，为反秦最终胜利奠定了基础。这是所有诸侯都承认的，包括刘邦，之所以他在鸿门向项羽屈从，就是因为他很清楚，推翻秦朝，项羽起到了决定性作用。

在历史上，很多人都对项羽进入咸阳的烧杀行为表示批评，而且把他和刘邦的行为进行比较。项羽是不够策略，不过这恰恰是他真实性格的流露。他仇恨秦朝，便直截了当地杀死秦王，烧毁秦宫。这一举当然也有他对刘邦的嫉妒，因为刘邦先于他到达咸阳，抢了他的风头，而且关中父老与刘邦的关系搞得很是融洽，从而使项羽丧失了建立信誉的机会，于是他就干脆以凶神的面目出现，以展示其威风。这还有他对自己把刘邦从鸿门放跑的懊恼。刘邦骑马而逃之后，范增指责了他。批评之中，包含着对他的轻蔑，于是到了咸阳，他就大肆发泄。

项羽自封为霸王，让刘邦到巴蜀去做汉王，是他的一个心计，以提防刘邦谋反。然而他没有料到，在萧何和张良的策划之下，刘邦有了一个更大的阴谋。在赴巴蜀途中，他们烧毁栈道以麻痹项羽，这保存了刘邦的实力。不久，刘邦便趁项羽镇压齐王之机，突然复返关中，并开始联合其他诸侯进攻项羽。

迁延四年的项羽与刘邦之争，即楚汉之争，将他们各自的性格活灵活现地展示而出。刘邦很清楚，他和项羽是有我无你的，所以，他的一切行为以置项羽于死地作设计，但项羽显得天真，把残酷的斗争简单对待了。由于持久作战，两军人马皆很疲倦。有一次，隔了一条山沟，项羽与刘邦对话，项羽竟提出他与刘邦单打，以决出雌雄而结束百姓之苦，这显然是幼稚的。在几面受敌的情况之下，项羽感到恐惧，便向刘邦建议，以鸿沟为界，平分天下，鸿沟以西属于刘邦，鸿沟以东属于项羽。刘邦佯装同意，使项羽释放了刘邦的父母及妻子儿女。项羽此前抓获了他们，置军营之中。刘邦一次战斗失利，为了逃命，将两个孩子从自己的车上推下，他的两个孩子便成了项羽的俘虏，而他的父母和妻子，则是被项羽的军队抓获的。刘邦得到了亲人，自然高兴，但他违背了自己与项羽的协议，转身追赶已经撤走的楚军。

项羽显然斗不过老奸巨猾的刘邦。他们终于要在垓下的夜幕之中较量了。那天晚上，项羽听到四面楚歌。他知道决定命运的时刻到了。他慷慨吟唱，反复吟唱，军营内外久久回荡着项羽的临终之音。他所宠的美人虞姬为他伴舞，之后，她拔剑自杀，不愿意成为项羽的包袱。

项羽抱着虞姬的尸体，泪如雨下。他的士兵看到这些，也无不失声哭泣。项羽在军营反复吟唱的歌是这样的：

力拔山兮气盖世，时不利兮骓不逝。骓不逝兮可奈何，虞兮虞兮奈若何！

埋葬了美人虞姬之后，项羽毅然上马，此时追随他的只有800人，他们狂飙似的突围而出。由于误入沼泽，人马难以通过，便返了回来，汉军乘机追上。项羽已经知道了自己的结局，然而，无所畏惧。他立马挥剑，往往一声大吼，便使汉军溃散而倒退数里。他让自己的骑兵望着他，一连杀死杀伤几十名汉军，竟轻松得像演戏一般，从而赢得了部下的阵阵喝彩。项羽的结局是这样的：

于是项王乃欲东渡乌江。乌江亭长檥船待,谓项王曰:"江东虽小,地方千里,众数十万人,亦足王也。愿大王急渡。今独臣有船,汉军至,无以渡。"项王笑曰:"天之亡我,我何渡为!且籍与江东子弟八千人渡江而西,今无一人还,纵江东父兄怜而王我,我何面目见之?纵彼不言,籍独不愧于心乎?"乃谓亭长曰:"吾知公长者。吾骑此马五岁,所当无敌,尝一日行千里,不忍杀之,以赐公。"乃令骑皆下马步行,持短兵接战。独籍所杀汉军数百人。项王亦身被十余创。顾见汉骑司马吕马童,曰:"若非吾故人乎?"马童面之,指王翳曰:"此项王也。"项王乃曰:"吾闻汉购我头千金,邑万户,吾为若德。"乃自刎而死。王翳取其头,余骑相蹂践争项王,相杀者数十人。最其后,郎中骑杨喜,骑司马吕马童,郎中吕胜、杨武各得其一体。五人共会其体,皆是。故分其地为五……

读司马迁的书到了此处,我常常热泪盈眶。刘邦胜利,当了皇帝,作威作福,然而皇帝常有,英雄不常有。项羽失败了,他失败得如火如荼。他年仅30就失去了生命,但他所展示的悲壮的人性之美,灿然星辰,永远闪亮在人类的精神领域。这是做了皇帝的刘邦所没有的。想象着一个古代英雄叱咤风云而视死如归的壮举,我总产生一种净化灵魂的感觉。生当做人杰,死亦为鬼雄,这是李清照对项羽的歌颂,也是对人的一种期望。

我在公元前206年刘邦赴宴的鸿门徘徊,秋天的雨洒落在遥远的天边。蒙蒙的云雾下面,渭水一白,缓缓流动。渭水走过的关中,便是刘邦当皇帝的地方。他曾经冲入关中,又被项羽挤出,然后趁项羽之危，复返这里，接着主动离开关中进攻项羽，直到打败项羽，他才又回到了关中。他接受一个戍卒的建议，在这里建都。然而，苦心经营的江山，在他驾崩不久，就被吕后篡夺。他以是否有利于自己的原则为人处世，吕后便以是否有利于她的行为蹂躏了他主持的白马之盟。他教会了自己的妻子，妻子便谁都不顾，不顾他，也不顾他的儿子。不过，两千年之后的关中原野依然很美，即使曾经惊心动魄的鸿门，都满是宁静的柿树，它红色的果实闪烁于绿色的叶片之间，秋天的雨浸润着它们。

　　以成败衡量人的价值，是一种普遍的思想，它的优点在于鼓舞人争取成功。然而，它不可避免地使人采用一切能够压倒对方的手段，从而制造着卑鄙的灵魂，而失败的人所具有的含金的品质则仅仅因为他失败了，就可能被湮没。这不是人的悲哀吗，我的沉默的鸿门！

曲江萧瑟

　　如果我生长在唐代，并有幸及第为进士，那么，曲江流饮我一定是会参加的。那是一个发达的季节，也是一个风流的季节，真是让人向往。

　　可惜我所见的曲江，已经不美了。我曾经几次到过曲江，它位于我的故乡少陵原东北方向，处在西安东南，到这里来总是方便的。曲江并没有水，它仅仅是一带低洼的田野，一条蜿蜒的小路穿过这里，人与车辆来来往往，黄色的灰尘如烟如雾，向人扑去，人走了，它就沾染到白杨的枝叶上。一旦灰尘起来了，它似乎就不愿意回归地面。

　　秋天不要到曲江去，曲江的秋天多么寂寥，人在这里会伤感的。天空是宁静的，淡淡的云漂染了天空，天空的颜色很混合。黄昏，西边的天空才出现一抹蓝，那是晚霞断裂之后露出的，仿佛撩开窗帘现出的一双忧郁的眼睛。晚霞并不热烈，鱼鳞似的，一片压着一片整齐地排列着。大雁塔的顶尖，仿佛插进了晚霞之中，泡桐和白杨到处都是。潮湿的土地，满是绿色的阴影。玉米的秆子密密地聚在一起，其鹅黄的颖花开放着，并默默地孕育着粗壮的穗子。闲地保持着乌黑的墒，那是准备播种小麦的，乘虚而入的野草，竟在闲地漫延了，于是农民就把羊放牧在那里。路边坝上的羊，将野草嚼得脆响，但在田野觅食的羊没有声音，田野在遥远的地方。曲江的废墟并不小，它的两边都有村子，不过村子无声无息，唯有树木在那里笼罩。泥径两边，长着大豆和小豆，有叶子波浪似的翻卷着，我以为是一个硕大的老鼠，钻出叶子才知道是相互追逐的鸡。天空晴朗，然而刚刚下了雨，树叶草叶上的露珠闪闪发光，一阵风吹，就滚滚而下。曲江是黄土塌陷形成的，它的西南就是我的故乡少陵原。少陵原奔流着风，是秋天的风。风从它起伏的边沿穿过，有形而无声。

我所想象的曲江完全不是这样。它应该是一个天然的湖泊，汉武泉咕咕地冒着清水，泉水滋养着茂密的修竹和滑动的游鱼，鸟像云一样在树林起落。为了使曲江更广阔更繁华，唐代开通了黄渠，它一头在秦岭的大峪，一头在曲江。黄渠引来了秦岭的水。黄渠像一条明亮的飘带，逶迤在苍茫的原野。曲江的水涨满在高原的褶皱，起伏错落的江岸，合成曲江蜿蜒的框架。在曲江周围所有的高岗，都建筑了宫殿和亭台，紫云楼和彩霞亭尤其光耀。皇帝与嫔妃，王公与大臣，经常游乐于斯，春暖花开的三月三，秋高气爽的九月九，这里简直热闹非凡。"倾国妖姬云鬓重，薄徒公子雪衫轻。"这是诗人林宽的所见。杜甫对到曲江去玩的美人认真观察，并作准确的描绘，他说："态浓意远淑且真，肌理细腻骨肉匀。绣罗衣裳照暮春，蹙金孔雀银麒麟。头上何所有？翠为？叶垂鬓唇。背后何所见？珠压腰衱稳称身。"尽管杜甫是在讽刺贵妃姐妹的嚣张，他所透露的，却是曲江的狂欢。在曲江，皇帝偶尔会从高处将钱币撒下，让群臣争抢而欢。皇帝设宴招待群臣的时候尤其热闹，他们举杯祝福，呼喊万岁。附近的农民也竞相豪华，绸缎悬挂，珠宝陈列，乐队演奏，舟楫荡漾。曲江上下，到处是人。那些及第进士，当然兴奋不已，成群结队到曲江去高兴。他们大摆其宴，频频畅饮，得意而忘形。及第不是一件容易的事情，很多人终生努力，都不能成为进士，一些人老态龙钟才及第，那种大喜是可以理解的。他们要释放自己长期积累起来的沉重，曲江显然是理想的轻松之地，这里有风景，有美人，美人走在风景之中。他们一边嬉着流水，一边饮着好酒，人人乐而忘忧。某些时候，皇帝高兴了，会赐其宴给进士，这是难得的荣耀，那些进士到了曲江往往会神魂颠倒，醉如烂泥。

关于进士在曲江出丑的故事是很多的。史记，曹松 74 岁那年考取了进士，曲江流饮，只有他白发苍苍，步履蹒跚，然而，他对其宴流连忘返，几乎死矣。卢象及第之后，急着回到洛阳，已经请假了，不过看到其他进士在那里豪饮，便激动得身穿便服，津津欣赏。他雇的车上，还坐着一位歌妓，结果为巡查的所抓。他当然要被抓的，到曲江去的人，必须斯文而儒雅，连一些态度傲慢和举止轻浮的人都不准进入，何况卢象。维持秩序的人对他提出警告，并追究他，其判词是："紫陌寻春，便隔同年之命；青云得路，可知异日之心。"

曲江之美，历史悠久，大约在秦代，它便是一片可以游乐的风景。到了汉朝，它已经是绝妙的园林。隋朝的皇帝很是迷信，认为曲江之地高于皇宫之地，是犯忌，就派大批劳力挖掘曲江，使之低于皇宫的基石，这样便不会威胁王者之气了，随之在曲江两岸种植了接天连日的芙蓉供人养目。曲江之美的顶峰，当然是在唐代。唐代的曲江是自然和人工的结合，而且构建了一种立体的美。曲江周围有杏园，有大雁塔，它们既独立于曲江，又延伸了曲江。安史之乱使修建在曲江周围的宫殿和台亭几乎全遭毁灭，曲江一片衰败。

多愁善感的杜甫，曾经在这里徘徊，看到草木翠绿而人影杳然，他不禁失声而哭。杜甫享受过曲江的热闹，体验过曲江的寂寞，世事的变迁使其感慨系之。安史之乱平息不久，唐文宗要恢复曲江之盛，对紫云楼和彩云亭作了维护，并告示富商之人，可以在曲江修建馆舍，并动员 3000 劳力疏通曲江，使水流畅。然而，失去的永远难以恢复。随着唐代的消亡，野草覆盖了曲江。明代之后，这里便逐渐变成陆地和农田，直到现在。

……

路在我脚下延伸，脚下的路筑在昔日的曲江之上。我慢慢地走着，浓重的潮气升腾而起，那些杨树、桐树和玉米，都湿湿的，仿佛刚刚淋了雨。潮气在这里是有重量的，我的头发就摩擦着潮气。它们从曲江渗出，并使天空都滋润了。悠长的历史之梦破灭了。奔驰的汽车和颠簸的马车，一辆一辆从我身旁越过，噪音干扰着皇都林苑的宁静。皇都已经废弃，它的宁静显得凄惨和荒凉。唯有生气的，还是那些潮气，它是被埋没的曲江的灵魂。消亡的曲江，到了一个阴暗的地方，在那里，它的压抑和沉闷显然难以忍受，就从土壤的缝隙钻出来，希望看一看阳光照耀的人物。滚滚尘埃依然撒在黄昏的树枝上，唐朝的尘埃就曾经这样飞扬，不过那是欣赏曲江的人践踏的，现在的尘埃却不是。

在村子边的树下，有两个老人，老婆坐在藤椅上，白发飘拂，病身软弱，老头蹲在她的旁边，给她做伴。他们茫然地望着曲江，望着雾霭之中的庄稼。鸡和狗在附近游走着，他们背后的房院，似乎有孩子在嬉闹。炊烟绵绵地在天空流逝，我感觉它是那么悠然。

我走近两个老人，蹲在地上，像老头那样蹲着，我问：

"你们在这里休息呢?"

老头说:"休息嘛!"

"你面前就是过去的曲江吧?"

"就是,你蹲着的地方,也是过去的曲江。"

老头黝黑的脸上,纵横交错的全是皱纹,嘴角的皱纹尤其深刻,下巴的胡子粗硬而黑白相杂,眼睛细小如缝,微弱的光明闪烁其中。他是一个头脑清晰的老头,对此,我当然很是高兴,我问:"你的家是迁移到这里的吧?"

老头说:"迁移到这里的。在明末清初迁移到这里的。家原在曲江的北面,那里地势高,是一个原。"

"那时候曲江的水已经干涸了吧?"

"水少了,不过没有干涸。那里长满了芦苇,冬天都不会结冰。水不多,水缓缓地流着。"

"这是什么时候的情况?"

"我小时候的情况啊!"

"现在没有水了?"

"没有了。"

"它什么时候干涸的?"

"1939年关中大旱,这里的水就没有了。"

"这里的水是河水还是泉水?"

"泉水。"

"1939年关中大旱,泉水没有了?"

"没有了。"

"它不冒了。"

"不冒了。太阳晒得土地都起了皮。"

老头抚摩着他的下巴,那胡子嚓嚓地响着。老婆默默地望着他。晚霞燃烧得剩下了灰烬,天空青色如铁,曲江一片萧瑟。

我问:"那些庄稼就是从那时候开始播种的?"

老头说:"曲江一直都荒着,满是野草,人开始只是在这里放羊放马。"

"什么时候有了庄稼?"

"曲江地势很低,它是凹陷下去的一处沟壑。水干涸了几十年之后,地下的水有一天忽然就渗出来了。"

"哪年啊?"

"1964年吧。"

"水汪汪地向北流着,冬天都不结冰。"

"是这样啊!"

"村子的人给这里种了稻子,种了四年,还养了鱼……我的儿子就是抓鱼淹死的。从那时候起,老婆就成了一个病身。"

"水深得能淹死人?"

"他是我最小的儿子。大约10年以后,大约是1974年吧,它的水彻底干涸了。"

"什么原因?"

"周围到处打井,水泵抽走了地下的水,曲江就干涸了。接着是造田,用土把曲江垫成了现在的样子。"

老头慢慢告诉了我关于曲江的变化,似乎为他能知道这么多的情况而得意。他盼某年某月,曲江的水能够再现,或是从秦岭引水,或是地下涌水,以使曲江名副其实。如果这样,那么他重新迁移都很愿意。

　　告别了两个老人,我独自走着,凄凉的曲江像长卷的画一样在我身边滑过。我心里一片失落。我想,自然是有秩序的,人可以改造它,然而不要打乱它的秩序,否则它就要报复人,使你得不偿失。

　　我便这样想着,离开了曲江。

　　华灯照亮了我的眼睛,我发现自己已经来到了端履门,五光十色的风景在这里喧哗。

　　背后是曲江,我能感到,有无数的秋虫在那里鸣叫着。

附录：曲江记

　　夏日读报,得到曲江注水并再现的消息,难免又惊异,又兴奋,不过也存一点疑虑,因为古之曲江已经通过文章把其美印染我心,并先入为主,遂问今之曲江究竟如何,是什么风度,很想见识一下。恰恰几天以后,有朋友相约作曲江之行,便欣然而往。

　　我是长安人,生长于少陵原上,从小在乡间窜游就到过曲江。可惜那时候不知道曲江是皇家故园,所见也是村子傍山,杂木萧疏,田圃有蔬菜麦苗之属,并有牛羊觅草,鸡犬拣食,颇为荒凉。后曾经走遍关中,寻找祖先胜迹,在曲江调查之际,我怅望废墟,感叹月有圆缺,世有兴衰,一代风流消逝,吾辈无福享受了。忽闻曲江聚水泱泱,不但空明激滟,还可以荡舟,当然很是惊喜!

　　这一天,日出东方,风自西来,身有其轻,神有其澄。我随朋友乘车而驰,绕过大雁塔,穿过林带和草坪,一个转弯,曲江便直入我目。一瞬之间，我顿觉迷乱，陌生，仿佛是梦幻。水横一片，岸环四野，烟波缥缈，细柳荡漾，并有楼榭殿亭各得其所，披云灿然，迎风昂然，真难以想象身在西安，而且是到了曲江。朋友介绍说："旧貌尽除，新貌全布，是在一年之内完成的！"

人是好水的动物，甚至孔子曰智者乐水，所以朋友邀我上船而观，岂不快哉！时在早晨，8点30分的天空一经夜雨清洗，千里透晴，万里湛蓝，有阳光盈照，芳香柔飘，700亩曲江白石过滩，拱桥跨流，群鸭任游，孤雀自鸣，男潇洒以争雄，女娇娆以竞艳，惟老者安然，幼者怡然。

我的兴致在其建筑，总认为在胜迹上造屋修宇，不考虑文化元素无以成功，遂一边蜿蜒而漂，一边察而欣赏。曲江亭和祈雨亭是曲江固有之物，现在照样恢复，具标致性质，非常好。其重压西岸，彼此呼应，足以发思古之幽情。坐落在东岸的建筑，多有典故或取唐诗之意。白居易诗曰："秋波红蓼水，夕照青芜岸。"遂建红蓼亭。韩偓诗曰："斜烟缕缕鹭鸶栖，藕叶枯香折野泥。"遂筑藕香榭。造荷廊以念当年荷花连天，修凉殿以纪昔日漫流降温。云韶居耸于斜坡高崖，形势陡峭，是鸟瞰之点，名出罗邺之诗。千树亭立于码头之侧，玲珑俊秀，望之喜悦，名源韩愈之诗。卢纶诗曰："泉声遍野入芳洲，拥沫吹花草上流。"由斯便有芳洲临流。在水边沐浴，除凶招祥，尝蔚为风气，从而作祓禊亭以显古之习俗。其他种种，也无不融于碧水绿岸之中，背景辽阔，大小错落，各展精彩，皆具来历。见我连连慨叹，朋友便问："怎么样？"我说："超出了我的想象！述旧不虚，编新有意，刻古不薄雕今，尤以能传达诸朝雅好见奇，难得了一片匠心！"

曲江誉满历史，声传天下。当然，它只在大时代才出现，一旦社会动荡，国家离析，它便泉孔阻塞，水源干涸，由斯知其是盛世的作品。秦版曲江谓之隑洲，汉版曲江为曲江，隋版曲江谓之芙蓉池，唐版曲江谓之曲江池。我以为今之曲江为新版，当是西安版曲江。秦人发现了曲江，遗憾未见秦人在斯地的活动，只有一个胡亥墓留在了南岸。汉人也只有刘彻狩猎的背影，不过他倒是对曲江极为钟情，曾经微服巡游，并疏浚扩边。隋人似乎还没有在曲江远观绿叶红花的趣味，因为其皇帝一幸再幸的是江都。唐人最懂生活的艺术，也最为风雅，其以李隆基执政岁月为峰。三月三是上巳节，李隆基会带贵妃及其姐妹到曲江寻春踏青，陪同者贵，奉迎者荣。流光明媚，惠风和畅，所随佳丽态浓意远，裙长袖广，曲江一带便人潮涌动，情海高涨。当此之际，商贩摆奇货宝物于道，富豪撒鲜花香草于途，其天喧哗，其地热闹。皇帝情绪好了，便赐宴臣僚，京兆府也大陈筵席，甚至长安与万年两县竟大较其劲，以做雄胜。或是考场及第以后，进士华服骏马，曲江流饮，以显得意人生。想起来那真是一段浪漫的时光。

唐版曲江常常使我向往，不过我也知道，即使它再美，终为皇家苑囿，人民是不能自由出入的。毕竟星旋斗转，山河必变，今之曲江，属于人民了，这是具有伟大意义的进步。西安其城一向有老可以卖，有文化遗产可以傲，只是缺水。干涩不润，便成为一短。曲江再现，改变了生态，也给其城赋予了一种灵动和豪华。西安显然由斯大大升华了。有同志从远方来，我一定要带其享受一下西安版曲江，持玉不示君子难以为仁啊！但我还是先陪妻儿一游吧，否则不就高台把栏却得月在后了吗？

2008 年 7 月 14 日于窄门堡

附记：2008年夏日，有朋友邀至曲江池作游，所见让人惊诧。农民全部迁走，房屋尽拆，水满树绿，鸟语花香。十几年前我在曲江喟叹：也许曲江池永远消逝了！不料曲江竟注水而再现，人真是伟大！

2008 年 11 月 16 日

再记：曲江属于文化遗产，注水复活，应该是对历史致意，推崇有唐一代在国都的风雅，很好。它显然也有自己独立的价值。可惜现在的曲江沿岸高楼如林，包围其水，凸显了曲江之小，似乎它是为地产服务而产生的。曲江必须有露，它只有在比较空旷的背景之下，远山隐隐，近原苍苍，才呈自然与艺术兼容之美。

2010 年 12 月 31 日

高岗之上的祠墓

我到偏僻的梁山去瞻仰了司马迁祠墓，它远离西安，也远离韩城，免去了世间的很多烦扰。它独特地屹立于高岗之上，遥遥的，我便看到反射着霞辉的牌坊和山门。青松翠柏挺拔于祠墓周围，尽管阳光从明净的天空飞速而下，不过我依然感到那里的寒冷。高岗之上，总是有风的，司马迁祠墓的寒凉渗透出一种严峻和艰危，在这里，一切人都会肃然起敬。

道路是曲折的，盘旋的，冬日的白霜使它微微滑湿。当我的双脚坚实而一步一步踏在石头铺成的道路的时候，我顿悟了建造者的慧心。建造者是有自己的考虑的，不然，不会将司马迁祠墓设于此地，而且将通往高岗的道路修得这样起伏坎坷。在到达祠墓的最后一段，是98级白色的石台，它们完全构成了直上直下的悬崖峭壁。没有谁的坟茔是这种形状，那些帝王将相之陵尤其不是如此，它们通常都有宽阔的道路，两边竖立着石人石兽，以烘托自己的威势。

司马迁大约死于西汉始元年间，直到西晋永嘉年间才修建了祠墓，300年之久，中国竟没有一个纪念他的地方。他的功绩是显然的，今天，他已经作为世界文化名人，闪烁在灿烂的星河之中。然而，在漫长的岁月，所有的统治王朝都不喜欢他，那个赫赫的康熙皇帝，还曾经驳回了一个县令提出给司马迁一个谥号的上书，其唯一的原因是，司马迁歌颂了陈胜那样的农民起义首领。

在世间，几乎难以寻找出一个身体受过宫刑而对他的民族作出了杰出贡献的人，司马迁却是如此。他是以理解并宽容的胸怀评议李陵而得罪汉武帝的。李陵率5000步卒打击匈奴，以减轻其对李广利的压力。李广利率3万骑兵，从酒泉出发进攻匈奴主力。然而，遭遇匈奴大部的偏偏是李陵，面对8万匈奴的围攻，李陵且战且走，匈奴之血，流淌如河。不过终于因为力量悬殊，李陵被俘。这是公元前99年冬天的事情。这个消息使汉武帝非常生气，于是朝臣就归罪李陵，唯司马迁答汉武帝之问的时候，为李陵辩护。他认为李陵以少战多有一定功劳，而且他一向便有国士之风，终究会报答皇帝的恩德。对此，汉武帝觉得司马迁是贬低李广利，遂大怒，将司马迁置之监牢，并打算处死。不过司马迁想活，尤其要完成他的著作。如果司马迁有重金，那么他便能赎罪，然而他没有，遂只得以接受宫刑而免于一死。司马迁遭到了肉体最大的摧残和灵魂最大的侮辱，这样活着，当然为流俗所轻蔑，其心的苦涩可想而知。但他绝不是打发日子。尽管他竟自郁结，不过要通大道，以发奋完成其著作。他抱着究天人之际，通古今之变的理想，记录了上起黄帝下迄汉武帝年间的社会变化，政治、经济、军事、文化及其民族交往，皆为他所包罗。他开创了纪传体例的史学编撰方法，而且将他的情绪和惩恶扬善的正义之感渗透其著作之中。

我早就知道司马迁的故事，但在他的祠墓想起其故事，使我对司马迁产生了新的敬意。高岗之上，长风凛冽，空气清纯，灰色的砖墙和瓦房洒满了阳光。我在祠墓之间徘徊着。风雨将古老的梁山剥蚀得破碎不堪，它的每一条沟壑，每一个悬崖，都露出了地球疲愈的断层。然而，历史的风雨考验了司马迁的人格，他傲岸地屹立着。高山景行，人所共仰，这是我的感受。我沉浸在一种伟大的精神之中。

在司马迁祠墓，人的视野很是开阔，梁山所有的峰峦都退缩进去，唯这个高岗突兀出来，呈现一种凌空之势。万里晴天和万顷麦田，宁静地隔离在淡淡的雾霭之外。人家散落在平坦的原野，凡是有树木聚集的地方便有人家。我寻找着徐村，这是司马迁后裔的居住之地。在徐村，设有祭祀司马迁的厅堂，其居民年年岁岁，世世代代，纪念着司马迁。司马迁祠墓之内，陈列着从宋代到清代众多的碑石与匾额，其中司马迁后裔敬献的对联高悬于红色的木柱之上。徐村的人远远就能看到高岗之上的祠墓，这些由灰砖与白石垒起的建筑，覆盖了巨大的半坡，冬日的阳光，晒着路边的栏杆和铁链，但风晃动着悬崖上的古松与古柏。芝水如带，飘然而过。黄河如弓，浩荡地向东方奔流，它在弯曲之处的宽阔的反光直逼云霄。夏季的某些日子，夜深人静，黄河之声会飞到司马迁祠墓。

高岗之下，有一条春秋之际的沟通秦晋的马路。这条专门保留下来的300米长的古道，完全由桌面大小的石块铺成，凹陷似槽，而且所有的斑痕和纹理都记录着遥远年代的信息。那是一个大气大魄的岁月，司马迁一定走过这条马路，他从这里离开故乡，然后壮游神州，然后到了长安。

在高岗的顶点，我看到了司马迁的坟茔，这是一个用灰砖包砌的圆锥似的衣冠之冢，一个连一个的八卦图案雕刻其上。清代陕西巡抚毕沅所题的碑石，矗立于坟茔之前。乌黑的碑石沐浴着金色的阳光，安谧的气氛之中，有几只小鸟跳跃。尽管统治王朝没有谁喜欢他，但他的坟茔总是有人修缮。汉武帝骄横地残害司马迁的身心，不过这种行为显然激发了司马迁的意志。司马迁知道自己著作的分量，遂将其藏之名山。在他的时代，司马迁并没有得到承认，不但如此，他还蒙受屈辱。人世沧桑，有些人的价值随着生命的终结就消失了，但有些人的价值随着岁月的延伸而光大。那些思想超越了自己所在时代的真正伟大的人物，总是死亡之后才会出众。在自己所处的时代，他们是暗淡的，寂寞的，他们往往是在没有光华的日子进行着灿烂的创造。他们是被泥土包裹的金子。文明的社会应该给他们以足够的关注，因为创造活动深深地牵挂着他们的心，他们不会招摇于市，所以总是处于角落。站在司马迁坟茔之前，我强烈地感到赫赫其汉，亏待了一个伟大之士！

在司马迁高达 3 米的坟茔之巅，有一棵千年柏树，它的主干奇异地从根部分成五枝，向外扩展，寻找生长的空间。遗憾的是，现在只剩下四枝了，不见的一枝，在"文化大革命"的时候被红卫兵砍掉了。红卫兵并没有从根部伐倒它，他们留下了一尺左右的木桩，这粗壮的枯死的木桩，光光秃秃，灰暗阴郁，像铁柱一般翘立于寒冷的风中。

黄河在龙门

　　我不相信这是黄河。

　　黄河不是这样的性格,它怎么会收缩为如此浅浅的一带而懒懒地流过旷野呢?它似乎只有3米宽,1尺左右的落差将它混浊的水拉成薄薄的拱形,亮得耀眼。我不相信这是黄河。然而,我确实是站在黄河之滨,是特意来瞻仰黄河的。送我到这里来的汽车刚刚离开,滚滚的尘土正慢慢落定,我站在荒原淡白的阳光之中。黄河宁静而柔和,它从光秃秃的峡谷流出,之后缓缓地流向远方。没有风,一切都笼罩在温暖的色泽之中。我感到奇怪,自问黄河怎么这样驯顺,龙门怎么这样缺乏气魄。我怀疑是不是把别的一条溪流当作黄河了,我左顾右盼,希望证明自己走错了地方。这时候我醒了,我发现这一幕不过是一个梦而已。此时此刻,我躺在旅馆的床上,韩城的夜晴朗而清冽,冷冷的月光从破烂的窗户投射进来,随它进来的还有白杨干瘦的影子。朦胧的天空,正悄悄剥落着夜的黑色,我开始想象30公里之外的龙门,当然是难以入眠了。

　　这是一个涂抹了神话色彩的地方。远古时期,大禹治水,硬是把荒蛮的高山劈开,放黄河奔流出来。那黄河不是独立出来的,它总是带着成群成群的鲤鱼,鲤鱼在这里比赛跳跃,过门的便会升天,不能过门的就要曝鳃,并乖乖退回。无数鲤鱼冲撞着龙门的激浪,将一定是一片喧闹。鲤鱼跃龙门的故事,还使它成了一处名胜,而且它是连接秦晋的险要之地,斑斑史迹尚在龙门。

我看到的龙门,是冬日的阳光照耀的山水,干燥的空气弥漫着泥腥和石味,俨然我的梦中之状。我是乘坐班车到龙门的,我立足黄河大桥之后,它就开走了。虽然阳光普照,然而阳光并不温暖。周围没有什么树木,枯萎于悬崖之间的蒿草,仿佛也未摇曳,不过冷得让人畏缩打战。这是峡谷的风制作的冷,黄河在坚硬的风下面流淌,水涌起的痕迹,像是百思难得其解的浮雕。两个船夫穿着棉衣撑着一叶小舟,他们悠然摇橹,溯流而上。我不清楚他们做什么,他们只是奋力地向前划着,稠糊糊而急切切的水,像溃散而逃的野兽跑过他们的小舟。也许小舟冲浪的风没有这里的凶猛,因为大桥是空悬的,无论如何,载于黄河的小舟是在实处。在韩城的旅馆,一个筑路工人告诉我,龙门的风在晚上 10 点和早上 10 点之间是最大的,这段时间,他们根本不能干活,干活很是危险,风会将人摔倒,过了这段时间,风就会减弱。一年四季,总是这样。站在黄河大桥,我想这可能是真的。尽管风最大的时候已经过去,可我依然感到它的锋利。这里的风像是用岩石搓你,待了一会儿,我的脸就粗糙如砾,而且风会钻进裤子,将腿搓得又麻又辣,又疼又涩。在风中修补桥面的农民,将一条带子缠在腰间,他们的脸简直是蜕了皮一般忽白忽红。

龙门的奇妙在于山尽水出,在于山伸延到这里而终结了,它便再也禁锢不了其水,再也约束不住其水,冲出龙门的黄河遂无遮无拦地奔流了。不过黄河恰恰在这里是非常艰难的,因为它高岸相对,巉岩互逼,弯曲而错落,黄河流经此地,当然是兴奋而紧张,难怪它掀起了巨大的风。我想象着龙门堵塞了黄河会是一种什么样子。公元前 403 年发生地震，龙门就被崩裂的岩石给壅住了。沿着黄河，有一条黑色的路，秦晋两省的汽车穿梭往来。那路非常明显，是掏空了悬崖形成的。汽车的行驶，总要扇起煤屑向白色的岩石扑去。风在这里是黑的，风将炸开和劈开的悬崖全染成煤的颜色。汽车来来往往所拉运的几乎全是煤。偶尔黑的风会旋起一片白的纸，但那纸落在地上一下变成了黑的。什么是野蛮的地方？我在这里就感觉到了野蛮。一个人徘徊在这里，黄河和挟持它的高岸一定会使他惊异。龙门不是一个人可以探视的，一个人显得太单薄太渺小，必须是结伴才行。这里当然没有女性。没有女性的龙门显得十足的暴烈和凶险。司机的脸都紧紧绷在玻璃上，一群构筑路堤的农民，全然沉默于灰土之中。打破沉寂的唯一声音是石头在悬崖下的互相磕撞。这些农民用呆滞而冷漠的眼睛打量我，而且永远是沉默的。我问他们一天能挣多少钱，我等待了好长时间，其中一个才告诉我可以挣三元。

　　龙门是地震所形成的一个峡谷，不过我的富于朝气的先民坚信这是自己的英雄大禹开凿的。先民有多么瑰丽的愿望！不幸的是，为歌颂大禹而修建的庙堂，竟被日本鬼子的飞机炸毁了，那是 20 世纪 30 年代的事情。现在这里造有一座木亭，碑石竖立其中，在凛冽的风中读着一些记录，我寒冷得几乎发抖，而且耻辱像黄河一样流过我的心。好在这山河仍是中国的，日本鬼子终于未能掠之为其所有。公元 13 年，汉成帝刘骜，鉴于龙门的雄壮，在此一游。距汉成帝 300 多年之后，前秦王苻坚也览龙门，其情不自禁地高呼："美哉，山河之固！"

黄河北岸，山西河津人利用龙门水流湍急而水量聚积的形势，建造了一项提水工程，希望把黄河之水引到高耸的原上，以缓解旱情。提水设施从水底拔起，耸立于河边，并向空中升腾。沉默的工人正在那里组合混凝土和三角铁，峡谷凌厉的风将劳动的声音吹得无影无踪，只有身影在风中运动。偶尔会有一股旋转的风扬起沙土，将那里搅得一塌糊涂。风停息了，工人仍在干活。一群穿着中山装戴着鸭舌帽的人在参观工程，这些人心不在焉地望着高大的建筑。一个精瘦的工程师用喇叭向他们介绍抽水设施，其嗓音沙哑，兴趣盎然，似乎唯恐那些人不能明白。经问我才知道，这些人是原上各地的领导，难怪他们神情严肃，一本正经，有的架着眼镜，有的背着双手。仔细观察他们的脸，尽管很像农民，然而多少都有一些官相。在提水的渠道，我惊讶地看到了淤积成堆的泥沙。不久之前，他们作了一次提水试验，目的是将黄河的泥沙聚集起来。黄河有害，主要原因便是泥沙作怪。将泥沙过滤，显然是提水工程的关键环节。

　　黄河南岸，陕西韩城人在那里用拖拉机拉沙子，平坦的沿线已经让他们挖得满是壕沟。冬日的阳光，照耀着广阔的水面。水面反射了阳光，遂使天地之间显得十分明亮。我默默地走着，我走过一个又一个沙坑，忽然发现其中一个大的沙坑中蹲着一位妇女，她无声无息地沐浴着阳光，似乎融入了沙子之中。她不足40岁，穿着绿紫相交的格子衫，下面是红色的毛衣，一条围巾绕过她的头在下巴交结。她的脸和脖子有一种风吹日晒的痕迹，那是一种黑红相渗的颜色，在田野经常劳动的妇女，如果不能用香皂去污，那么天长日久便会形成这种颜色。我好奇地问她是给哪里运沙，她不知道，又问她一方沙可以卖多少钱，她也不知道，再问她一天能运多少沙，她还不知道,她诚恳地回答我,她什么都不知道,只是给丈夫把沙子从壕沟弄到平地,她从袖筒抽出手,给我指点她的丈夫,我看到在弯道的半坡上,停放着一辆拖拉机,一个男人迷茫地在风与阳光之中张望……

黄河出了龙门,明显有一种解放的洒脱和畅达。龙门之外,是无边无际的大地。清朗的阳光,蒸腾着大地上空的雾气,使这里显得非常干燥。冬日的高原总是这样,仿佛一根火柴就能点燃空气。当然,点燃空气的永远不是火柴,是战争。这种可以沟通两地的山河,从来都是用兵之处。公元 395 年,后秦的姚兴进攻汾阳,太守柳恭等临水拒抗,姚兴不成,遂自龙门过河,进入蒲坂,从而使柳恭等投降后秦。公元 617 年,李渊任太原留守,此间,农民起义连连爆发。其二子李世民与晋阳令刘文举策划大举,李世民还奉劝李渊顺应民心,兴起义兵。这使李渊为之惊诧,竟要将二子李世民告发官府。李世民不慌不忙,夜以继日地晓以利害。这时候,李渊的朋友裴寂也向其进言,终于使李渊决心揭竿。在初秋的一天,李渊率兵从龙门进入关中,到了初冬,他便在长安拥立了一个自己可以掌握的皇帝。半年之后,李渊废其而自立为王,唐朝便出现了。然而,和平并没有真正出现。公元 619 年,刘武周勾结突厥贵族侵犯河西,唐朝受到威胁。为了消灭敌人,李世民脚踏坚冰穿越龙门,屯兵于河东的柏壁。当时军中缺粮,不得不进行修整,之后,一举打败了骚扰之徒。战争过去了,唐朝和随之建立的各种各样的政权都过去了,1300 年之后的今天,龙门的山河一片宁静,唯有峡谷之风与水中之浪,以及人类劳动的声音在这里回响。

走在平坦的河滩上,我的脚一步一陷地充满了松软之感。河滩上是干净的，水曾经慢慢地从这里退回，把所有肮脏的东西都带去了，留下的，只是水的痕迹，水的影子。我走在一片白洁的沙子上如一个小小的移动的点。出了龙门的黄河忽然展开，其明晃晃而坦荡荡地散漫在天空之下，我难以望断它的波浪。水中常常露出大片大片的淤泥，它们不成方圆，然而都呈现着流动和冲刺之态。印在淤泥上面的纹理，仿佛是飞翔的麻雀的翅膀。在远方，风吹起了浩瀚的尘埃，我从来没有见过什么地方的尘埃弥漫成这样宏大的立体而迅速推进，我左顾右盼，前后寻找，想知道是谁揭开了沙滩的皮，谁将横躺的沙滩竖立起来了。我发现，风从龙门而来。

天命与宗教

关中有很多宗教场所，从春天到冬天，我一直在山河和胜迹之间流连，偶尔，我也到这些宗教场所走了走，我的心情是敬重的。我看到的宗教场所，没有一个涌动热潮，不过也没有一个全然冷清。古木深院，总会来一些人祈祷与朝拜，献祭与许愿。当然，到这里去的绝大部分人是观光的。在四季的某些日子，这些地方的气氛会非常隆重。当信徒聚集起来纪念其主的时候，宗教场所便显出了它异样的神圣和肃穆，可惜我一次也没有赶上。

我到周公庙去，天已经黄昏，最后的夕阳将岐山照得一片通红，绒绒的野草在柔和的阳光之中融化着，周公庙却一片幽暗。花香从树林渗出，并四处散发。我踏着砖铺的甬路走着，很长时间，才走到巨大的殿堂，周公的塑像就在这里。

周公是孔子佩服得五体投地的人物，在周公的影响之下，孔子创立了儒学。尽管儒学思想不是一种宗教，它那种对生活和对宇宙的感情，却接近一种宗教的感情。它的关于天命的观点，在中国人的灵魂之中根深蒂固。

我从周公庙出来，走在平坦的原野，密密麻麻的村子开始笼罩于烟岚之中。这里的人家生活并不宽裕，年年如此，代代如此，不过他们并不因为难得富贵而绝望。他们永远都在努力，只是，努力所带来的结果怎样,那是天命的事情。谁都有自己的天命,于是人在世间的种种痛苦、坎坷、遭遇,似乎就有了解脱的路径。

儒学思想,一直奉为中国封建社会的正统思想,但它并不能完全满足中国人的灵魂需求。儒学思想过于现实,过于严肃,它不能给中国人浪漫和幻想的余地。实际上人是需要灵魂的高度自由和高度轻松的,不然便很压抑。由于儒学思想的缺陷,从而使其他宗教得以在关中立足,并以道教和佛教为盛。10世纪之前,关中是令世界惊叹的帝王之州,文化的发达,灵魂与政治的渴望,使这片土地上的宗教扑朔迷离。

楼观台在终南山北麓,一场大雨之后,我到了这里。在关中,我没有见过如此青翠的竹林和如此葱郁的高岗,关中一般都是黄土覆盖,尘埃飞扬,然而在这里,著名的道教圣地,竟是如此优美,甚至响彻清新空气之中的鸟鸣,都带着溪水的纯净和鲜润。

道教产生于东汉时期,它尊道家始祖老子为真人,从而老子的思想也便成了道教的理论基础。楼观台这个地方,初是周朝大夫函谷令尹喜的住宅,斯人有异能,喜欢钻研天象。他在这里结草为庐,仰观宇宙之大,俯察物品之盛,忽然有一天发现紫气东来,并相信会有真人西行而来,果然是老子到了关中。尹喜将其迎至他的住宅,向他讨教。在此期间,老子留下了道德五千言,随之离去。

我在楼观台雄伟的殿堂看到了老子的塑像,这个具有超级智慧的真人,发现了以消极态度对待世界的高明见解。他知道人的任何努力都是徒劳的,于是他就教导人回归自然。透过森森古木,我望着终南山的绿色峰峦,在乌云消散了的天空之下,远方的峰峦仿佛刚刚沐浴了一样。

几乎每个朝代的帝王都对楼观台抱着友好的态度,其中以唐朝特别突出。公元620年,一个道士告诉李渊,他遇到了老子,老子承认他是李渊的远祖。这使李渊大喜过望,立即到楼观台去祭祀老子,因为他拔高了李渊的门第。从此,楼观台高高在上,即使唐朝之后关中已经不为帝王之州,它仍为宋元明清所敬拜。

楼观台的卜卦是很灵验的,经常有人在此抽签以辨吉凶。咸阳一个企业的经理,不但每一个决策要到此抽签,而且每一次出差也要到此抽签,甚至他招聘人才,也要抽签考察。不知道为什么,他的经营显然是成功的。

法门寺是佛教的重要场所,这里的真身宝塔举世闻名。我是蓦然看到这个高耸的真身宝塔的。1992年夏日,我从西向东在周原走着,辽阔的大地从北部的岐山向南部的渭水倾斜,在多风多云的天空之下,我可以极目远望。路旁的白杨和田野的玉米,全然呈现着挺拔的姿态,而其他地方,则是湿润的仿佛大雨刚刚淋过的黄土,一种肥沃之气在风中散发。我和11个农民坐在简陋的三轮车上,心平气和,略作思考。偶尔抬头,我看到了一座灰色的建筑,13层的真身宝塔蓦然出现在阴晴过渡的天空之下,它的风铃响得很是清脆,数公里之外,我都听见了。一瞬之间,我有一种十分明显的轻快之感。这使我永远不能忘记那条笔直的道路,那种清新的空气,那些农民和那个司机,当时我感到安全和温暖,尽管我和任何人都不认识。

法门寺的建筑年代,难以确定,不过它起码是在东汉之前便存在了。法门寺的珍贵在于它有佛指舍利,那是笃信佛教的印度阿育王所分葬的。释迦牟尼火化之后,遗留的固体结晶便是舍利,大约公元前 3 世纪，阿育王将所有的舍利收集起来，共 8.4 万份，分葬各国，并修建了 8.4 万座宝塔以安奉。法门寺便是其中之一。

在唐代，曾经有 7 次由皇帝倡导迎奉佛指舍利的活动，当是之际，长安轰动，人山人海，而且法门寺会得到皇帝丰厚的赠物。史记，公元 819 年，唐宪宗迎奉佛指舍利，极尽铺张，韩愈奏章批评，其结果是被贬潮州。韩愈愤而上路，从蓝田至武关，郁郁而去。

法门寺的真身宝塔，在 1981 年 4 月 24 日凌晨的大雨之中倒毁一半，其声如雷，惊醒了很多梦中之人。在重新修建宝塔的时候，有神秘的地宫出现，佛指和华美的金银器皿之类藏在其中。1988 年 11 月 9 日，开启了装着佛指的匣子，那是一个令人紧张的瞬间，佛指蓦地闪光流彩，仿佛燃烧，在场的僧徒无不惊异。他们伏地诵经，声震四野。

我所看到的真身宝塔，是一座新的宝塔，其将充满古朴典雅的色泽和庄严秀美的形状凝为一体。它耸立于关中西部坦荡的周原。在它的周围，云聚着众多新的建筑，全然是琉璃瓦，瓷片瓷砖，阳光之下，一片辉煌。法门寺地宫所藏，吸引着国内外的各族人民，他们从四面八方到这里来参观和朝拜，那些新的建筑之间，真是熙来攘往。当地的妇女，以老人为多，手持香烛，顽强兜售，叫卖得精疲力竭，不过仍在叫卖，匆匆而过的风中到处都是烟灰。

慈恩寺和荐福寺都在西安，清静之极，是我非常喜欢去的地方。在这里，我可以安然地沉想。我以为，这里确实是一个区别于浮华世间的地方。

慈恩寺是李治经唐太宗同意为其母亲建造的，唐太宗对长孙皇后一往情深，当然愿意儿子为她在此祈福。鼎盛之时，慈恩寺曾经有僧人 300 人。公元 645 年,玄奘从印度取经回到长安,唐太宗举行隆重的欢迎仪式,并邀其做慈恩寺的住持,以顺利翻译佛经。矗立在这里的大雁塔,就是根据玄奘的构想建造起来的,其作用是保存佛经。它曾经遭到兵火的多次破坏,但关中两次强烈的地震并没有摇倒大雁塔。杜甫、高适、岑参,当年都兴趣盎然地登过大雁塔,并赋诗赞之。玄奘在这里介绍和研究佛经,创立了慈恩宗。我到这里,主要是为了休息。我坐在林木之间的石头上,或仰望古都的天空,或欣赏香客的神情,有一种游离于世间以外的感觉,一瞬之间,我仿佛丢掉了一些负担和烦扰。

荐福寺是公元 684 年的产物。唐高宗李治驾崩之后,国戚皇亲祭奠追思,修建了献福寺。当时,武则天的举动有异且强烈,国戚皇亲很是惊惧,担心武家取代李家。他们为唐高宗李治修建这个献佛寺,是在显示李家的力量,并以此规劝武则天。然而武则天一意孤行,并在公元 690 年登基当女皇帝,而且将献福寺改为荐福寺。这里的小雁塔是公元 705 年所筑的,唐中宗李显筑小雁塔,表示他对父亲李治的怀念。高僧义净,60 岁之后在荐福寺翻译佛经,教授法理。他反对佛教的印度化,目的在于要实现佛教的中国化,这在当时产生了巨大反响。不过今天特别令人瞩目的还是这里的小雁塔,它属于一座神奇的建筑,公元 1487 年,关中的强烈地震使它从上到下裂开一尺之余的缝隙,即将倾塌,但发生在公元 1556 年的地震,又使它的缝隙合拢,从而现在依然拔地于古木之中。这个寺院清净得有寂寥之感,逗留这里,渺茫的钟声似乎总是在我的幻想之中响着,为之,我神往远逝的岁月,我觉得过去的岁月像古董一样呈着灰色的格调。

1992 年夏日，我瞻仰了华严寺和兴教寺，这两个佛教寺院坐落于少陵原南缘，风光旖旎的樊川便在少陵原下。我曾经到过这里的寺院，所以并不陌生，然而，我在那个夏日的心情十分忧伤，我的生活将发生巨大的变化，我的思想在悄悄地斗争。我能感觉，我关于人生的新的打算已经出现。尽管如此，我仍陷于愁闷。

　　我慢慢地沿着半坡向兴教寺走着，它的红墙映照着霞光，显得鲜艳庄重，黄莺玲珑的身子从一个树梢蹿入别的一个树梢，清脆的叫声穿过乳白的晨雾飞往远方，这些多么美丽。在兴教寺的门口，我碰到一个铲草的僧人，他 40 岁左右，身材高大，脸色红润，一个人默默地干着活，似乎很是寂寞。但他向我传教，要我摆脱世间的苦难。我席地而坐，面对着绿色如海的樊川，且听且想，茫然有增无减。僧人停下活，挂着铁锹，不倦地开导我。实际上我并没有表白我心，我心一定是自己暴露了。这个僧人家在甘肃，其父亲是一个木匠，常常为寺院盖房修屋，从父亲那里，他耳闻并神会了关于佛教的要义，遂向往之，终于在三年之前，舍下妻子儿女出家了。他感觉很好，不过他不告诉他的姓名。

　　兴教寺是玄奘的长眠之处，公元 664 年，他圆寂之后葬于白鹿原。过了 5 年，弟子将其葬于少陵原，并修寺建塔以示纪念，这便是兴教寺。陪伴玄奘的有僧人圆测和窥基，他们是玄奘的忠实门徒。兴教寺多次遭受毁坏，不过也多次得到修缮。清晨我在寺院悠悠走着，所到之处，无不铺着青砖与白石，甬路两旁是冬青、玫瑰、牡丹，其他地方是高大的槐树、松树、楝树，它们参天入云，使地面阴湿得滑脚。在金碧辉煌的殿堂门口，两个年轻的和尚在懒懒地张望，他们盯着正在砌墙的工人。工人都脱了上衣，卖力地劳动着。

华严寺伶仃的两座砖塔背负红日默默相对，它们一大一小，一高一低，以衰弱的姿态抗拒着风雨的浸泡和反复滑坡所带来的威胁。这种情景令我感动，站在那里仰望着，我忽然茅塞顿开，心情一下明朗起来。我踩着乌黑而潮湿的土块，艰难地爬到砖塔下面，用手抚摸着唐代的遗产。锈迹斑斑的风铃微弱而响，仿佛是宇宙的私语，一种苍凉之感让我辛酸。

史记，华严寺修建于公元640年，中国重要的佛教之一华严宗便是从斯发源，其为终南僧人杜顺创立。我看到的东边的砖塔，是杜顺禅师塔，西边的砖塔是清凉国师塔。清凉国师是僧人澄观的法号，由于华严宗得到唐朝皇帝的信奉，遂盛行世间，澄观在整个佛教领域也享有权威。

华严寺的殿堂毁于唐代，是阴雨之中的一次巨大滑坡摧倒它的。少陵原现在仍有滑坡发生，如果没有保护措施，那么这最后的砖塔很是危险。

香积寺矗立于神禾原，潏河与滈河在此地汇集。在唐代，法师善导观其清爽安静，便居此修炼，逝世之后，门徒作塔纪念，并发展为香积寺。它的周围是灰色的村子和黄色的田野。善导为山东临淄人，小时候便出家，四处学法，十分迷信净土宗。日本的净土宗始于法然上人，不过法然上人的立教思想，是源于中国善导的，这使善导深受日本净土宗门徒的敬拜。1980年，日本佛教组织给香积寺赠送了善导雕像，以表达其尊崇之意。武则天还到过香积寺，不过她的目的是为当女皇帝寻找理论支持。在唐代，香积寺似乎很是偏僻和荒凉，王维对它的印象是这样的：

不知香积寺，数里入云峰。
古木无人径，深山何处钟。
泉声咽危石，日色冷青松。
薄暮空潭曲，安禅制毒龙。

我到香积寺的时候，刚刚开始下雪，寺院的路面由灰变白。暮色之中，几个僧人独来独往，或扫地，或打水，都低着头，默默看着脚下的雪。所有的花木一律枯萎，雪落在干硬而垂落的叶面一片沙沙之声。在一间禅房的檐下，晾着黄色的法衣，一层晶莹的冰屑将它绷直了，似乎一点也没有布帛的柔和与飘逸。斑鸠在屋顶上蹦蹦跳跳，一声不叫，整个寺院唯有木鱼在响，那是从一间关门闭窗的禅房传出的，木鱼急骤如雨，轻快如舞，甚至我在零星的雪中竟感到它带着一种兴奋。我侧耳倾听，难解其味。

大佛寺在彬县西部，孤独的泾河从它前面流过，那些稀疏的柳树和起伏的田野，为一条曲水所隔，夕阳将凄清的光芒镀在泾河的两岸。在这样的一种情调之中，大佛寺很有魅力。

大佛寺引以为贵的是有一个石窟，它在苍黑润滑的紫微山的悬崖上。石窟呈现为巨大的半圆，唐代艺术家所雕刻的数百尊佛、菩萨、飞天，依次排列其中。小佛小如手掌，大佛大如房屋，如此夸张变形而造成的反差，使我感到佛界的神秘莫测。大佛寺石窟是关中唯一的古代艺术宝库，是公元 628 年建造的。柔软的风刀竟能揉平坚硬的青岩，我发现，很多雕刻模糊如云，含混似沙了。

户县的草堂寺先是后秦文桓帝姚兴的逍遥园，5 世纪初，姚兴邀请印度高僧鸠摩罗什到长安来传教，让其住在逍遥园翻译佛经并讲法。圆寂之后，也便葬于此地。

  1992年一场大雪之后，我瞻仰了草堂寺。尽管天气晴朗，阳光明亮，但秦岭的圭峰之下冰滑霜脆，茫茫一片。草堂寺的红墙燃烧在阴冷的田野之中，挺拔的古木伸向宁静的天空，远远的圭峰凝然而寒冷，所有的雪都落在了岗峦和峡谷，草木一律染成了白色。草堂寺的红门紧紧关着，连一个缝隙也没有。我敲门呐喊，并反复呐喊敲门，一个僧人才拉开了红门。一个中年和尚身披灰袍，拿着佛书，缩着脖子，似乎不悦，但他终于敌不过我的诚意，便放我进去。和尚随手推关了红门，那红门发出的悠悠的响声，划破了这里的静谧。一方小小的佛院，晶莹而剔透，松、柏、槐、杨，颜色暗淡，悄然立于甬路两旁的空地，根部都壅着雪。甬路窄狭，仅能行人，不过笔直而四通八达，路面的雪已经扫得干干净净，只是我不见行人。

  鸠摩罗什舍利塔罩在明净的玻璃之中，这个以各色石头雕刻镶砌而成的建筑，1500余年一直矗立于树林之中。冬日的阳光穿过古老的松柏照耀着小巧玲珑的塔，它很是明亮，可惜阳光不能驱散包围在它周围的寒气。我静静地走过去，到殿堂里上香。有一个僧人盘腿坐在殿堂门外的椅子上念经，阳光给他黑瘦的右脸涂了一层暖色。他如痴如醉，在我步入殿堂的时候，他竟连眼睛都不睁一下，只是举手致意，之后继续念经。上香结束，我步出殿堂，他仍是举手而已。在幽暗的古木之中，他那充满快感的朗朗之声，像一只轻盈的蜻蜓飞向清澈的天空。大雪之后的天空，是多么柔和，多么平静！

  佛教是公元1世纪传入中国的，在它立足中国并发展的过程中，曾经几度兴衰。人的精神需求是丰富的，中国故有的儒学和道教，并不能完全解决人的烦恼问题，尽管佛教也并非灵丹妙药，不过它关于惩恶扬善的思想，关于人生轮回的思想，关于普度众生的思想，弥补了儒学和道教的不足，使它在中国拥有了一代又一代的门徒。由于它是有利于社会统治的，遂得到了那些封建帝王的推崇和支持，它的寺院累累而起。关中的寺院很多，尤其是风景优美的高山大川，几乎无处没有寺院。风雨可能毁灭它们的砖墙和木门，甚至泥土覆盖它们的基础，然而痕迹不逝，影响不散，甚至有机会便能翻新。

在 7 世纪初，关中处于隋朝灭亡和唐朝兴起之际，此时此刻，在阿拉伯半岛，穆罕默德创立了伊斯兰教，并传播安拉的声音。到了 8 世纪初，唐朝很是鼎盛了，阿拉伯商贾便通过丝绸之路进入长安，在这里经营生意。公元 755 年，发生了安史之乱，回纥士兵参加了唐朝的平叛。社会秩序恢复之后，回屹士兵就留在了长安。大约在这个时候，伊斯兰教开始在关中传播，现在已经有 1200 年之久了。在西安的化觉巷，有一座宏伟的清真寺，伊斯兰教的门徒定期在这里做礼拜。1992 年 12 月的一天，我到这座清真寺去参观，那里巨大的牌楼、精巧的石栏及威严的殿堂，给了我深深的震撼。我惊叹这里的建筑如此富丽堂皇，而且保护得十分完善。迎春花和木兰花蓓蕾的黄色淡淡的，在清真寺亮如星星，我看到几个阿拉伯人高兴地在那里照相。

魂绕少陵原

一

少陵原的所有季节都给我幸福和痛苦的感受,爱它们或恨它们,我是没有次序的,不过故乡季节的变化总是那么分明,简直是剥了一层现出别的一层,一层异于一层。

二

一年之计在春天,这是父亲告诉我的,我一直记得他当时严肃的神情。我记得那是令人困倦的正月的早晨,我终于从暖和的被窝里爬起来,揉着惺忪的眼睛走出堂屋。父亲已经将院子打扫得干干净净,在那棵枝干细密而坚硬的石榴树下,他正用掸子在身上掸土。母亲默默地烧锅,蓝色的炊烟轻柔地飘浮在古旧的厦房顶端。麻雀到处鸣啼,整个村子在渐渐朗润的空气之中一片宁静。浸染了霞光的风依然凛冽,忽然强劲的一股直奔我热乎而通红的脸,连续三个寒噤彻底消除了夜晚遗留在我额头的睡意。我向父亲走去,可他转过身子,抖擞着向我走来,他说:"一年之计在春天……"

故乡的春天从正月十五开始,我指的是,除夕之后,村子弥漫了一种热闹而闲散的气氛，农民自晨至昏，唯一的事情是吃喝玩乐，不管多么穷困的人都换了一种心境，仿佛田野的种种农活自有人去做，那些繁重而琐碎的农活跟自己没有关系，然而到了正月十五，家长将自己在除夕那天迎回的祖先的灵魂送走，小孩将灯笼烧掉，就标志着年过完了。女人从灶房出来，站在村巷的一角互相问候，随之议论谁家的儿子孝顺，谁家的媳妇贤淑，谁的衣服好看，谁的屋子干净，谁家吵了架，谁家摔了碗。交换了自己长达半月的所见所闻之后，便是一阵无奈与沉默，接着叹息年过完了心里空空荡荡，遂打着哈欠解散。男人聚在村口高谈阔论，他们以农民特有的智慧和标准，分析国家的政治形势，争论起来，唾沫四溅，青筋暴起，往往要伤和气。如果赵慧贤在这个场合，那么总会走过去劝解，他将擦得锃亮的烟锅从嘴里取下，光光的头一点一点地告诉他们，农民是纳粮的，年过完了，准备给小麦上粪除草才是正经。

　　赵慧贤是我见过的最精明最狡黠的农民，曾经在西安某中学任教，由于他揉捏一个女生的耳垂酿成了作风问题，校长将其遣返原籍。他的妻子在农村，回乡之后他过得并不很坏。他从来没有披露自己回乡的原因，然而村子的老老少少，无不知道他是流氓。事情就是怎样：在这个日出而作日落而息的地方，任何人的隐私都要供大家品味。1980年，赵慧贤通过关系恢复了工作，并迅速将妻子和孩子带到那个中学，惹得村子的人羡慕得难受。可惜好景不长，一次突如其来的车祸结束了他的生命。那时候，他已经胖得可怕。葬埋了赵慧贤，他的妻子带着孩子回乡生活，女人流着眼泪安慰她，可她一点也不伤心，她豁达地认为，这便是命运！

　　赵慧贤的勤快给我留下了深刻的印象，我对一年之计在春天的理解，实际上是从他刚刚过完年便到地里干活开始的。他总是刚刚过完年便到田里劳动。我走在春节期间被互相探望的亲戚踏干的路上溜达，日益透明的天空下面，小麦的新绿闪烁在膏腴而湿润的平原，风从阴坡的残雪上滑过，依然带着冬天的寒冷，不过阳光毕竟正从白色向红色过渡，天空的乌云在瓦解消融。赵慧贤挥动明亮的铁锨拍打地里的粪块，那潇洒的动作，任何人在冬天都难以做出。茫茫四野，唯赵慧贤挥动着铁锨拍打地球。铁锨砸下去，飘一片白烟，铁锨提起来，闪一道反光。他戴着栽绒棉帽，兔毛手套，穿着洗得干净的蓝色罩衣。我远远望着赵慧贤拍打的姿态，情不自禁地忧郁起来，我知道，其他农民将尾随其后，一个一个返回自己的地里。惬意的日子已经结束，开学的时间已经逼近，我隐隐地感觉，人生就是少有间隙的劳作。我想起自己将挎上那个洗得发白的沉重的军用书包。赵慧贤使我想起了上课的铃声和老师的提问。

空气之中的暖意渐渐增加着，我走在从村子到学校或从学校回村子的路上，看到朱坡沟至韩家湾的广阔的地带，冬天的灰暗已经揭掉，鲜嫩的绿色汪汪地渗透在起伏的田野。男人们栽树，挖地，修路，女人们一排一排地蹲在田野为小麦锄草，那些爱美的姑娘，依然披着红色的围巾，围巾在她们温软的背上呈现一个三角。尽管上课是很有意思的，但初春的田野对我进行着强烈的诱惑，那时候，我很想抛开那些天天必做的作业，当一个无拘无束的农民。然而父亲每个星期从工厂回家一次，他总是鼓励我，偶尔会严厉地训斥我，重要的是，学生之间有着明显的竞争，我知道，掌握知识毕竟是必要的。

关于狼叼长希的故事，一年一年地在初春的日子重复，村子的人一茬一茬地叙述着它。大约 50 年前，村子的人还很稀少，田野的树还很稠密，那些残忍的狼就居住在村子南边的沟壑的洞穴之中，它们常常潜入村子，叼走一头猪或一只羊。农民防狼的措施到处可见，为了保护性命，他们在下午就关了院门。长希 3 岁那年，跟着锄草的母亲在田野玩耍。父亲慢慢地犁地，当他把牛赶到对面的时候，回头看到一条灰色的似狗似狼的走兽在长希身边磨蹭，他正要呼唤妻子注意长希，那狼便叼走了孩子。浑身的血骤然燃烧起来，他扔下鞭子，大声呐喊着向狼跑去。田野到处都有劳作的农民，那尖锐恐惧的声音惊醒了周围的人，随之惊醒了远处的人，于是在田野的农民就全部呐喊着行动起来。打狼的声音响彻初春辽阔的天空。农民拿着工具，跨过坎坷，穿过一丛一丛的灌木，向叼着长希的狼包抄过去。他们脚下泥土飞溅，头上淡云舞动。狼慌了，不得不放下长希逃离。突然摔倒的长希自己爬起来，他似乎没有怕狼，他是看到惊骇地气喘吁吁的一片人向他跑来才哭的。

那条失败的狼并不甘心，当天晚上，它动员了近乎 10 条同类到村子去报复。狼到处嚎叫，将关闭的院门抓得哗哗直响。孩子躲在大人的怀里缩作一团，而大人则盯着放在墙角的棍棒，时刻准备打击狼的破门而入。半月之后，那些狼才渐渐平静。

故乡春天的变化是很快的，雨下一次，太阳便红一层，天气也便暖一节，究竟从什么时候开始使人感到天气热了起来，却很难确定。白杨的叶子突然从它凝结的紫黄相夹的枝梢绽开，展开成一叶绿色的闪闪发光的薄片，于是路上就有了阴凉。我渐渐感到一种慵懒，遂将上衣脱下，束成一捆放在肩上，将书包吊在背上，慢慢地踏着阴凉。小麦已经抽穗，金黄的油菜花灿烂地开放在阳光之下，蝴蝶和蜜蜂飞来飞去，风将浓郁的芳香聚为一股，携着它四处奔走。故乡的油菜是农民食用的，往往种植于小麦之中，一片一片的棋盘似的油菜花仿佛镶嵌在田野。油菜的种植是少量的，不过它使广袤的田野点缀着成块成条的金黄之色，走在弯曲的路上，望着如此美丽如此寂静的田野，我常常感到自己的激动。

终于在一天放学之后，我看到母亲从集市上带着她才买的收获小麦的工具回来了。沉寂的院子，飘散着白色槐花的芳香，欢快的鸡在潮湿的墙根一带觅食。母亲在厦房的阴影之中默默地翻捡一个乌黑的瓷盆，一个新的发黄的笤帚，一个渗出木香的镰把。细密的汗水凝在她的额头，瘦小的两肩透过衬衣冒着热气。那些东西都是她从集市扛回来的，疲倦和饥饿已经使她很是软弱，她看一看我，便是招呼。我忽然产生一种强烈的热爱母亲的感情，这种感情一向是朦胧的，混沌的，或者是被其他的感情冲淡着，但此时此刻，我变得自觉而清醒。当我放下书包而不能像平常一样立即吃饭的时候，我感到母亲是多么孤独，我是多么孤独，所有的人都是多么孤独。这一切，都是我站在芳香袭人的槐树之下感觉到的。

暮春最后几天的阳光，照在堂屋黑色的门环上，那大大的门环，那时候宁静得一点声音也没有，我的老迈的祖父和祖母，安然地坐在椅上，他们都等着母亲回家做饭……

三

我对故乡初夏的阳光有着鲜明的印象，只要想到那些阳光，我就感到愉快。那些明亮的阳光永远激起我热爱生命的感情。清晨，我走出堂屋，太阳就已经悬挂在天空了。天空宁静，纯洁，无边无际。站在我家东墙前面的几棵槐树，将自己洁白的槐花和淡青的槐叶一起对着阳光，它们是多么清新，快活！透明的阳光照耀着粗糙的裂开了皮的树干，由于树干的不断膨胀而显露出来的一条一条的竖纹，竟渗出淡淡的嫩绿，在竖纹两边，是黑色的老皮。从西墙前面拔地而起的杨树，在微微的风中，通过自己明亮光滑的厚厚的叶子反射阳光，它们简直像一些椭圆的小镜，将道道刺目的白线送向天空，那么是谁的手在晃动小镜呢？一只高傲的公鸡大摇大摆地走上墙头，鸣啼了一声，随之展开翅膀，一瞬之间，阳光照得它五彩缤纷。母亲已经下地，她把做好的饭放在锅里，院子满是阴凉，一种初夏特有的各种各样的花香与草香在这里流淌。

然而，刘三德在这样的阳光之中，当着全体生产队社员的面脱下了自己的裤子，这使我呆若木鸡。在社员会上，刘三德和陈正强为先从哪片土地开镰争吵起来，陈正强年轻气盛，就骂他，我×你，年逾60的刘三德是打不过陈正强的，于是他就站起来，突然解开了裤带，这使陈正强和周围所有的人瞠目结舌，很多妇女霍地跳起来跑开了，她们涨红着脸，一声不吭。几个老人立即提上了刘三德的裤子，但我的心情久久不快，我不明白他为什么要这样做，我感到他的丑陋，甚至使我感到人的丑陋，不过在此之前，我对人是怀着多么好的感觉！

收割小麦是最紧张的劳动，那些日子的太阳是最响亮的太阳。这一生我不管生活在哪里，我永远能记得故乡6月上旬那些湛蓝的天空，那些被太阳烧得干干净净的透明的天空，天空下面被太阳照得清清楚楚的横贯大地的秦岭，记得秦岭北部金黄的一望无际的小麦,这些小麦正被农民用镰刀收割。在他们身后,已经有了越来越多的麦捆,雪白的麦茬沐浴着阳光而锋芒闪闪,农民混浊的含盐的汗水洒落其中。

孙秋英在收割小麦的那段时间,总是一种拼命的样子。她有三个孩子,但她将这些只会吃喝的孩子全锁在屋里,将馍和凉水放在一个几桌上,自己便拎着镰刀到田野去了,镰上起码安着三个刀片,她干起活来快而粗糙,满脸汗水,满头乱发,十分肮脏而且顾不得吃喝,简直像一个疯子。她的哥哥怒斥她说:"你慢一点!你不知道妈妈是怎么死的?"

晴朗的日子总是有限的,农民如此紧张,就是担心大雨会突然降临,如果这样,那么成熟的小麦就会遭受损失。农民夜以继日地收割小麦,在明亮而清凉的月光之下,田野到处都是闪烁的镰刀,小麦被镰刀割得嚓嚓的声音到处响着。白天,我与同学在老师的带领之下捡麦穗,晚上,我喜欢一个人走出寂静的小巷,走过已经收割了小麦从而显得空旷的田野,到某个地方去看望我的母亲。她总是一个人默默地顽强地劳动,那时候,我已经感到她很辛苦,知道同情她了。我会接过母亲的镰刀,用左手搂着露水打湿的麦秆,右手挥着它去割,不过我过于细腻了。我现在仍记得夏日的乌云是怎么忽然遮挡太阳的,我记得,开始是悠悠地吹来一阵风,天空微微暗淡了一些,这是大雨欲来的预兆,然而没有人敢肯定必然会有大雨。接着风强劲起来,它卷起的白土横冲直撞,迷了人的眼睛,而且风中含着远方大雨的气息,随之天空迅速聚集着乌云,一瞬之间,闪电像鞭子抽打着天空,雷声滚滚而过。这时候,人们开始紧张起来,首先要做的是将麦捆堆成垛,满地都是奔跑的身影。奔跑的当然还有小孩和老人，他们得赶在大雨之前回到家里，然而，大雨是从高高的天空飞来的，往往人跑在半路，它就倾盆而下。所有的人都像从水中捞出一样，衣服沉得下坠。辽阔的田野一片茫然，人的身影和声音都被它吞没了。

美丽的仲夏之夜，妇女会坐在吹着微风的门前乘凉，那些正在出脱的姑娘，围坐在自己的母亲和奶奶身边说着什么，我永远不知道她们悄悄地说什么。她们围坐在竹席上或板门上，有的妇女拿着芭蕉扇子，慢条斯理地摇着。满天星斗，一轮明月，夜朦胧而温柔。我从安谧的满是土疙瘩的小巷走过，我感到那些小姑娘偷偷看着我，我佯装傲慢，实际上是多么盼望谁能叫住我，最好是谁能跟着我到村子外面的田野去，但到那里去究竟做什么，我并不知道。我很快就走出了小巷，吕振祖院墙上的细碎的玻璃碎片，在月光之下闪闪烁烁。

我是到场里去的，这个空旷的非常通风的地方，是男人独占的乘凉之所。他们在地上铺开麦草，将竹席铺在上面，盖着被子过夜。他们海阔天空地聊着，曹操、诸葛亮、武松、鲁智深，是他们永远感兴趣的人物。吕振祖光着脊背，穿着一个松垮的裤衩，大声地讲着他们的故事，得意之际，便将强健亮白的胸脯拍得直响。在某些角落，有人会悄悄地讲着男女之间的故事，这些故事强烈地吸引着农民。他们有的躺着，仰面朝天，有的趴着，眼睛向地，有的搂着腿静静地坐在那里。关于性的知识，在农村就是这样传播的，当一个男人娶了媳妇之后，往往会以在这些地方得到的知识指导自己的生活。

仲夏之夜的场里，在我感到是极有魅力的，但我难以获准在这里过夜。父亲在城里工作，这使我并不够一个完整意义上的农民的儿子，我总觉得我和其他孩子之间隔了一层，为此我很难过。那些孩子可以跟着自己的父亲在场里睡觉，然而我不能，如果母亲允许，那么我就只能单独过夜，问题是母亲怎么都不同意，这使我很委屈，很怨恨。

夏天渐渐衰弱下去，在一层持续一层的阴雨之后，已经碾打并将小麦晒干了的场里冷冷清清，仅仅剩下高高的麦草垛子。麦草银白的色泽慢慢退却，变成了沉重的铁灰。那些光着身子的男人，已经被自己的媳妇搀了回去，天不十分热了，他们都应该回去在炕上睡觉。空空荡荡的场里使我喜欢，遂经常在这里溜达，我没有丢失什么，但我那样子，像在苦苦寻找。我绕过洁净的碌碡，从两个垛子之间穿过，踏着蚯蚓钻出的糟烂的泥皮，我看到坚硬而到处裂缝的场里撒着被水泡胀的肥大的小麦颗粒。我一个人在场里走着，我的身旁是寂静的冒着蓝烟的村子和寂静的长着绿苗的田野，我既分离于其中，又融于其中。

四

故乡的秋天是秋雨和秋风送来的，然而秋天并不那么萧瑟和凄凉。在初秋的那些日子，暮夏的余热仍在空中膨胀，只是已经有了早晨和夜晚之分，我的意思是，余热仅仅在下午作威，夜晚和早晨是很凉爽的。农民不知不觉地增加了衣服，那些在包袱窝了整整一个夏天的蓝衣、黑衣或黄衣，穿在身上皱皱巴巴，怪模怪样，不过马上就习惯了。迎面而来的秋天遮挡了故乡男人的赤身裸体，汗水已经不再从他们的胸脯或脊梁滚滚而下。我的祖父祖母,开始怠慢自己的扇子,它们常常闲置在被子后面的炕角,偶尔,在吃饭的时候,下午3点左右的太阳会穿过槐树的枝叶,照红了堂屋的房檐,他们才唤我寻找扇子。

田野大片大片的谷子和玉米,在阳光之下疲惫不堪,甚至叶子染了一层粉色而卷曲起来,于是农民就用井水浇灌,谷子耐旱,可以免去。水泵和水车日夜工作,他们便分成几组,轮换改渠。白天站在高过人头的玉米秆之中,闷得难受,夜晚会凉快一些,但它使人加倍地困倦,那些顶着朝霞收工的农民,没有一个不是拖着沉重的双脚,奉着沉重的眼睛。先康和翠娥包了远离村子的一个水泵,浇灌一片广阔的坡地。翠娥已经有了两个孩子,不过脸庞白净,腰肢挺秀,喜眉笑眼之中含着风流,出嫁到这个村子之后,一直吸引着众多的男人,先康就是其中一个。他们包了那个水泵不久,就盛传他们私通的故事,而且认为翠娥渐渐隆起的肚子里的孩子,是先康的。那时候,我大体知道了人的秘密,我曾经怀着好奇,到坡地的深井周围去巡行,我想知道他们是在什么地方睡觉的。我看到那里有一个草棚,门锁着,透过篱笆的缝隙,草棚里的机器、砖头、油布、肮脏的红色被子,进入我的眼睛,我的心怦怦地跳着。

日子一晃就进入10月,那是一个真正的成熟和丰收的季节。谷穗沉沉地压弯了谷秆,大群大群的麻雀,在金黄的一望无际的田野起落,它们专拣丰实的谷穗啄食,到处都是它们得意的贪婪的咕咕之声。那些赶鸟的人忍无可忍,大声吆喝着扬起鞭子,麻雀哄得腾空飞起,像地雷爆破一样发出巨响,无数褐色的翅膀织成一片,遮挡了蓝色的天空。玉米的红缨已经暗淡枯萎,它露出短短的一截粘贴在玉米的顶头。玉米完全黄了，光光地从干硬的叶子和秆子之间分离出来，足有一尺之余，像一根棒子插在那里。田野的玉米森林似的，一片连着一片，其中间地带是乌黑的湿润的土壤，走在上面脚就会陷进去，农民精心翻过了它，即将在那里播种小麦。

将玉米和谷子收割回来，必须在几天之内完成。季节不饶人，所有的农民都知道这个谚语。年年岁岁，我都看到在那些紧张的日子，强壮的男人用镢头挖着玉米秆子，尾随男人的是汗流满面的女人，她们用双手将玉米掰下，放在一堆，最后用车子拉到场里。对低矮的谷子是用镰刀放倒，用刀片将谷穗切下。晓春是干这个活最麻利最捷快的姑娘，她一边微笑着左顾右盼，一边抓起谷穗将它弄断。她戴着一双露出指头的手套，这红色的手套，已经让谷秆的汁水染成了绿的。田野到处都是忙碌的身影，空气之中流通着一股粮食和泥土的芳香，阳光温和，发红，在黄昏的时候，带着无可奈何的哀伤。这些日子，大雁会从故乡辽阔而蔚蓝的天空飞过，它们凄惨地叫着，变换着队形，向着温暖的南方迁徙。在田野劳动的人，往往会停下手里的活向大雁眺望，我夹杂其中，久久凝视着远去的像小点一样的大雁，茫然若失，脖子都挺得酸了。

场里的玉米和谷子堆积如山，钱延富总是承担看护的任务，他喜欢将布袋捏成一个斗篷，拿着一把铁叉巡视。他眯着眼睛，发现谁家的猪在场里拱地，他便弯腰跑着，悄悄地从后面给猪一叉，那猪猛地一颤，尖叫一声就跑了。当宋小珍发现猪的臀部有两个红眼的时候，挥着两只粘满面粉的手，站在路上破口大骂，钱延富不吭不哈，洋洋自得。我永远记得钱延富是怎么殴打那个嫌疑小偷的，那个壮实的青年深夜跑到赵慧贤的家里，不料赵慧贤如厕归来发现了他,遂一声呼唤,将邻居喊了起来。大家拿着棍棒,一哄将那青年打倒,随之将他拖到场里。我惊恐地赶到那个电线杆下面,看到钱延富正用叉把殴打那个嫌疑小偷的尻子,他默默地砸着,周围的人默默地看着,秋夜的场里寂静而苍凉,唯有青年的尻子发出咚咚的沉闷的皮肉之声。我赶紧离开了,我觉得钱延富那张眯着眼睛的肿胀的脸愚蠢而残酷,我一直对他没有好感。

生产队玉米分给每家每户了,农民将皮扒掉,把玉米穗子辫在一起,高挂在树上和墙上,挂在房檐下面。不管走在谁家的院子,都可以看到金黄的玉米晒着秋阳,吹着秋风。村子有一股浓郁的玉米的芳香,在宁静的清澈的仿佛是海水一般的空气之中,那样的芳香给我一种安慰和温馨,我不知道自己怎么会对它产生这样的感觉,我并不知道。然而只要我挎着书包,从弯曲的小路步入我的村子,步入那到处是树叶、鸡屎和猪粪的小巷,步入我的院子,我看到那些悬空的玉米,我便感到欣慰。在堂屋的台阶上,我的祖父祖母总是在那里剥着玉米的颗粒,穿过杨树的阳光照着他们衰弱而弯曲的身子。

小麦绿芽一点一点地蹦出了土壤,清晨,晶莹的露水凝结在小麦娇嫩的叶子上,慢慢起伏的田野,开阔,纯净,新鲜,刚刚出现的生命,迎着寒凉的霞光。小麦才有两片叶子,它的绿芽久久不能覆盖黄色的土壤,我出奇地喜欢这种土壤,在稀疏的绒绒的绿芽之下,它们多么干净,柔软,安谧,散发着令人舒畅的气味。

忽然到处传送吕振祖的发现:他割草的时候,发现从自己的村子到杨村之间的那片坡地下面,在大约百米之深的土层之中,有一匹小小的金马,如果你在那片坡地奔跑,那么便能感到金马陪伴着你,并能听到它的叫声。这消息既使我兴奋,又使我惊恐,在几乎一周的时间,我为这消息所纠缠,食不甘味,夜不能寐,很希望得到这只神秘的金马。放学之后,我悄悄地跑到那荒无人烟的坡地,我的落光了树叶的村子在远方静默着,田野的风吹着我,夕阳最后的红光苍凉地照耀着附近的沟岸和枯草。我见周围没有人,就放开脚步奔跑起来,我真的看到了,一匹小小的绵羊一样大的金马,玲珑精致,光芒灿烂,灵活地在百米之深的土层奔跑,它到哪里,哪里就为它裂开了一条隧道。我来回奔跑了两趟。我站在空旷的原野,气喘吁吁,浑身发热。当理智告诉我,这不过是自己的幻觉的时候,我很是失落,不过我依然想象着那匹金马。站在高岗之上,我凝望着悄然的村子,我发现大块的乌云已经飞过了渭水,在乌云经过的地方,冷风嗖嗖,落叶飒飒。我悲哀地想秋天结束了,秋天结束了。

五

初冬的日子没有一天不是阴沉的,茫茫苍穹将令人压抑的灰暗对着地球,在狂号的风中,农民给越冬的小麦施肥,马车、牛车、人车,都拉着肥走向田野,在那里,有一些老人用铁锹将肥扬到小麦上。一堆一堆的烟火在田野点燃着,这是供那些老人取暖的。

在房顶、小巷、小学的操场,到处飘飞着黄叶,常常会有一股突如其来的旋风将那些黄叶聚集到墙角。风携带着黄叶在苍白而坚硬的地上远行,不留痕迹,只有声响,这种声响多么使人烦躁和发愁。那些不能劳动的老头和老婆,拿着笤帚,提着担笼,收集着黄叶,他们准备用它烧炕。在初冬的日子,我几乎天天看到这些老人,他们已经穿上了棉衣棉裤,步履蹒跚,手臂僵硬,装在担笼的黄叶刚刚盖底,但他们坚持收集着。他们将那些黄叶放于搭在院子的草棚的一角,黄叶慢慢增加着,成为老人过冬的安慰。

我热切地盼望赶快下雪。雪是洁白的,明亮的,我感觉,这些雪会驱散天空的乌云对人的压抑,而且天下雪了,我的母亲便可以休息,不然,她将永远忙碌在田野。那些厚实的雪,会带来一种安静,我盼望母亲能坐在烧热的炕上做一做针线,而窗外则是透明的雪。母亲天天都在忙碌,这使我隐隐感到难受。好了,终于在阴郁沉重的天空飘落了几片雪花,它们迟疑地掉在房顶上,树梢上,掉在墙角的麦草垛上和玉米秆上。这是一场真正的雪的先锋,随之而来的是米粒似的雪颗,它铺天盖地而来,到处都是沙沙的美妙的音响。我看到劳动的农民扛着农具从田野归来,所有的人都疲惫而安详,他们终于可以休息几天了。

雪夜是多么安静,一切声音——人语、鸡鸣、风响,这一切都融进了雪夜,白雪将这一切都捂住了。清晨,我穿好衣服,戴好帽子,系好围巾,挎上书包,来到朦朦胧胧的堂屋,拉开门插,猛地拉开它,我看到满天满地的飞雪扑向我的眼睛,一瞬之间,我产生了眩晕,过了一会儿我才跨过门槛,在院子里,我感到雪的白光和凛冽。脚踩在雪上,嚓嚓地响着,仅仅这声音和节奏,就给人一种快感,这使我情不自禁地变换着脚步,想踏出各种各样的痕迹。路上已经有了足印,其他同学已经早于我上学了,这总使我感到遗憾。

在寒假,我会参加大人的扫雪活动,生产队队长将挂在树上的钟敲响之后,大人就从各家各户来到小巷,他们拿着扫帚、铁锨,拉着车子。扫雪就从小巷开始,一直扫向田野的各条道路。那个缩着脖子的队长，热得满头大汗，他装腔作势地喊来嚷去，仿佛扫雪是很难的，必须由他指挥才行，对此，田训民悄悄地嘲弄了一句，逗得周围的妇女都哈哈大笑起来。队长感觉到了，不过他没有办法对付田训民，为此田训民得意之极，整整一个早晨他都是兴奋的。几个下乡的知识青年，浪漫地推起了雪人，那时候，我很想跟着他们干，我想用黑色的石头给雪人安上眼睛。我站在旁边望着他们，我的心是紧张的，为自己的念头而紧张。但到底为什么会这样，我没有深思。

田野的雪久久地不会消融，尽管太阳已经出来，尽管天是晴朗的。不过，我希望这样，雪覆盖了辽阔的起伏的田野，总使我兴奋。我几乎天天早晨和傍晚，带着我的狗到雪地去转悠。那时候，我已经读了不少俄罗斯作家的小说，我不知不觉将我想象为一个草原上的少年，我带着自己的狗或跑，或走，或越沟，或翻坎，特别希望遇到一只兔子，我将带着狗抓住它。这是一条白毛之中长满黑道的狗，经过激烈的斗争，我才得到母亲的同意喂养起来。一年之后，它长大了，我将它拴在门里，来了陌生人，它便会汪汪地叫。为了梳理它的毛，我经常挨姐姐的训斥，因为我会偷偷拿来她的梳子。我爱那只狗，可我后来却将它卖了。我很想得到一支钢笔，一支绿色塑料套子的钢笔，不过我没有钱，遂将它卖了。在冬日的夕阳之中，两个陌生的男人将它装在布袋里背走了。我没有送它。我心里很难过，走过一个没有人的阴暗通道的时候，我的眼泪流了下来，我知道自己丢了良心。夜晚，我怎么都难以成眠，寂静的漆黑的院子，只有风声而没有犬吠，我心里空空荡荡……

好在要过年了，日益浓烈的过年的喜悦，渐渐改变了我的情绪，然而看到狗待过的那个地方，看到那个裂了一条缝隙的巨大青石，我总会想起狗的。过年之前,家里要给我们几个孩子做一身新衣,这是令人兴奋的事情。新衣是父亲从城里带回来的,当他从提包里掏出它的时候,我的心情既高兴又忐忑,在欢喜之中害怕他突然对我什么不满而发起脾气。新衣总是除夕之夜才由母亲拿给我,我将大人给的压岁钱装进口袋,激动得难以入睡。

正月初一,我穿上新衣,小心翼翼地洗了脸,便去寻找小贵,可他竟依然躺在炕上。他仅仅将头露在被子外面,乌黑的脸上,长着漂亮的大大的眼睛。他打量着我,目光流泻着他的哀伤。他慢慢地爬起来,穿他的衣服,那是整个冬天他一直穿着的他哥哥退下的衣服。他家兄弟姐妹九个,日子过得很是穷困,过年他也没有新衣。他怏怏地陪我在院子的阳光之中站了一会儿,他的母亲便喊他吃饭,于是我就走过长长的扫得干干净净的小巷回到家里。我心里酸酸的,已经没有了那种兴高采烈的感觉。

正月初一是全家人自己吃菜喝酒过年。从正月初二开始,一直到正月十五,是亲戚之间的互相拜见。这些日子,乡间的路上,天天有穿得漂亮的农民走动,村子洋溢着一种喜庆色彩。如果谁家的儿子结婚,或者谁家的女子出嫁,那么将会增加一种新的欢快。最欣喜最得意的当然是孩子,孩子已经忘记了寒假的作业,忘记了学校的约束和老师的尊严,孩子夜以继日地玩耍着,仿佛生活就是这样,殊不知马上就到正月十五元宵节了。

六

物换星移,岁月交替,我在少陵原生长了18年。少陵原作为我的故乡，不论我荣华富贵，也不管我穷愁潦倒，甚至命归西天，它都是我永远摆脱不了的出发之地，是我生命的源泉。我对它首先是爱，爱是主要的。我混沌地在少陵原的地域、气候、风景、习俗和左邻右舍之间度着我平凡的日子，尽管幻想在梦中闪烁，那梦是在我的狭长的厦房之中产生的，是在我的垫着书籍的绵软的枕头上产生的，那枕头装着荞麦的红色皮壳，在我的梦中，头压上去它总是轻轻地响着，不过我那时候并不知道少陵原仅仅是关中的一个小小的部分，不知道秦岭之南还有平原，渭水之北还有河流，不知道它是如此古老而且如此美好，以至祖先很早之前就热爱这个地方，并在这里留下了他们的标志。在少陵原的东部，葬埋着汉宣帝刘洵和他的妻子，这里地势高耸，风光明丽，可以瞭望远方。它的西部是突然断裂的悬崖，杜甫曾经在这里居住，他曾经望着脚下的樊川和韦曲，吟咏着沉郁的诗歌。在少陵原北畔，有曲江池和大雁塔，有达官显贵和才子佳人游玩的杏园，在这里游玩，并不是始于唐代，它早在汉代就有了。它的南畔尤其令我惊奇，唐代著名的兴教寺、兴国寺、华严寺、牛头寺，都在这里，佛教的烟火在千年之久不绝如缕，而且汉代著名的宰相朱博的故里从南畔一直延伸到我的村子，我走出巷子便能看到他的坟冢。不过我生长在少陵原的日子，并不知道这些。少陵原之外的奇异的世界，对我遥远而陌生。我跟着父亲也到过西安，这里喧闹的声音，奔流的汽车，五光十色的镶着玻璃的高大楼房，使我目瞪口呆，神魂颠倒。从西安回到我的村子，我久久地回味着，既向往又恐惧。

在这 18 年之中，我家里发生的巨大变化是我祖父祖母的逝世。我似乎仍能看到为我祖父送葬的长长的队伍，作为长子长孙，我打着剪了花边的魂幡走在前边，老迈的老人宋兆祥搀着我。那是大雪之后的一个大晴的早晨，明亮的阳光照耀着冰雪覆盖的原野，空气寒冷而清澈，道道白色的阳光从天上照到地下，坚硬而晶莹的冰雪反射了阳光，我踏着脆响的雪堆和冰凌，感到耸立着黑树的原野辽阔，博大，静默，深情厚谊。一年之后的冬天，这条通往墓地的路上，出现了为我祖母送葬的人，我仍打着魂幡。

大约从中学开始，我感到自己与周围的大人和小孩都有了差别，我的喜欢干净、读书和各种各样的想法，使我和他们拉开了距离。为此，我非常苦恼。那时候，我除了意识到自己将是一个庄稼人之外，其他的考虑简直稀薄和朦胧得几乎为零。我注意缩短自己与他们的距离，我吆马，牵牛，犁地，扬场，我盘腿坐在饲养室的炕上，那里铺着粗糙的竹席，到处都是浓烈的牲口的呼吸和粪便气味，我赤脚走进砖瓦窑的灰里，甚至想过娶一个健壮的妻子，让她为我生儿育女，然而这一切仿佛是在演戏，是为了让周围的人欣赏，为了让他们与我友好。

终于可以考大学了，我这才发现自己是那么强烈地希望走到外面的世界去，希望到一个新的天地去。然而，我在外面的世界并不容易，尤其要做一个符合自己理想和目标的人极其艰难。很多事情常常使我愤怒和沮丧，回到我的少陵原，便往往显得沉默。少陵原一直在变化，它的暴发和败落的风景相互交替。去年，我的已经退休的父亲患了重病，很是危险，他从夏天到冬天一直住在医院，过年之前，经得医生的同意得以出院。我送他回家。他从车上下来，走过残叶斑斑的小巷，走进院门，当光秃秃的槐树与桐树和亮堂堂的天空与房屋迎接他的时候，他发自肺腑地喊了一声，他那苍老的倒吸着气息的声音深刻地触动着我的心灵，他说："我的妈呀，我以为回来不了啦！"

此时此刻，我在西安的生活发生了变化。我离婚造成的风风雨雨竟飘落到我的村子，我小心地向父亲掩饰着我的变化。他曾经反复告诉我，他已经不能再为我操心了，希望我和我的姐妹与弟弟都能平安，我很担忧他知道我的变化而伤神。苦难的母亲照顾着他，当父亲向她询问我的情况的时候，母亲总是打岔，或者用谎言消除他的疑虑。我的姐妹和弟弟对他缄口不提我的变化，他被蒙在鼓里。在那安宁的干净的古老院子，他读书，锻炼，敬佛，偶尔他会闷得大发其火，其对象首当其冲的当然是我的母亲。也许父亲知道我的状况并不会像我估计的那样糟糕，然而，我没有勇气将我离婚的事情告诉他，而且我盼望所有的人都不要告诉他，他感情脆弱，容易激动，他的病恰恰是非常害怕激动的。我只能告诉他好的消息，这样会使他高兴，得到安慰，不过在生活之中，好的消息能像人们希冀的那么多，坏的消息能像人们盼望的那么少吗？

附记：谁也阻挡不住工业化，不过我未想到它来得如斯之快，竟侵入少陵原，并将吞噬我的村子。我家的院子也会消逝了吧！很希望能把少陵原作为一个中国农耕文明展示区保存下来，然而我之所想只是所想。实际上一旦建成中国农耕文明展示区，少陵原也就是财源了，遗憾时代所好在工厂，在工业产品。少陵原之毁完全是文化之毁！

2008 年 11 月 16 日

走遍关中

这一年，关中非常宁静，没有兵乱，也没有地震和天旱。渭水依然穿过平原，它的泥沙有的沉淀，有的流逝，流逝的便进入黄河了。农民在渭水两岸耕作着，种麦的时候，他们种麦，收谷的时候，他们收谷，沉默的男人后面尾随着温顺的妻子和儿女。骊山依然秀丽，四面八方的人，从潼关过来的，从散关过来的，从武关过来的，从萧关过来的，多半攀登了骊山，洗浴了温泉。骊山并不雄奇，它的华清池却舒服，唐玄宗和杨贵妃曾经在这里共度春宵，水泡着杨贵妃的凝脂，泡得她娇软无力。华清池的水仍是滑的，四面八方的人多半要洗浴一下，女士们和先生们成群结队地走出华清池，脸腮又红又润，纤手悠悠地拢着头发，阳光之下，那些头发作诱惑的闪烁。1992年，关中平平常常，没有什么大的事情。

这一年，我走遍了关中，从桃花开的时候，到雪花飘的时候，我一直在13个王朝留下的帝陵之间穿行。那累累坟冢，散布在渭水两岸的土地上。我不是流放似的走遍关中的，我像蜜蜂一样，飞出蜂房，在野外采花，然后飞回蜂房。我的蜂房在西安，我从这里出发，步入唐朝，步入汉朝，步入秦朝，步入周朝。我当然看了半坡人和蓝田人，他们是关中的先民。在人类的故园徘徊，把思想投放到逝去的岁月，可以开阔胸怀，消除个人的愤怒和忧愁。1992年，我走遍了关中。

在西安某个房屋的窗口眺望关中,我感觉不到多少时代的潮流,孩子是在院子戏闹,老人是在门口聊天,汽车围着钟楼旋转和拥挤,偶尔,田野有一声两声秦腔,声音吼得撕裂了空气,其中弥漫着压抑而获得发泄的快感,不过缺乏生气。如果这里溅起了一朵浪花,也是远方的潮流的折射。潮流在远方,潮流在北京,或者在上海和广州,潮流在华盛顿,或者在慕尼黑和莫斯科,西安只是一个古都,它的周围堆满了历史的瓦砾。从安全考虑,西安充当了中国一个战略重镇的角色,它可以控制其他辽阔的疆土。这个重镇的天空是灰色的,天空下面的土地是黄色的,它已经没有领先的那种风度了。曾经将关中映照得辉煌灿烂的是唐朝,它的国都长安城就建立在这里。唐朝终于衰败了,那是由人民的反抗引起的,人民的生活过于贫穷,他们就要起义。一个起义的首领朱温,是非常骁勇的,但他投降了唐政府,这出于其野心。他果然挟持唐昭宗离开了长安城,并要营建洛阳。起义的人往往有巨大的破坏欲望,朱温就藐视长安城的重要,强迫拆除这里的建筑,把木头扔进渭水,通过黄河浮运而去,他随之迁徙了这里的居民,长安城便变成了一片废墟。公元907年,他的野心从胸膛跳出,自己称帝,宣告了唐朝的结束。长安城在关中的消失,使这里一片黯然,严重的是,中国的政治经济文化重心离开了关中,时代的潮流不在这里涌动了。一旦丧失了国都的地位,它就显出一种苍凉,而且这种地位的丧失,似乎是注定的和永远的。1992年,我在西安某个房屋的窗口为它惋惜,不过,我知道那是无可奈何的。

唐朝依赖关中,曾经创造了中国历史的一个鼎盛时代,中国人,谁不景仰唐朝!

那时候,长安城居住的人口超过百万,它的城区可以将千年之后的西安包容其中。唐朝的科学技术,似乎没有多少成就。在天文方面,出了一个和尚一行,他制造的仪器,能够测量日影的长度和北极的高度。在医学方面,孙思邈的贡献在于他收集了众多的药方。唐朝的伟大,表现在它的开放和宽容。我总是感觉,唐朝人生活得自由自在,轻松活泼。唐朝制定了刑法,然而它似乎没有惊心动魄的严刑峻法,因犯罪而处死的人非常少,在某年,全国竟不足30名。妇女是解放的,她们的衣服,上身是衫,下身是裙,为了便于活动,裙子都很宽大。她们可以参加击球运动,可以骑马和下棋。社会对妇女推崇的美是丰满,妇女便将领口压了下来,露出自己明亮的肌肤。我想,唐朝的妇女一定是快乐的,在唐朝,没有什么束缚妇女的戒律。青年才俊纷纷涌入长安城,他们希望通过考试成为进士,并做官效力国家。考试录取人才,是高明于以关系的亲疏进行所谓的人才选拔的。以自己之见,以集团之见,将英雄排斥于用武之地,是对民族的犯罪,这种鸡肠狗肚的做法,天地难容。唐太宗、武则天和唐玄宗,都是重视人才的,尤其是唐太宗,他要尚书封德彝推荐人才,封德彝报告没有,唐太宗竟勃然作色,怒斥这是对时代的诬蔑。

诗人拿着自己的作品在长安城朗诵,除了唐朝,中国没有一个时代出现了群星似的诗人。王勃、杨炯、卢照邻和骆宾王最先登场,之后是陈子昂,接着是孟浩然、王维、李白和杜甫,接着是白居易、杜牧和李商隐。在散文方面,韩愈和柳宗元提倡清新质朴的风格,随之形成了一种古文运动。作家与作家之间的敬重是感动人的,他们的友谊,我常常向往。贺知章将李白推荐给唐玄宗,李白与杜甫,相会而倾心,相隔而怀念。作家的心灵相当自由,喜怒哀乐,纵情挥洒。白居易以唐玄宗与杨贵妃的故事为题材作诗发表,竟没有人检查和干涉,我如何不惊叹,如何不羡慕!

在唐朝,佛教完成了对中国文化的融化,它已经不是生硬的印度佛教了。当然,唐政府对佛教的态度不是统一的,唐政府打击过佛教势力,甚至拆除过佛教寺庙,然而,佛教与道教终于能够平起平坐,齐头并进。执意要铲除佛教,实际上也是容易的,统治阶级对这种事情,完全可以自己的意愿处理。佛教得以盛行,显然是一种吸收,缺少恢弘的气魄,是不能接纳它的。玄奘从印度回到中国的时候,长安城一片欢腾,唐太宗还接见了他。武则天登基,是以佛教之光炫目的,是僧人给她制造舆论,所以她极力倡导佛教并抬高之。儒术认为天命不可违抗,但佛教断言人有因果报应,这就扩展了人的精神,为各界所欢迎。佛教使中国的建筑和雕刻得以发展,西安大雁塔、敦煌莫高窟,都是这个时代的产物。

唐玄宗反对佛教,但他喜欢胡乐胡舞,而且并没有对其他地域的文化一概排斥。唐朝的舞有健舞,有软舞,健舞快速,软舞柔慢,这都让我想入非非。书法艺术在唐朝当然是一个高峰,欧阳询和颜真卿,怀素和柳公权,是当之无愧的大师。

普通人的生活怎样呢?贫富对立,似乎任何时候,任何地域,都会发生。酒肉发臭,路有死骨,这是安史之乱的结果。安史之乱,宏观考虑,是民族矛盾和阶级矛盾的必然,而微观考虑,则是权力阶层腐败和争斗的下场。所有的权力阶层,都有腐败和争斗,如果没有,那么它便是共产主义了,然而,共产主义只是马克思和恩格斯的创造。唐玄宗拥有的是泱泱大国,他陶醉于江山的巩固,沉溺于美人的温柔,竟没有洞察安禄山是有野心的,这是他的粗疏。不过,唐玄宗拥有的确实是泱泱大国,在长安城,诗人随便到酒肆去豪饮,一般百姓也习尚踏青,而且喜欢斗鸡、赛马和养鸟。

1992年,我走在关中的一些小路上,我周围的田野已经收割了麦子,阳光照着稀落的杨树,风吹着夏天的云。我走在关中的一些小路上思索,我问自己是不是夸张了长安城的生活,是不是美化了一个封建帝国。我感觉那个帝国确实有一种开放和宽容的精神,它基本上没有剿杀文化。在中国,随之出现的其他封建帝国:宋朝、元朝、明朝和清朝,对人的思想都进行着防范,文字狱,言论罪,比比皆是,在它们文化的广场上,闪烁着狰狞和阴暗的目光。这些封建帝国的君主,缺乏一种自信和襟怀,在他们的时代,当然就创造不了一种辉煌和灿烂。是否可以这样认为:一个政府的态度,决定了一个民族文化的繁荣或萎靡。

唐朝的鼎盛,招引了日本的使者,他们纷纷到长安城来学习,著名的有阿倍仲麻吕。唐朝与朝鲜的交往是友好的,商人交换着各自的特产。波斯人频频在中国经营,他们带走中国的瓷器和丝绸,送来波斯的宝石和香料。阿拉伯与唐朝在冲突过程之中俘获了一些唐朝的士兵,从而在这些士兵那里得到了造纸术,随之传到了欧洲国家。阿拉伯的统一,归于伊斯兰教,它的先知为穆罕默德,诞生于麦加。穆罕默德的传教是艰苦的,他出走麦加又回到麦加,才确立了伊斯兰教,这一年是公元630年。这一年,唐太宗正致力于他的贞观之治。关于欧洲,它仍处于僧侣的统治之下,理智停滞,迷信盛行,人过着病态的禁欲生活,并日夜向上帝祈祷,以逃避想象之中的地狱的折磨。直到唐宪宗称帝之时,那个赫赫有名的查理,才跪在教堂接受教皇的加冕,成为法兰克国王,并开始奖励文化,使这里有了微弱的明亮,它仿佛是给一个黑屋打开了透光的洞口,可惜它不久就关了。

唐朝的统一建立在隋朝的基础之上。隋朝是短命的,然而,它结束了长达四个世纪的分裂和混乱,对于中华民族,它的作用是为一个饱满生命的孵化提供了合适的窝。1992年,我从秦岭走到鄂尔多斯台地,从西府走到韩城,我想凭感觉,从关中人的相貌发现民族融合的痕迹。在漫长的岁月里,中国处于南北对峙的状态,在北方,匈奴人、鲜卑人、羯人和氐人曾经入主关中,而众多的汉人,则从关中和广阔的中原迁徙到长江之南。少数民族多半自萧关而来,汉人常常经过武关,到关中来讨伐他们。公元354年,桓温便率军进攻在关中为主的氐人,然而他们坚壁清野,桓温被迫退出。居于关中的王猛,为桓温分析了一次形势,他一边口出良言,一边手摸虱子,桓温以为奇,王猛后来却做了氐人的宰相,帮助氐人治理长安城。民族之间的压迫和战争,使这片土地血腥弥漫,怨恨汹涌。在一段时间,长安城的居民不足百户,尸骨纵横,杂草丛生,猛禽飞于天空,野兽游于地面,一种原始和野蛮的生活仿佛要回归关中。公元416年,将军刘裕从氐人手里收复长安城,要返回南方谋事,关中汉人恐怕氐人卷土重来,竟哭着挽留刘裕。但民族之间的融合艰难地发展着,一些少数民族的首领,羡慕儒术,重要的是,通婚在悄悄进行,其结果必然培育新的生命。关中人属于北方人,然而,他们的身材不是高大而是适中,动作不是灵活而是强硬,他们的脸盘是扁圆的,胡须是丰茂的,眼睛是细长的,他们拙于辞令,易于发怒，他们带着匈奴人和鲜卑人的影子，这些匈奴人、鲜卑人，或者羯人和氐人，都化在汉人的肉体和灵魂之中了。我在扶风县、陇县，在旬邑县、彬县，在蒲城县、华县，在这些地方的乡村，我看到农民总是无声无息地干活，妇女的腮是红的，腰是粗的。在一个夏天的夜晚，我躺在岐山的一家旅馆，风挟着秦腔穿窗而入，我难以安眠。我默默地想：关中人的保守和忠厚是源远流长的，它发生于他们的血液之中。为逃避兵祸，迁徙于长江之南的汉人，以上层社会为主，他们带去了北方先进的技术，文明的习惯，使那里得以开发，自己却沉溺在铺张和声色之中。隋文帝的士兵，就是在一口枯井中抓住陈后主的，而陪他左右的则是两个多情的女子。尽管社会动荡，不过毕竟，华佗在行医，曹操在吟诗，王羲之挥毫作书，祖冲之演算数学，阮籍和嵇康在清谈。在北方，情歌和牧歌，会飘荡于某个少数民族的帐篷。

在中国分裂和混乱的时候，罗马文明度过了它的光荣岁月，这是在公元5世纪。这个阶段还在欧洲确立了基督教，它对人类在精神领域的变化产生了巨大影响。罗马帝国，曾经对基督教迫害了200年之久。基督教的活动，在于它将谦让与爱作为主要道德，这首先为孤立无援的穷人接受了。奥古斯丁是这个阶段主要的哲学家和神学家，他年轻时代沉溺于声色，竟难以自拔，甚至订婚之后，仍拒绝不了一个情妇的勾引，经过上下求索他皈依了基督教。他的基本观点是：历史之剧，要在末日审判并宣告结束，一部分人进天堂，一部分人入地狱，这都由上帝决定。日耳曼人和斯拉夫人对罗马的入侵，是这个帝国崩溃的重要原因，它使我想到匈奴人、鲜卑人、羯人和氐人对汉人的进犯，并作比较。1992年9月8日，我从平凉回到西安，我作的笔记是这样的：罗马人称日耳曼人和斯拉夫人是野蛮民族，但野蛮民族终于占领了罗马人的地盘，汉人称匈奴人、鲜卑人、羯人和氐人是野蛮民族，但野蛮民族终于使汉人转移到长江之南去了。遭武力征服，这对罗马人和汉人是相似的，然而，结果相反，这就是：在中国，汉人用它的文明同化了野蛮民族，在欧洲，野蛮民族把罗马文明变成了废墟，并使欧洲处于恐怖的僧侣统治之下。我不知道是汉人的文化伟大还是罗马的文明脆弱，这是一个疑惑。

刘邦在关中建都，是娄敬的建议，不过娄敬是一个戍卒，尽管有其道理，刘邦仍很犹豫，他便征求张良的意见，刘邦很清楚，张良是智慧之人，没有张良，也许就没有汉朝。张良认为，关中属于天府之国，土地肥沃，物产丰富，而且可以通过渭水，补给京师，诸侯有变，顺流而下，足以回旋，尤其是关中四关，能够有效制约诸侯，进利于攻，退利于守。1992年，我几乎走遍了渭水两岸的所有县城和乡镇，我感觉不到一点天府之国的印象。渭水已经肮脏，其他河流干涸的干涸，断裂的断裂。土地是黄的，飞尘落向稀疏的杨树和槐树。树一般都长在村子里，大地几乎是赤裸的，夏天，我走在穿过田野的小路，我感觉空气沉闷而酷热。

刘邦在关中建都是公元前206年，那时候的关中是什么样子，我难以想象。我知道战争给这里的创伤是巨大的，它使拉皇帝乘坐的龙辇的马，竟挑不出四匹是一色的，国相所坐的，也只能是牛拉的车。想象一下牛拉着国相视察工作，真是辛酸和滑稽。然而，汉朝终于成为那个时代面积最大的国家，人口最多的国家，物产最丰的国家，这是汉武帝执政所形成的。那是汉人充满生机的时代，汉人的创造力和活动力简直发挥得淋漓尽致。20岁的霍去病,率兵抗击匈奴,把匈奴赶得四处逃散,从此汉朝就不用将自己的女子嫁给匈奴以讨得安全了。在一个荒凉的地方,匈奴这样唱着:失我祁连山,使我六畜不蕃息;失我焉支山,使我妇女无颜色。张骞应汉政府的号召,寻找一个渺茫的国家,以联合他们打击匈奴,不料,这个国家已经过上了安宁的生活,他们没有参与战斗的想法了。张骞艰难地在西域度过了许多岁月,意外地开辟了一条丝绸之路,使汉朝通过这个途径,走向波斯、印度和欧洲。博学的董仲舒,认为天人感应,并希望汉武帝独尊儒术,以加强统治。董仲舒的理论是恐怖的,它巩固了一朝政权,可它束缚了千年思想,很显然,它是对付人民的。司马迁理清了三皇五帝到汉朝的历史,岁月三千,是漫长的,它充满了多少人情物理,然而他终于理清了。没有宏大的抱负,司马迁是不能坚持这项工作的,而且他是受辱而著书。潇洒的司马相如,以他的文字才华,改变了阿娇的命运,阿娇离开孤寂的长门宫,消除了废弃之苦。苏武在北海放牧一群公羊,匈奴告诉他,公羊生了羊羔,才放他回到长安城。苏武作为汉朝使者拜见匈奴,但他们扣留了苏武,他茹毛饮血,也没有投降。在一个时期,能够出现这样杰出的军事家、探险家、经学家、史学家、文学家和外交家,这个时期当然是辉煌的,而且,由于这些杰出的人物,长安城才显得壮丽。苏武回到长安城的时候,八街九市站满了欢迎的人,苏武骨瘦如柴,手握使节,静静地走着,欢迎的人都哭了,甚至汉昭帝也落泪了,他为汉武帝有这样的大臣而感动。

可惜公元8年,王莽篡夺了政权。这是一个阴险的人,对权势者,他曲意逢迎,对竞争者,他巧妙诬告。问题是,由他执政,天怨之，人怒之，不久绿林军就起义了，他们捣毁了长安城。混乱之中，一个商人杀了王莽。权力终于落入刘邦后代刘秀之手。他以洛阳为国都，关中的风光便随之而去，只有子孙为先帝扫墓的时候，长安城才喧闹一阵。

在关中之外的罗马，这时候很是嚣张。希腊在多次改革之后，归于失败，纳入了罗马的版图。埃及属于罗马管辖，尼罗河三角洲，实际上成了罗马的粮仓。罗马人多次镇压犹太人的起义，尤其是公元70年，反抗剧烈，屠杀凶猛，神秘的耶路撒冷血流成河，那里竟没有地方竖立十字架。大约是在这个时候，犹太人成立了一些秘密教会以反抗罗马人，基督教便是直接或间接从这些秘密教会之中形成的，之后，耶稣诞生并死而复活。当然，罗马帝国的日子也不安宁，这主要是奴隶的起义。著名的一次起义发生在公元前73年，领袖为斯巴达克。他是一位角斗士，在训练场以格杀其他奴隶或野兽为生。这很是危险，他便在逃跑之际发动了起义。起义队伍曾经发展到12万人，浩浩荡荡，震撼了罗马。罗马的镇压是必然的，在斯巴达克阵亡之后，这种镇压进入高潮，结果是，6000多名起义战士成了俘虏，他们把这些战士钉在道路两旁的十字架上，从罗马出发，处处可以看到那些钉着战士的十字架。之后，恺撒成为罗马的独裁者，不过，独裁者从来就没有好的下场，公元前44年，反对恺撒的人杀了这个独裁者。印度在这时候一会儿分裂，一会儿统一，它的分崩离析，成了其他民族入侵的绝妙机会。

1992年，我到咸阳去了6次，两次在这里参观，四次经过这里往关中的其他地方。这是一个宁静的古都，大路两边种着梨树，花季，梨树如雪，千树万树都是白的。咸阳是秦朝的都城，秦始皇在这里结束了战国之乱，实现了统一。他命令全国 12 万富豪迁居这里，以便控制。他在渭水两岸大肆建造宫殿，显示自己的威风和华贵。不过我在咸阳几乎没有看到秦朝的遗迹，生活一层一层地掩埋了秦朝的影响，没有谁会计算得出生活究竟是多少层了，然而农民在田野耕作，偶尔会挖出破碎的秦朝砖瓦。我用手敲击着这些砖瓦，希望从声音辨别那个时代的品质，可惜其声音沉闷如朽，腐败如锈，我是不能的。

秦国先前是落后而野蛮的，在春秋之际才发展起来，并渐渐从西部挤入关中。那时候，其他国家都鄙视它，没有哪个国家与它交往。秦国的富强，在于商鞅变法。变法的本质，是给社会注入活力，调动人的创造性和积极性。

变法之所以实现，是因为秦孝公的支持。商鞅是卫国人，怀才不遇，投奔秦国。为了取信于民，在变法内容颁布之前，商鞅做了这么一件事情：他在栎阳宫门外竖起一根木杆，宣布谁将它从南门扛到北门，便奖谁 50 金，方法简单而机智。一个人这么做了，商鞅便这么奖他了，从而秦国上下都知道商鞅是信义之人。商鞅颁布了变法的内容，它的实现，使秦国改变了面貌。到嬴政为王的时候，其他国家已经对秦国刮目相看了，然而，对这些嬴政是不满意的，他虎视眈眈地望着其他国家。他让李斯为丞相，远交近攻，一个一个地消灭对手。燕国是憎恨嬴政的，他们招揽英雄荆轲，要他渡过易水，潜入秦国，刺杀嬴政。荆轲在咸阳演出了人类最智慧、最壮烈、最美丽的戏中之戏，在嬴政展开地图的时候，他抓住卷在地图里面的匕首，刺向嬴政，由于激动，只刺破了嬴政的袖子。嬴政当然也不是好惹的，他暴怒地砍断了荆轲的腿，不过荆轲靠着柱子还投出了匕首,如果它击中了,那么嬴政必然丧命,遗憾他只戳烂一根柱子。这件事情之后,七年时间,秦国便独霸中国,嬴政做了始皇帝。

然而,秦始皇太残酷,太专断,在他的天下,人民仿佛罪犯,生活就是服役。秦朝是以秦始皇的威严实现安定的,秦始皇死了,秦朝便摇动起来。李斯和赵高很清楚这些,他们用车拉着秦始皇的尸体回到了咸阳,发丧之际,秦始皇已经腐烂。李斯和赵高可怜地以鱼腥混淆人臭,不过人臭了就是人臭了,秦始皇尸体的腐烂气味,在渭水两岸散发,谁都能感觉到,首先是关中的狗吠叫起来,狗向着咸阳狂吠。数年之后,农民起义反抗秦朝,他们都向关中进攻。刘邦接受了秦子婴的投降,但项羽杀了秦子婴,并烧了咸阳。那时候,关中一片惊慌。农民憎恨秦朝,然而也恐惧秦朝,希望推翻秦朝,只是不知道从南方过来的这些起义军队究竟如何。

1992 年夏天的一个黄昏,我在渭水桥头望着咸阳。小小的古都,满是高楼和绿树,人匆匆地穿过夕阳,为生活奔波,他们有声不过显得沉默,沉默不过显得有声。

我以为,公元前 6 世纪到公元前 3 世纪这个阶段,是人类的关键时刻,在地球的许多地方,都产生了伟大的智者,这些人的思想现在依然影响着人类,这些智者的思想,是为人类摆脱痛苦或寻找出路,它们是滋润人类精神最早的源泉和最久的源泉。在中国,孔子想象着那个在镐京辛勤操劳的周公,为克己复礼四处游说,并谆谆告诫人们要相互热爱。老子也曾经悄悄进入关中,作慎重考虑之后,指出人们要清静无为,小国寡民。孙子是向人们宣传斗争的艺术,他的核心观点是攻其不备,出其不意。在希腊,苏格拉底经常在街头表达自己的看法，他强调，人首先是认识自己，美德即知识，但官方认为他在宣传异端，以毒害青年为名，判他死刑。柏拉图，苏格拉底的学生，指出了理念的重要和神秘，指出理念是永恒和独立的，善的理念，是一切知识和一切存在的根本。亚里士多德，柏拉图的学生，他的贡献在于为形式逻辑做了奠基，而且研究了辩证思维的基本形式。在希腊文明辉煌之际，出现了亚历山大大帝，他用武力征服了很多地方，从印度河到尼罗河的辽阔地区，都并入了希腊版图，可惜他染了疟疾，32岁便死了。由于他的帝国没有统一的经济基础，希腊随之土崩瓦解，但那些文明的碎片，散落在各地，并闪着光芒。在印度，释迦牟尼经过苦苦探求，终于在一棵菩提树下顿悟，他指出，欲望是一切邪恶的根源，放弃欲望，便能获得满足和安定。在这数百年，人类的智者思索了众多深刻的问题，这是为什么，它仍是一个谜，关键是，对这些问题，人类现在依然没有解决。

1992年，我出入在关中的村庄、乡镇、城市、山川和田野，我反复问自己应该如何生活，我之问激荡着关中，但关中没有回声。

周原在关中西部，周原背靠岐山，使它辽阔而富于气势。周人沿渭水迁徙，定居这里，壮大之后，又从这里出发，到京镐去发展。公元前1027年，周武王继承周文王遗志，率兵伐纣，取得胜利。周朝制造的青铜器，形状奇崛，色调阴森，象征着贵族对天命的敬畏，对奴隶的欺压，礼只是贵族与贵族交往的一种行为规范。周朝几个世纪，在哲学、艺术、技术、农业和贸易方面，都丰富了中国的文明。周朝的衰落，是由周幽王为一个美女而戏弄诸侯引起的，其实，它衰落的根本原因在于人与人之间的关系紧张了。周朝的结束是渐缓的,这个过程,便是新的社会形态孕育的过程。新的社会形态,总是从旧的社会形态里面产生,从产生到完成,往往需要很长的时间,而且会并存很长的时间,身在其中,只朦胧地感受到生活对自己的推拉。新的生活在推,旧的生活在拉,当新的社会形态矗立世间的时候,几代人可能就消失了。

1992年夏天的一个黄昏,我站在周原眺望,男人悠闲地给玉米施肥,女人懒散地带着孩子溜达,炊烟袅袅染着村子,天空一片湛蓝,只有一带晚霞是赤红的。都市的嘈杂和喧嚣,已经磨钝了我的灵魂,我感到周原的宁静对我俨然是一种治疗。然而,宁静之中包藏着弃遗的悲凉。鸡在草中啄食,暮霭催促着树上的麻雀,恰恰是这样的情景,才使我感到诧异。在周原,我感到的气息仿佛不是20世纪的气息。

大约周人在渭水一带游移之际,犹太人正受埃及法老的奴役,幸亏出现了伟大的摩西,他率领犹太人逃出埃及。在西奈山上,摩西要犹太人信奉唯一的神——上帝,而且,就是对上帝的崇拜、敬畏和感激,使犹太人团结起来,克服着阻碍他们发展的艰难。犹太人就是希伯来人,这些神秘的人的故乡究竟在哪里,仍是一个谜,不过他们在底格里斯河与幼发拉底河流域生活过。公元前4000年,这片土地便有了美索不达米亚文明,它是由苏美尔民族创立的。埃及人在尼罗河流域创立的文明,属于世间非常古老的文明,6000年之前,他们就崇拜太阳神了,雄伟的金字塔,是他们永恒的象征。印度文明,发端于公元前3000年,它的分布是广阔的,沿着印度河向阿拉伯海伸展。它实际上是一种城市文明,有着广泛的贸易往来。古代印度人,已经有坚固的住宅,美妙的浴室。希腊文明的产生尽管晚了一些，但它的影响是深刻的，雪莱曾经激动地说：我们全是希腊人的，我们的法律，我们的文学，我们的宗教，我们的艺术，根源都在希腊。半坡人处于母系氏族社会，他们大约生活在6000年之前，其陶器是很有意思的。关中的中国人对照遥远的其他民族，我体验了一种心灵的张力和跨度。

1992年，我走遍了关中。我在13个王朝留下的帝陵之间穿行，沿着渭水上下追溯，登了太白和华岳。到武关去，必须翻越秦岭，我坐的汽车在麻街突然发生故障，一股焦烟气息浓烈呛人，司机疾呼下车，乘客惊慌地拥在门口，你推我搡，我急中生智，从窗子跳出，双脚刚刚落地，汽油就燃了起来，竟将9人烧伤。在萧关，是没有食堂的。我饿了，只能到农家去寻找饭，然而农家几乎都有狗，其狗个个高大，凶猛，狗扑过来的时候，我便用提包防卫，我左右抡着提包，以防狗将我扑倒。礼泉的尘土不是黄色而是白色，我坐着农民的三轮车勘察李世民的陪葬之墓，那里的尘土将我的头发、眉毛、脸腮和衣裤全染成了白色，我仿佛是从磨坊出来的，可憎的是那个驾驶三轮车的青年农民将我甩到荒山。暮色之中，他诡诈我的钱。这一年，我人生的运势降到了零点，我知道，那是运势连续递减的结果。我在楼观台所抽的签是下下，是那个签蹦到我面前的。瘦朗的道师为我解释的时候，声音冷静，目光疑惑。我站在雪中，任凭那疑惑的目光望着我，我镇定自若，我想，我已经处在低谷了，接着走，不管走到哪里，我的方向都是走出低谷的方向。楼观台的道师给我了一张黄纸，那便是我所抽的签的内容，我在黄纸的背面写道：人应将成败、贫富、生死置之度外而生活，并悠然地接受天所降临的祸福。

这一年，我带着我对世间的背叛和世间对我的背叛走遍了关中。西安，当然是我谋生和栖身的地方，但我在这里没有感觉到多少温暖，甚至我没有得到真实的理解。口头的理解那只是敷衍我。理解我，就给我以扶助。1992年，那是众多的艰难淤积的日子，我需要扶助，然而，没有人扶助我，连朋友也没有扶助我。这一年，我在西安待得很少，我只是偶尔从西安某个房屋的窗口眺望关中。这是一片真正古老的土地，蓝田人走了，半坡人走了，周人、秦人、汉人、唐人，都走了。唐人离开这里之后，关中就没有恢复它的生机，它的资源、位置及其种种经济因素和文化因素，使它不能胜任国都的责任，它担当不起。唐朝所出现的繁荣，使一个民族的文明达到高峰，它竭尽了这里的精华。关中已经衰弱至极，疲倦至极，这里的草木和庄稼，都是在挣扎着生长。终南仍是青的，它的泉依然在涌，不过我感觉，它们都不是原始意义的仙山与活水了。1992年，我从春天进入冬天，我最后是向宇宙之神请求，盼神给关中灌入新的力和孕育新的人。我在关中清冽的夜空之下祈祷！

长安风物

周　陵

周陵通常指周文王之墓和周武王之墓，周公是圣人，他的墓也可以列入其中。周成王不敢以周公为臣，周公逝世，遂使其近于文武之墓而葬。那么周陵在何处呢？

我曾经按图披籍，索其大冢，在咸阳市渭城区周陵乡周陵村看到了周陵。它们一南一北，相距百米，南为周文王陵，北为周武王陵，皆有毕沅所立其碑。毕沅是江苏太仓人，以科举考试的形式为清政府录用，并为乾隆青睐。乾隆三十八年，就是1773年，任他做陕西巡抚。为官一度，除了处理公务，他走遍三秦山川河流，勘察圣迹，收集金石，撰以为书。其人并非附庸风雅，相反，他是真正喜欢学问，对经史诸子多有研究，终于著作等身。陕西几十座帝王之陵，无不有他所勒之碑。昔日守土之臣，往往比肩接踵，然而得以留名的总是十分寥落。凡流芳者和传颂者，当为立德立言之士，立功也可以留名，不过其功必是修路建桥或营造水利之类的千秋万岁之功，急功短利是不行的。毕沅是尊重和维护文化遗产的人，而且颇为奥博，可惜他为周文王和周武王竖碑有误。

毕沅之错是有缘故的。一直以来，方志野史或其他著作，皆认为周陵在毕，然而其毕有二：其一是渭河以南的杜中之毕，其一是渭河以北的毕原。毕沅显然放弃了杜中之毕，选择了毕原，他说："文王陵在咸阳县北一十五里毕原上。"又说："武王陵在文王陵北。"又说："周公墓在文王墓东。"这便错了，而且以诡传诡，竟产生了乡名周陵乡和村名周陵村。所谓杜中之毕是司马迁所断，毕指终南之道。师古有言："毕陌在长安西四十里。"诗曰："终南何有？有纪有堂。"纪为基，堂喻毕道平正如堂。文王作丰邑，丰邑在镐水西，武王作镐邑，镐邑在丰水东，其去25里，这一带为周之本营，在兹向祖宗致祭非常合适，所以周陵当在斯地。遗憾毕沅不以为然，从而纰漏一处，荒谬几世。

经考证，毕沅所立碑之周文王陵，是秦惠文王公陵，周武王陵是秦悼武王永陵。实际上自宋以降，如是两座秦王陵便差之为周陵，并建筑祠堂以致祭。明清之际，反复修葺，逐渐扩充，遂有文王坊、戏楼、献殿、过殿、后殿。规模宏伟，望之巍然。循礼，明清以来，朝廷按时会遣重臣率守土之臣向文武行祀。毕沅尝向乾隆皇帝报告：因为公务经过陕西各府、各州及各县，凡见帝王之陵必下车拜之。想起来，他一定是要拜周陵的。可惜他拜的是秦王，别的大臣也都拜了秦王吧。孔子曰："非其鬼而祭之，谄也。"明清之臣，包括毕沅，显然不是向秦王求媚，不过若有灵在，那么文武尴尬，秦王遂会窃笑的。

周陵在杜中，在丰镐一带，遗憾一再探查并挖掘，它也迟迟不现。周陵应该是中国重要的文化遗产，然而它究竟在哪里呢？

当年开凿昆明池，掏出了磊磊黑土，汉武帝很是困惑，便问东方朔。东方朔佯装不明白，答其西域胡人知道，可以询之，汉武帝遂再问胡人，胡人说："劫烧之余灰也。"什么时代的劫烧呢？谁制造的劫烧呢？西域胡人又怎么知道是劫烧呢？丰邑和镐邑，或有周陵，皆在劫烧之中吗？当然也有论者指出，是昆明池沦陷了周的故都，并有周陵吧。还有论者认为，秦始皇在丰邑之间营造其宫就已经毁了周的遗存。总之有一点神秘：周陵消失了。

秦　器

古玩万千，藏诸百家，我喜欢的是陶品，尤以瓦当为多。贾平凹好陶罐，大大小小，或鼓或扁，满盈于堂。王岳川也好陶罐，尝建议我尽快采集，方便之际，还可以为他收几个。陶来之于土，有土的气息，更是沉静和厚重，使人想到大地黄壤。我所爱的几种秦器都是陶质的，没有釉。

10年以前，我独行萧关，购得一节水管。我走的是宁夏固原与甘肃镇原之间的萧关。汉文帝时期，匈奴14万骑兵就是从这里驱入侵略长安的。秦曾经在兹修筑长城，以阻胡人。长城早就夷平，而且变成了生长小麦的田野，不过细辨还是能看到它逶迤而去的痕迹，因为长城的土是熟的，颜色要深。水管当是长城的遗存，属于秦器。它是圆状，头大尾小，以便彼此衔接，一节一节地延长。其有绳纹斜绕，然而不雅不妙，甚至不平不正，显得丑陋。不过它壁厚一指，高齐腰围，浑然而坚，目之有威，叩之声朗。

我还有一方条砖，长27.5厘米，宽13.5厘米，高7厘米，重4.5公斤。四周刨光，上下两面以麻拉毛，现出疏疏密密的细线，抚之掌涩，举之骨硬。灰皮蓝泽，幽深以远。这件秦器出于骊山一带，是朋友赠我的。

瓦当是筒瓦的华头，古人的房上装饰，极具艺术。我的几方秦瓦当皆有其壮，每每琢之磨之，感悟泉涌。光芒纹瓦当表现君主像太阳一样灿烂和英明，寓意嘉勉，号召崇拜。其呈浅灰，直径长，边轮硕，很是结实。它的当面背后有捏合拨拂之印，是雍城所出。凤鸟瓦当象征吉祥，其长颈欲鸣，振翅欲飞，颇为生动。它有极高的密度，泥水盐渍久经渗透，遂使包浆厚而固然，掂量着总是觉得如石之沉，也是雍城所出。云纹瓦当表现了神仙之思，其中的网线有棱有角，如割如切，也肥而显笨，呈现铁青。不知道它所出何地，似乎要晚于雍城的瓦当，然而甄别起来不像咸阳的用品。

秦原本小而落后，遭世人鄙薄。秦襄公护送周平王东迁有功，才封为诸侯，并赐以西垂治之，然而山东诸侯一直轻贱秦。不过秦不甘落后，反之进取极切，坚忍扩张。公元前765年，秦文公是在今甘肃天水执政，然而公元前714年，秦宁公便移往今陕西岐山，公元前677年，秦德公居雍城，公元前383年，秦献公居栎阳，公元前351年，秦孝公作咸阳。在秦的发展史上，秦襄公以后9世而有秦穆公，24世而有秦孝公，31世而有秦王政。秦王政继承前辈之功业，挥长策而舞利剑，吞其周而灭六国，统一天下，为始皇帝。观乎秦器，往往觉得它大，蛮，强劲，有威势，有霸气，仿佛修长城，建直道，作宫要以终南之巅为其魏阙，造墓要穿越三泉，并以水银为河流海洋，上具天文，下具地理。

秦从小到大，统一天下，足足用了31世计556年，遗憾它13年而衰，15年而亡，真是善作者没有善成，善始者没有善终，悲哀之极！究其原因，贾谊说："仁义不施而攻守之势异也。"杜牧说："族秦者秦也，非天下也。"观乎秦器，我以为其尽管充满实力，然而工不足精，态不足美，显然其匠不能自由自在地创造。焚书坑儒，钳制思想，重赋酷刑，缺乏和谐，从君卿到众庶，人皆自危，秦有什么软实力呢？只追求实力，不建设软实力，秦用什么让人幸福呢？

娄敬墓

娄敬墓在秦岭以北户县光明乡娄村与南什村之间，此乃方志刊录，遂约朋友访问，然而所见只有庄稼。秋翠风长，白杨萧萧。

有老者三位，皆白发苍髯，精神矍铄，提着烟袋遥指一片墨绿的玉米地说："前面是娄敬庵，后边是娄敬墓，墓有双碑子。1966年都毁了。"

现在的娄敬庵是1997年由农民集资建起来的，红瓦新房，不过也十分简陋。一方圆头碑——汉关内侯娄敬修道处，是娄敬庵的旧物，为明万历年扩充和修缮娄敬庵之时所凿，卓然而立，遂生延续之感。其风化字漶，颇具沧桑。还有几方础石，也属于娄敬庵的遗物，新房不好用，便弃之墙角，以供宾主坐。公路旁埋着一块巨大的白石，难明其为何器。老者道：娄敬墓之遗存。

司马迁曰："古者富贵而名磨，不可胜记，唯俶傥非常之人称焉。"娄敬应该为如斯之人。汉五年就是公元前202年，娄敬离开陇西军营，到洛阳来，提出见刘邦。有将军告诉他见皇帝不能穿毛布衣服，要穿丝织衣服，从而彬彬有礼，但他不拘细节，坚持被褐见上，保持了自己的本色。

无功不禄，此为世道惯例。在历史上，以言而拜官，封二千户，名传千古，这样的人是罕见的，然而娄敬是的。他对汉的贡献或对中华民族的贡献主要有三。其一，主张建都长安。娄敬强调，刘邦的天下是打下来的，容易发生动乱，所以在长安建都为宜，因为关中被山带河，具四塞之固，而且土膏资美，属于天府。诸侯多是山东人，希望在洛阳建都，其心情可以理解，然而洛阳地理形势薄弱，不合汉情。其二，创立和亲政策。娄敬认为，匈奴强大，武力不足以征服，用智慧才能阻止其侵犯，其具体方法是以公主，或以宗室女子，或以平民女子，冒充公主，嫁匈奴单于为妻，使匈奴渐变为汉的亲戚，从而软化他们的野心与企图。还要附之以开放市场，交易货物，并清楚地划分各自的辖区，所谓自海以南冠盖之士处之，自海以北控弦之士处之。其三，强本弱末，把过去在山东六国有势力的家族及其豪杰高士，凡十余万人，移民关中。这样不但会集权于中央，也会集人并集财于中央，从而威震天下而理之。

　　娄敬的建议不但巩固了汉政府的统治，而且可以资政，产生了深远之影响。不使边区的力量大于京兆的力量，否则末强本弱，就有反叛的可能。唐中期和晚期，未能像汉这样强本弱末，节度使大量拥兵，人财俱大，遂失国都，唐玄宗入蜀。文成公主嫁吐蕃松赞干布为妻，显然就是借鉴了汉的和亲政策，避免了一方震荡。建都长安，使西汉统一并强大214年，并为东汉的统一奠定了基础，尤其给以后的朝廷树立了榜样。中华民族发展到唐，便把东方文明推到了鼎盛。

汉武帝与甘泉宫的一个瓦片

甘泉宫在黄土高原南缘，空旷澄明，史记其有上帝的气息。久存考察之心，遗憾人生扰攘倾侧，见之我已经到了中年。

不过来得早不如来得巧。时值秋日，夕阳非常好，淳化县铁王乡凉武帝村的农民正在甘泉宫遗址的砖路上收拢他们晒干的玉米，装进麻袋，以结束一天的工作，要回家休息。天大横云，地阔列山，从而广袤空明，风过不睹其形，鸟飞不闻其声，似乎是在为一个夜降星出的仪式作准备。

甘泉宫属于汉皇家建筑体系，周回近乎20里，殿堂台观数百所，大有浩荡之势。宋人程大昌认为，其去长安300里，不过登高极目，长安城墙的雉堞会隐隐在望。可惜我后生，不能景仰当年的巍峨与华丽。2009年10月23日逼近黄昏之际的甘泉宫，一片废墟，蓬蒿肃然，唯有一头残损的石狮，两座颓断的通天台，无以计数的埋入田野的破碎瓦片。

汉武帝在皇帝位54年，尝居甘泉宫几十次。总是5月往，8月返，以避长安之暑。汉武帝在这里进行性爱活动和狩猎娱乐，也接见诸侯，会晤藩夷，处理军国大事，但他极为倾心的是大敬鬼神，招致仙人。汉武帝元封二年，就是公元前109年，起通天台以祭太一神。资料显示，当时有8岁童女300，在通天台上载歌载舞，到了晚上，忽然有流星飞过，侍祀之人无不惊异。汉武帝在竹宫望祭，以为是仙人下凡，遂命点燃烽火作礼而拜。

颜师古有注曰："通天台者，言此台高，上通于天。"那么到底台高多少呢？史记台高30余丈，云雨悉飘其下，身临其境，可以远眺长安。不过现在它只剩下16米了，为圆锥形，是夯筑所成。有白灰黄沙掺入土中，遂坚固顽强，抵抗着岁月的剥蚀。我从东边的通天台走下来，攀上西边的通天台，又从西边的通天台走上东边的通天台，问汉武帝为什么如此信仰鬼神？晚霞绚烂，暮霭风掠，几百里台地向南绵延倾斜，以到咸阳，再到长安，缓冲秦岭。

刘彻是一个有历史影响的皇帝，其选拔董仲舒，独尊儒术，击匈奴，扩大中国版图，通西域，展开世界贸易，无不体现了雄才大略。然而他也有软肋或亡命之穴，遂为方士控制。方士控制汉武帝，并非以权力，是以思想。如果思想也属于权力，那么方士便是以思想的权力控制了汉武帝。谚语云：卒想吏，吏想官，官想做皇帝，皇帝想成仙。世界上权力最大的人就是皇帝了，普天之下，莫非王土，辖区之内，艳遇尽猎，作威作福，山呼万岁，但有一点使皇帝难受：日子如此之妙，竟过一天减一天，不能永远享用。皇帝遂想长生不死，从始皇帝到末代皇帝都是这样，汉武帝更是这样。实际上不死之心在中国根深蒂固。秦尤其是汉，好在物品上镂刻长生无极或长生未央的美言，其表达的就是不死的愿望。我在瓦甓上和铜镜上都见过如是吉语。不只是皇帝，黎庶百姓谁无不死之心呢？道家就致力于不死的研究，方士有传播仙山和仙迹的能力。方士当然也有一些养性长生的建议，而且似乎是见效的，于是皇帝就多为方士所洗脑，任凭其摆布了。汉武帝就是这样。

大约 24 岁那年，方士李少君蒙混了汉武帝。其自谓有不食五谷的却老之术，并以机巧为他制造光芒，赢得了汉武帝的信任。在一次宴饮之间，有老者 90 余岁，李少君竟宣称他与老者的祖父曾经在某地打猎，恰恰老者小时候随自己的祖父有同行的经历，知道某地，从而满座诧异，声誉鹊起，并引得汉武帝的召见。汉武帝有一件过去的铜器，想考一考李少君，便问是否认识，其淡然回答：此铜器齐桓公十年在柏寝台陈列着。验证铭文，果然，遂满堂惊骇。李少君就这样以机巧为自己创作了一个幻象，汉武帝及其左右都以为他是仙人，足有几百岁。其展翅而飞，吹嘘他尝云游海上，见过出入蓬莱的安期生，这个仙人还拿着瓜大的枣子给他吃。汉武帝为李少君所征服，按其所示，以朱砂冶炼黄金，以黄金碗碟用餐，盼能交往蓬莱仙人，终于像黄帝一样不死升天。仙人之想十分强烈，汉武帝便慷慨赠送财物给方士，遣其到海上寻找安期生一类的仙人。以后李少君死了，汉武帝以为其化身而去，遂继续寻找仙人。

北方有美人，足以倾国倾城，汉武帝得之，为李夫人。可惜李夫人青春夭折，其不胜悲痛，思而念之。方士少翁设帐以投影之技映出美人，恍惚之中，汉武帝见其态袅袅。灯闪烛晕，气氛诡谲，汉武帝信以为真，多少满足了他的思念，不禁沉吟："是邪，非邪？立而望之，偏何姗姗其来迟！"少翁招魂有功，得赏，成为文成将军。汉武帝便按文成将军的指点，在殿堂和其他用具上画云气以驱鬼，在甘泉宫的台室里绘众神以示敬，然而仙人不至。少翁道术有限，便生劣计，让牛咽下帛书，做先知先觉之势说：牛腹有文章。杀牛取出帛书，发现是造假，汉武帝恼怒之极，便灭了少翁。事不光荣，汉武帝也就把它隐瞒起来。仙人之欲，仍在涌动。

于是方士栾大就到了汉武帝的旁边,其煽惑黄金可成,不死之药可得,仙人可招。栾大还作了一个试验,通过磁力作用,使棋子在棋盘上相互搏击。汉武帝看得入迷,极为抬举,封其为五利将军,乐通侯,还以卫皇后所生的女儿嫁之。栾大在晚上诡秘作祀,然而仙人不至。栾大害怕技穷暴露,便谎报要见其师,整装走海上。汉武帝遣使暗中追随,发现栾大并未去海上,更没有得到什么仙人,才判断栾大见其师为诈,遂斩了栾大。这一年汉武帝44岁,其仙人之意不但未摧,而且求之更急。

于是方士公孙卿就操纵了汉武帝,而且摆脱不了。

方士多少都有一种天赋,知道怎么控制人。人的想望和欲念,即使正常的,也会转化为他们的把柄。他们会揣摩人的心理,肯定人之所求,对所求进行夸张并妙化,并为想望和欲念的实现绘制路线图和进度表。一旦人如汉武帝进入方士的轨道,他便成了精神俘虏,不得不由方士指挥。实际上戈培尔和林彪都是高超的方士。戈培尔的激情煽动及其1933在德国掀起的焚书运动,林彪的沙哑呼喊及其1966年在中国的焚书运动,都是一种精神控制。只不过方士能量小,控制一人或一批人,戈培尔和林彪有宣传机器,可以控制一国人,一代人。然而被施了精神控制的人终于会清醒过来,于是社会就进步了,文明了。

汉武帝对方士的花招早就应该识破。李少君未现原形是因为他死了,少翁和栾大却是自己失手的,汉武帝不能不知道这些,而且有理由断绝成仙之路,然而他没有。弗洛伊德发现人有三个弱点:一是趋利避害,二是趋乐避苦,三是趋生避死。汉武帝权势弥天覆地,害能避,苦能避,唯有避死乏术。似乎有黄帝成仙升天的榜样,然而究竟如何，情况也是方士所提供的。对于仙人之想迫切的一个天子，君主，显然只能信其有，不能信其无，否则便彻底幻灭。幻灭将深受打击，汉武帝不愿意。尽管汉武帝知道方士有骗，然而他对方士仍抱希望，因为甩掉了方士，就是放弃了成仙升天的想望和欲念。当然，李少君的表演，也给他留了一个憧憬的空间。何况方士了解人的心理，了解汉武帝的心理，总有办法让人跟着他们走。那么汉武帝是怎么随公孙卿走的呢？

公孙卿建议他应该像黄帝一样封禅泰山。登泰山封禅，就可以变为仙人。自古以来，封禅72王，只有黄帝是登泰山封禅的，极力鼓动汉武帝效仿黄帝。公孙卿还告诉汉武帝，黄帝铸鼎以后，有龙垂下胡须接黄帝升天，群臣和嫔妃也从龙而上。汉武帝很是羡慕，说："嗟乎！吾诚得如黄帝，吾视去妻子如脱履耳。"遂拜公孙卿为郎。

遵汉武帝之命，公孙卿在河南等待仙人，并报告自己发现了仙人的踪影。汉武帝便欣然往缑氏城去，想看一看，不过略存狐疑，怕公孙卿像少翁和栾大一样有诈。公孙卿便诓汉武帝，鬼神之事迂阔而近乎荒诞，不成年累月无以招致仙人。公孙卿显然在明目张胆地欺哄汉武帝了，然而人一旦为一种意识所操纵，他便难以觉悟。现在的汉武帝便进入了迷惘状态而不得清醒，遂只有跟着方士转了。

在公孙卿的怂恿之下，汉武帝封禅泰山。其初登泰山46岁，最后一次登泰山已经67岁，垂垂老矣。他一生共上泰山7次，足见汉武帝的意志。他封禅泰山旨在天下平安富裕，不过这是表面的，冠冕堂皇，庄严正大，其隐秘的目的当是盼能像黄帝一样长生不死，化身升天。

到了泰山，便要东行海上，以期会一会仙人。汉武帝一生海上之游有7次，是抱了很大希望的，然而仙人不致。有一次，公孙卿报告仙人在夜间出现，其身高数丈，不过靠近他便忽然消逝，只留下巨大的脚印。汉武帝看了看，仿佛是脚印，然而他仍生狐疑。一个朝臣证明有老翁拉着狗刚刚过去，汉武帝遂转而相信有仙人，也蓦地兴奋起来。他竟动员数千方士四下寻找，自己也留海边，翘首等待消息。还有一次，汉武帝站在海岸久望蓬莱，盼能看到仙山的琼瑶之境。

仙人邈远，迟迟不能招致，汉武帝难免沮丧，也很焦急。公孙卿开导他要持之以恒，日久仙人一定会出现，并说："仙人好楼居。"汉武帝遂在长安修建蜚廉观、挂观，在甘泉宫一带作益寿观、延寿观，并筑了两个伟大的通天台。尽管有童女300在通天台上呼唤，然而仙人终于不至。足有24年，一个又一个、一茬又一荐的方士，他们关于仙人的消息一直没有效验，这使汉武帝渐渐感到厌恶。不过他难以拒绝方士，更不能彻底拒绝，永远拒绝，因为他毕竟保留着一点希望：也许会遇仙人，从而长生不死。如是所想，直到他在终南五柞宫逝世。

很是奇怪，汉武帝不仅仅有求仙人，也有求别的鬼神。尝有年轻母亲由于儿子死了，自己也忧郁地死了，但她在妯娌宛若身上显灵，宛若便把她供奉起来，公卿贵妇多祭之。汉武帝登基，以为她是神君，先把她请到宫内，后又把她安置于上林苑蹄氏观。秦故都雍城有五畤，是古者祀五帝的固定处所，汉武帝从24岁开始祭之，以后每隔三年祭一次。有大臣上奏太一神为众神中最尊贵的，应当祀之，汉武帝便在长安东南立庙，祭太一神，并造八方通行的台阶作为鬼道。有一年汉武帝在鼎湖宫病了，用药效弱，他便接受进言，把一个巫师召到甘泉宫祀之，相信鬼神可以依附巫师，从而能使他恢复健康。巧合病愈，但他以为是神君使然，遂营寿宫供奉神君。汉武帝也在汾阳立后土祠，在甘泉一带立泰畤。汉武帝46岁那年巡桥山，还祭了黄帝。然而他最敬仰的还是仙人。

汉甘泉宫是秦林光宫的修缮和扩充。不过这个地方曾经有黄帝领导之下的云阳氏生息于斯，并作云阳宫。三代夏商周，咸有继承，并设云阳国或云阳邑。秦孝公改革以后，在斯设云阳县，遂多少增加了烟火气息。这里天高地远，立足于任何一点，皆有临下之感。不过我产生感应的是关于黄帝在这里的活动。文献显示，黄帝曾经于斯治明廷，这里尤其为："黄帝以来圜丘祭天处。"如是悠远的信息，在这个秋日的黄昏，给了我无穷无尽的想象。

我捡了一块有麻纹的瓦片，要带回我的窄门堡。甘泉宫及其这个瓦片显然蕴藏着中华民族的一些秘密。我反复在问，黄帝以来为什么要选此地祭天，敬鬼神，或招致仙人呢？

草木与汉宫之名

汉在长安200余年，宫多而雄伟。汉宫及其大殿高台的命名都非常讲究，饱浸着中国文化。

长乐宫是从秦兴乐宫转化而来的，刘邦建都长安，便居长乐宫，直到其驾崩。朝会礼仪尝在这里演习，一向对刘邦勾肩搭背之群臣，忽然噤声以敬。刘邦感慨万千，其言："吾乃今日知皇帝之贵也"，就是于此时此地而发。未央宫取之诗："夜如何其？夜未央。"意在江山永昌，以至无穷无尽。未央宫初成，刘邦见其壮丽太甚，批评萧何，认为匈奴侵犯未平，治宫不可过度。萧何很会奉承，说："天子以四海为家，非令壮丽无以重威，无令后世有以加也。"刘邦遂愉悦之极。建章宫在上林苑，其地原为建章乡，以乡名而作宫之名。长乐宫、未央宫、建章宫，属于汉布政之宫，必须华严而肃穆，不过也有变化。在长水流进灞河的入口之处所营其宫，为长门宫。曾经受金屋藏娇之爱的陈皇后，以后嫉妒失宠，便谪居这里。为解忧，乃以重酬邀司马相如为其作赋。古之长水就是今之浐河。神明台旨在祭仙求仙，遂有铜铸仙人站立台上捧盘举杯以集云表之露。因为灵鸟栖于上林苑，遂造凤凰殿，以纪念其嘉瑞。

汉人尤好用草木名之以宫，我以为这是颇有趣的事情。桂宫以桂树得名，欲赏其姿而享其芬。桂宫在未央宫北，也称北宫，其中设有汉武帝所喜欢的七宝床、杂宝案、厕宝屏风、列宝帐,又谓之四宝宫。桂宫周回几十里,有柏梁台,柏味绕梁,其芳清新。椒房殿专为皇后所居,以椒和泥涂墙,可以除恶气,增温暖,并含蕃实多子之义,诗云:"椒聊之实,蕃衍盈升。"皇后遂称椒房。长乐宫和未央宫皆有椒房殿。汉哀帝喜欢董贤,也便喜欢他的妹妹,尝封为昭仪,舍号曰椒风殿,谋配其名,渐立皇后,以入椒房殿。汉武帝好大,好功,也好美色,其后宫先分8区,后扩展至14区,佳丽众而成群,她们所居之室,或合欢殿,或兰林殿,或苣若殿,或蕙草殿,华木香草甚茂。合欢树羽状之叶,白天张开,夜晚闭拢,夏秋花粉红,嫔妃居合欢殿确实相宜。合欢花就是马缨花。兰非今之兰花,应该是古之木兰或泽兰吧。苣即白芷,若即杜若,俗称竹叶莲,花赤,都是香草。蕙为兰,花黄绿,当然也是香草。想起来汉武帝斯人可能极得其姜之心,懂得浪漫,有情调。他的皇后也都有特点,除了陈皇后以外,卫子夫热烈,李夫人倾城倾国,赵婕妤诡秘,竟手握多年不开,见汉武帝才开,遂为拳夫人。建章宫有枍诣宫,也因美木枍诣而得名。枍诣就是檍树,材质细硬,可以做弓。甘泉宫有竹宫,汉武帝曾经祭太乙,使童男童女300集体舞而蹈之,以招仙人,他就在竹宫望而大拜,史记,蓦地有流星从天上飞过,侍者皆肃然悚动。甘泉宫附近还有棠梨宫,也因棠梨而得名。棠梨也作唐棣,诗曰:"唐棣之华,偏其而反。岂不尔思?室是远而。"孔子借题发挥教诲弟子说:"远什么啊,大概不是真想吧!"

汉皇家游猎之地为上林苑,上林苑连绵400里。汉武帝勇武善猎,在上林苑建有走狗观,是养犬之所,以备皇帝游猎。上林苑离宫轮奂,素以草木而名。葡萄宫为汉武帝所造,采其西域大宛葡萄种之，遂为葡萄宫。中国的葡萄也就是那时候移植进来的吧，多亏了张骞，否则今之女士要享嘴福，还得吃进口的葡萄。汉武帝元鼎六年，就是公元前111年，汉败南越，遂造扶荔宫，并移植热带草木荔枝、槟榔、橄榄、菖蒲、留求子，皆异木奇草。斯离宫显然是以荔枝得名。皇帝要远望并养目，遂作白杨观、青梧观。五柞宫以其离宫有五柞而作名，树高冠大，覆荫数亩。汉武帝就死于斯。长杨宫本是秦之离宫，为秦昭王所起，汉扩充修缮以后也用之，其因有垂杨数亩而得名。遗址在今周至县终南镇，曾经有云纹瓦当和兽纹瓦当出土。

汉宫都是一些建筑群。现在的建筑群似乎更多，然而其命名常常流露着一股恶俗，有的还用别字而生歧义，岂不悲哉！

乐游原

汉宣帝曾经有不虞之难,裹在襁褓里便入牢,由于长安城狱中绕天子气,汉武帝竟下令捕杀净尽,几乎命悬一线。所幸获廷尉监邴吉怜惜,指派女犯乳养,给其衣食,坚拒使者入牢插查,以后遇赦,流落民间,从而生存。忽然时来运转,晋身大位。汉宣帝感杜县有庇护恩典,遂在登基之后经营杜陵以葬于斯,乐游原遂发达起来。

凡山川河流,只有打上人类的印记,而且投射了人类的意志,尤其注入了人类的审美元素,才会变为历史地理和文化遗产。所谓的乐游原,为渭水冲积而成,在长安城以南,今属于西安市雁塔区所辖。汉宣帝先起乐游苑,作皇家之园林,再造乐游庙,以进行祭祀活动。苑庙皆在杜陵西北,今曲江池沿岸。乐游原显然是以乐游苑和乐游庙而得名的。史记:汉宣帝在民间之际,好游杜县乡里,乐其风物,所以我猜,苑庙以乐游所命,是汉宣帝的意思,也反映了他独具的一种心情。

乐游原突兀而出,呈高亢之势,四望天下,畅然辽阔,为汉人所悦。这里尝自生一种玫瑰树,不知道是什么形状,然而我知道苜蓿,玫瑰树下广种苜蓿,风在其上肃然。它是张骞从西域大宛带回来的,日照其花,光彩闪烁。当是之时,苜蓿之名还没有约定俗成,汉人或呼其木粟、牧宿，或呼其怀风、光风，或呼其连枝草。久而久之，苜蓿之名才确立。

唐人比汉人更潇洒，也更懂得生活的享受。正月晦日，三月三，九月九，长安城仕女多往乐游原踏青受爽，被禊以免灾。太平公主是武则天之女，性格开朗，计谋深厚，敢嫁三夫，有权势，遂能在乐游原置亭邀请朋友。

李白和李商隐曾经在乐游原上有感。李白吟诵："乐游原上清秋节，咸阳古道音尘绝。音尘绝，西风残照，汉家陵阙。"李商隐喟叹："夕阳无限好，只是近黄昏。"所发似乎都是衰败信息。唐以降，关中便不为国都之地，长安城也不是京兆了。不过在宋，乐游原显然还有一点汉的痕迹，当年的学者宋敏求就看到乐游庙的余基，并录其志书。

聊为长安遗民，一再随李白与李商隐之影登临乐游原，所见屋舍相拥，层楼竞高，风不再是汉之风，天也不再是唐之天，确实是换了人间。固然人间换了，农耕太慢，城市化应该，但反顾并反思祖先的业绩会给现代人以启示，甚至会使生活方式的一些畸形得以矫正。作为历史地理、文化遗产，乐游原之磨灭十分可惜，因为今人不能通过它去触摸古人的手了。然而这也罢了，更可惜的是，作为汉唐精神的一种具象的感受体和联想物，今人及其子孙有足不能蹈，有目不能享。在中华民族的发展进程中，打碎阶段斗争的镣铐是重要的一步，钻出钱眼或打碎物质主义之桎梏将是更重要的一步，不如此，中国人的精神便不能升华。君不见，在利益的追逐之下，疯狂之辈无处不是前铲吾古人，后损吾来者。伤逝乐游原，我作如是想。

仙游寺

2009年早春，长安文官田措施，周至文官赵勇武，共邀作家诸位采风，我在其中。驱车奔走，行迹斑斑，卒有仙游寺使人回味。

斯寺原藏终南山黑水峪之中，史书方志皆云，翠峦相拥，清溪独翩，为隋唐宝地，明清胜景。可惜20世纪80年代以后，西安缺水，决定修金盆水库，以引流入城，不得已而迁出峡谷，建其于一面朗然的高坡之上。未能仰观昔日之仙游寺，多少是有遗憾的。

此寺声誉之重，我看在文化元素的一再增加。它本属于隋文帝的仙游宫，是满足一个皇帝玄想修道之需的，也不算什么瑰伟绝特之作。不过唐为仙游寺，有僧人居焉，这便增加了一道佛光。又有秦穆公女儿弄玉吹箫引凤之说，又增加了一层神话色彩。又是白居易为玄宗贵妃作歌之地，辞曰："汉皇重色思倾国，御宇多年求不得。杨家有女初长成，养在深闺人未识。天生丽质难自弃，一朝选在君王侧。"激情荡气，缠绵悱恻，这又增加了一段骚客韵味。又有苏轼取泉煮茶之说，又增加了一件才子风雅之好。仙游寺文化元素的累积，显然具马太效应，从而为天下所知，并传之久远。

慕名而来，不过由于其寺是移植于高坡之上的，径荒堂粗，难免信徒寥落，香火薄弱，遂情怯心忧，深恐出乎我的审美想象，竟不敢也不愿靠近。我只遥望着一根孤独的法王塔。微雨初敛，白云在天，柔和的阳光投射在它的七层砖壁上，苍黄眩目，哀怨下怀。缓缓登上一个土堆，秦岭尽绿，关中泱茫，然而思之难明。

三石纪唐

唐有三石,琢而为器,遂蕴深意,探之可以得智慧,测变化。

李世民昭陵六骏为石雕。

长孙皇后是唐太宗李世民之妻,以贤惠流芳。可惜她应了好人不长远的谚语,35岁便死了。李世民登基以后,就有风水先生为他选择穴位,卒定九嵕山修建昭陵。长孙皇后先走,遂先埋于斯。昭陵分布陪葬墓166座,其中王子7,公主21,嫔妃8,宰相13,长孙皇后是他最亲爱的嫔妃,魏征是他最重要的宰相。

为壮昭陵,遵李世民之旨,刻马六匹,置于北阙之下,以怀其坐骑,也表其武功。这便是昭陵六骏的来历。

当宣布以唐为国号的时候,江湖未静,长安周边还有隋的残余部队和农民割据势力,李世民既为秦王,肃敌必勇。公元618年,他乘白蹄乌讨伐金城即今甘肃兰州军阀薛举和薛仁杲父子,并平之。石雕白蹄乌昂首怒目,腾空而飞,有不可阻挡之势。公元619年李世民鞭特勒骠攻打马邑即今山西朔县一带军阀宋金刚,消灭了军阀刘武周,收复河东。毛黄而透白,应该是突厥马。石雕特勒骠腹小腿长,前蹄跃,后蹄蹬,尽显冲锋陷阵之态。公元620年攻打窦建德,李世民所策为青骓。毛杂而苍白,遭遇五箭,然而竟平河北。石雕青骓尾高束,鬃挽花,一副向前奔驰之状。还是公元620年,李世民乘什伐赤攻打军阀王世充，并平河南。其为突厥马，毛红而发亮，阳光之下熊熊如劲风携带的一团火焰。石雕什伐赤似乎聚骨肉以鼓劲，并将起而凌空。征服王世充显然是硬仗，一天李世民鞭飒露紫打头斩杀，不料脱离了队伍，在洛阳邙山一带为寇所围。一箭中马，十分危急。幸而随从丘行恭扑过来抡刀叱咤吓阻其兵，使之退却彷徨。当是之际，丘行恭迅速让出自己的马让李世民骑着离开，他为飒露紫拔箭抚伤。石雕飒露紫忠实地表现了这一幕。飒露紫静立于地，一副安然顺从之态，丘行恭身穿长袍，头戴兜鍪，斜挂箭囊，俯身为李世民的马拔箭。公元622年李世民策拳毛䯄在洛河一带讨伐窦建德旧将刘黑闼，击其而破之，遂平河北。毛黄而旋，长着黑嘴，可怜它竟背负九箭。石雕拳毛䯄体硕气闲，仿佛在休息。梁思成曾经极力赞叹昭陵六骏的艺术之高，遗憾美国人在1914年盗飒露紫和拳毛䯄往美国去，今藏宾夕法尼亚大学博物馆。其余石雕也为美国人所盗，只是西安人不答应，遂在潼关一带拦截并收复它们回来。其今藏西安碑林博物馆，可惜它们已经被割为几块了。我多次到博物馆欣赏昭陵坐骑，见石雕切线斜贯，不得不以钢筋紧箍以防散架，又失飒露紫和拳毛䯄，每每思骋今昔，悲痛于心。

乾陵有石碑，但它不勒语词，空空如也，是武则天的无字碑。资料显示，其为当年于阗国所进。

江青很推崇武则天，无非是羡慕女皇帝的权势，从而在共和国图谋一个重要的位子。一种意识的产生总是依赖一定的背景。江青所想，显然是由她所处的时代气候和政治格局决定的。除了江青，还有人包括一些饱学之士和幼稚青年，也推崇武则天，认为其伟大。仅仅由于权势显赫就是伟大，此乃错误而且可悲。

武则天开始只是唐高宗的一个妾，不过她喜欢权势遂阴取而恶夺。她当然也不乏政治诡计。她以捂死自己女儿并嫁祸于王皇后的方法，使唐高宗废王皇后，立武则天为皇后。宰相褚遂良直言极谏唐高宗以武氏为皇后不妥，并以辞官归田相劝，此时此刻，武则天竟隔帘怒吼："何不扑杀此獠！"一旦武氏为皇后，潘多拉的盒子便打开了，遂朝无宁日，国少祥云。她砍断了王皇后和萧淑妃的手足，并把她们塞进酒缸之中腌渍。凡是过去反对她当皇后的大臣，一一削职，贬出长安。在封建社会，太子是天下的根本，不可轻摇，然而武则天兴风作浪，废太子李忠，剪太子李弘，再废太子李贤，三废太子李显。以后虽然李旦为唐睿宗，但她临朝称制，独断大事，从而抗议蜂起，边境收缩。为当女皇帝，她以唐宗室王子王孙为妨碍，遂一杀再杀，连续杀之。中国皇帝的位子，要么是暴力而得，如秦之嬴政，汉之刘邦，要么是禅让而得，如魏之曹丕，晋之司马炎，要么窃取，如武则天。武氏为女皇帝，自知不合程序，害怕有人反对，便大敞告密之门，进行镇压，于是恐怖的乌云就垂天而下，尤其是大臣，往往上朝前要诀别妻子，因为害怕死在外边。她还重用酷吏，滥施酷刑，以从肉体上和精神上摧毁异己分子。她的科举考试，固然使社会底层的平民子弟得以脱颖，不过其目的是要发现和培植忠于女皇帝的力量。江青推崇女皇帝并不是不可以理解，然而所谓的知识分子推崇武则天便是十足的迂腐了。喜欢吃苦受罪，下窑挖煤也行，为什么偏偏要一个专制且毒辣的女皇帝而让吾辈布衣跟着吃苦呢！

武氏与唐高宗合葬于乾陵，其石碑是竖起来了。高近8米，宽2米余，重有10吨，不知道当年是怎么竖石碑起来的。我觉得这方石碑端正规矩，凝重厚实，真是不失其美。碑首浮螭8条，互相缠绕，鳞显骨露，静动有致。碑座有狮有马，其马屈蹄俯颈，温良驯顺，其狮扬头峥眉，凶猛威风，难明其旨。石碑是可以竖起来的，然而立传颇难，记武则天的什么呢？谁来记呢？遂空空如也，为无字碑。

如果让我为武氏立传，那么我想表达的意思为：武则天是中国文化在须臾之间所孕育的一个怪胎，为妻不贞，为母不慈，当女皇帝而行男子之法，其不仁有过之无不及。但她实现了作为人或作为女人的所有欲望。

杨贵妃的海棠汤，在临潼华清宫，是青石拼砌而成的。

我尝认真研究过唐玄宗与杨贵妃的关系，确认他们之间的纠葛非常复杂。不过杨玉环集性爱、母爱与女爱于一体，倒是完全吸引了唐玄宗，并无为而治地控制了唐玄宗。杨贵妃也并非一些道学家所指责的红颜祸水，相反，她是一个好女人，也是一个受害者，一个替罪羊。

大约从747年到755年的8年之中，一旦大雁南飞，草木黄化，唐玄宗便带杨玉环往临潼去，在华清宫进行所谓的避寒，一住数月，春暖花开才回长安。他泡莲花汤，杨玉环泡海棠汤。莲花汤和海棠汤都是浴池，具进水口，出水口。水为活水，有地热，属于温泉，不过莲花汤洗唐玄宗，当然大度，海棠汤洗杨玉环，遂为小巧。一个皇帝给一个女人作浴池，也许中国历史上还没有过，这恰恰证明了唐玄宗对杨玉环的宠幸。不过这里也可能隐藏有一些秘戏，因为唐玄宗是信奉道教的，难免会作采阴补阳的实验以求养生益寿。

海棠汤分为两层，杨玉环可以膝浸暖波，背靠上层，也可以半卧清流，斜依下层。上下两层的青石都磨成凹状，似乎光滑得体，细腻舒身。资料显示，杨贵妃泡澡之际，当于水中撒丁香、麝香、沉香、多摩罗香，撒紫檀和花瓣草蕊，海棠汤遂为浓郁之芳汤。杨玉环或坐或卧，任其妩媚为诱惑。凝脂一沐，骨酥肌膨，便成娇娃。我以为让四方之客观瞻海棠汤，是在暴露杨贵妃的隐私，也在暴露中国的隐私，不雅得很。青石拼砌而作海棠汤的形象，仿佛一个全裸的女人仰面躺着，丰满性感，特别是她半蜷躯半伸肢的样子尽显放荡。

大约从杨贵妃奉陪皇帝避寒华清宫的时候起，唐玄宗便越来越推卸作为君主的责任，先放手宰相李林甫处理大事，后放手宰相杨国忠处理大事。这些人为争夺权势，结党营私，从而诱发着社会的危机，尤其范阳节度使安禄山重兵在握，反意藏心。但唐玄宗沉浸淫逸，感觉形势一片大好。公元755年，安禄山以讨伐杨国忠之名，突然叛逆举兵，遂使长安震荡。煌煌其唐，便由盛而衰了。

史家素有定论，李世民执掌之唐，民耕其田，士求其途，人口增长极快，犯罪率最低，而且疆域辽阔，是黄金时代，因为他任贤用才，律己勤政，是明君。然而如果他是一个昏君呢？如果他是一个昏君，那么究竟谁又能把他怎么样呢？谁也约束不住他，改变不了他。皇帝为天子，是替神行道的，不是为人民服务的，制度如斯。然而如果皇帝是人民推举的，那么他就需要为人民工作，并受人民监督。他应该公正透明，不得惰怠，否则人民便会让他下台。显然，制度决定社会的文明，皇帝如唐太宗这个人创造黄金时代实在是偶然的。靠皇帝就错了。

李治继承了李世民的皇帝之位，也继承了李世民的制度，然而这个人既脆弱又平庸，遂使武则天穿帷指手，透幄划脚，甚至推翻了接李治之班的李显，控制着接李治之班的李旦，终于自己登基当女皇帝，造成王朝倾侧，天下紧张。无人能管李治，武则天就乘虚而入，排懦称霸。李隆基相当杰出，要相貌有相貌，要能力有能力，要气魄有气魄，从而匡正社会。不过李隆基也可以由励而懒，安乐一身，导致万家悲愤。凡是人谁都有堕落的元素，这往往使其与时而毁，应物而坏，是不牢固的，因为智常常会昧，德常常会缺，所以创造先进制度以管人，包括管皇帝这个人，管一类人或一派人，才至关重要。如果唐有良策，那么将阻止武则天篡国，也将促使李隆基保持振奋的精神，否则制度就要发挥作用了。制度将强迫他离开华清宫，到大明宫来早朝。遗憾唐毕竟是唐，唐有它的局限。

中国人对唐一向满怀美感，诚意向往，甚至认为中国的复兴多少是以唐为参照目标的，追求唐的气象和光荣。实际上建设先进的制度比打造唐的气象和光荣更富价值，也重要得多，紧迫得多。

人都很忙，没有时间读唐书，遂建议读唐石，不必多读，三石足矣！

五台镇记

　　山有五峰曰：文殊、清凉、灵应、观音、舍身，然而不呼五峰言五台，遂显高古。渭水北岸耀州也有五台山，秦岭五台山便是南五台了，彼此遥望，各领风骚。天生五台是要云有嶂缭绕以化好雨，让终南幻秀，给长安人一个美。

　　户多为乡，乡聚为镇，镇的中心在留村。留村尝是汉留侯修行之处，有张良庙存焉，也是南五台佛事72汤房之起点，有大愿寺存焉。青石为街，足音随步。店铺齐开，转农为商，所售多为本土特产，核桃、板栗、柿饼、药材，也有采之民间的艺术品。小吃丰盛，竞呈绿色。镇边16村，民居俨然，民气淳厚，为天下可以放心之地，遂有关中民俗艺术博物院入驻，从而相映为宝。

　　镇以山名，为五台镇。高门敞亮，欢迎四海之宾。

翠华山

　　翠华山隐然于秦岭之中，雨前行云，晴日显形，雪后反光，十分诱惑，并久负盛名，又近距故都，人便好攀之以悦其目，赏其心。

　　我初登翠华山是在春天，随大学同学共赴，共42位。恰同学少年，队伍走着走着就拉长了。过去没有见过奇峰伟峦，所以沟壑壁崖，甚至一草一木，无不让我欣喜，遂掏出笔，拿出纸，渐行渐记，企图在一群以政治教育为专业的男女之中一露作家的身手。轻狂激荡，傲视往圣，根本不懂道德文章不是随便就能出来的。

　　再登是在夏天，邀我者，二三子。大树孤立，野果灿然，尤其石白岩绿，美得让人陶醉，可惜我的兴趣转到了这里的文化堆积，真是辜负了。史记，汉武帝在斯地拜过神，建过宫，而且源于他的一声赞叹，才把太乙山改成了翠华山。王维来过，韩愈来过，似乎司马光也来过，但我偏爱王维的诗："欲投人处宿，隔山问樵夫。"我自问，当年的樵夫态度如何？王右丞是否找到了可居之屋？我还暗忖，也许樵夫就是卖炭翁，而王维则在他的宅第享用过卖炭翁所创造的炉火。我不明白陕西巡抚毕沅为何要向乾隆皇帝反映这一片芙蓉似的峰面与峦貌呢？是歌颂清朝在陕西的风景吗？难道陕西没有什么民生情况要反映了吗？乡贤刘古愚先生曾经在斯地创办过一个学堂，向弟子传播新的思想，为辛亥革命进行铺垫，真是有一种精神啊！遗憾这里的遗址早就无存了。翠华山的风洞与冰洞固然会使肌肤顿生妙感，然而有寒，终于不可坐卧，但匆匆穿越也是别有一番意思的。

　　我三登翠华山是在秋天，其雨淅沥不足，零星有余，算是细而蒙蒙的一种状态吧。物品在润，石白无泥，也不滑。上坡下坡，从容游之，冲淡得几乎旷达。悠然顾盼，到处是绿。不过定睛辨别，绿中银杏树黄，火晶柿红，斑斓得很是丰富。然而这一切，皆不过是秦岭的一种皮毛或点缀。秦岭本在一个地下世界，但它向往着光明，遂挺身而出，冲破地壳，隆起于地面了。远思当年，中国内地一定声震天下，烟冲云上。以地质学家的观点，芙蓉似的翠华山便是秦岭一再崩裂的结果。地质学家还称，秦岭一直处于运动状态。然而当年这等壮烈的变化有谁看见了？庄子认为朝菌不知晦朔。人若朝菌，秦岭若晦朔，渺小之人，拘于其时，怎么会知道秦岭的真相呢？究竟谁能为秦岭之生报喜，谁能为秦岭之死报丧？我慢慢地走到一个堰塞湖边，站在一棵松树下，蓦然发现，从翠华山竟能看到我的故乡少陵原！小时候总觉得故乡逼仄而鄙陋，但那天感到故乡深沉似海，并生出一种源远流长的眷恋。少陵原与翠华山只有20余公里，但我跋涉了30余年。人生实际上是一片黑暗，谁都不得不在其中羁旅，非常艰难。天当然是会破晓的！人生变得明白了，天就破晓了，黑暗也就退去了。想着我便静静地坐下来，希望自己成为一块或尖或圆的岩石。

长安论

古 玩

居于西安，古玩便不陌生。这很正常，因为西安时时处处有文物面世，粗人也罢，细人也罢，其朝闻而夕见，耳濡目染，遂使深奥变为浅白，神秘变为谙熟。

当然对古玩好之者并乐之者的，主要还是西安的文化人。所谓文化人，主要指作家、画家、书家、史家，以及致力于民俗或文字的学者。这些人购得宅第，一定先是挑选一间大的屋子作书斋，并以一面两面墙壁立书柜，而书柜的某几层则一定要置古玩，或是秦砖，或是汉瓦，或是蓝田玉，或是耀州瓷，目的在于营造一种悠远和厚重的气氛。实际上收藏几件古玩，并不仅仅是为了气氛，它也显示一种品位，甚至还隐喻一种精神。这不是臆测，然而只有你了解了古玩的好之者并乐之者，你才明白确实如斯。

在西安，有的文化人对古玩的收藏已经业绩斐然，形成风格。陈根远务瓦，斯敬之务瓷，陈绪万务玉，曹伯庸和钟镝务印，骞国政务石，鲍大年务权，马福务烟壶，王勇超务马桩，宗鸣安务碑帖，贾平凹务汉陶。有同道从远方到西安来，这些文化人不但高兴，而且乐于切磋，甚至冲动之际，会把平常捂得严严实实的极品向同仁宣示。远方之客，真是不但大开眼界，而且往往大喜于碰到了大巫。古玩在西安文化人不仅仅是收而藏之，而且是藏而研究。陈根远由瓦当而研究文字，钟镝由印章而研究文字，鲍大年由权衡而研究量器，马福由烟壶而研究感通。他们几乎都有著作出版。这在异地是罕见的。它是西安文化人收藏的一大特点。

我有来有往的是三位先生：陈绪万、宗鸣安、贾平凹。陈氏嗜玉，58岁才发生兴趣，是十足的半路出家。不过他是有国学的，遂上路便出类拔萃。他一向钟情的是周玉，非常之难得，然而他竟有了独山的青玉，又有了和田的白玉，有了民间的祭器，又有了王室的璧琮。周玉的基本刀法是斜坡刀法，他极为欣赏。他有过一次忍痛割爱。那是三年之前，他要装修房子，钱不够，遂不得不出卖一件魏晋玉，为之久久长叹。宗氏之于碑帖的收藏共20年，积累甚丰，品种全，独门多，权威在望。他已经举办两次碑帖展，其间门庭若市，有轰动效应。贾氏的收藏以汉陶为主，凡瓮罐瓶仓鼎炉俑兽兼具。他的收藏时间不长，成长颇速，几近于暴发。他收藏的基本原则是去伪存真，去粗求精。在开始，他觉得一切皆好，什么都要，不过眼力渐渐提高，现在完全是唯珍品而索。他的收藏有三个办法：一是买，付人民币；二是换，用他的字或画；三是赖，向朋友若我硬要。他的汉陶林林总总，不可以数示之，然而我知道进了他的家，过道、客厅、厨房、卧室，皆有他的收藏，当然精华集中于他的书斋。他的宅第并不小，但古玩拥挤了空间，地上蹲着，架上置着，案上和几上放着，从而使大的宅第变小了，甚至朋客举手投足背身转体皆要小心。贾氏完全是在古玩的包围之中写作和书画，他自谓周围阴气浓郁，但他不怕阴气。

西安的古玩市场有四个或五个，不过文化人一般喜欢到八仙庵古玩市场去。八仙庵是道教圣地，其供奉汉钟离、张果老、韩湘子、铁拐李、曹国舅、吕洞宾、蓝采和、何仙姑八神。建于宋，盛于清，是由于慈禧曾经避难而住在这里，那女人有巨款拨之，遂士来远近，闻名遝迩。八仙庵古玩市场随祭祀活动和庙会而形成，其年岁远，规模大，信誉高，历久不衰，即使"文化大革命"期间它也有交易。它现在仍是西安最好的和最旺的古玩市场。然而这个时代除了欲望是真的，其他多是假的。如斯世代，古玩当然也是真中掺假，假的像真，真假难分，于是文化人就在这里常常上当，反复缴学费。不过古玩的好之者并乐之者，是不怕上当的。

  星期天是交易之日，曙光初露，生客即临。所谓生客，指农民，他们的东西多是新的，遂有行家匆匆过去，悄声问："有货吗？"生客便从蛇皮袋里抓出瓦器或瓷器说："有！"若是瓦器，行家便贴上鼻子，长吸三气，嗅到新土之息盈面，又唾水一滴，看到涎沫尽吸，于是他就要了。若是瓷器，行家便会辨底土，辨开片，辨冲缝，辨爪纹，特别是辨包浆，甚至他会掏出一个小小的放大镜，以分析汗渍、泥污、垢痂，所导致的一种模糊状和磨砂状——这便是包浆。确认包浆，行家就要了。渐渐地，天透亮，古玩摊贩进入市场，他们端一个矮凳，铺一张报纸，宣告开张，五花八门，应有尽有，而且远远望之，竟是花花一片。对古玩的好之者并乐之者，便穿梭于熙熙攘攘的市场，并根据自己的所爱，千寻万找，大浪淘沙，难得自己的所求。他们每每空手而来，空手而归。他们偶尔会奔瓷而来，取石而归。他们总是为玉而来，获瓦而归。不仅仅是能否可遇的问题，而且是能否识破以假充真的问题。科学技术已经广泛应用于古玩，假唐三彩完全可以乱真唐三彩，假青铜器完全可以乱真青铜器，尤其那些摊贩，甚至憨态可掬的农民，他们都会底气十足地撒谎：

"我这上林瓦绝对是真的！我这翁仲玉绝对是真的！"实际上它们绝对是假的，只要购之，便是上当。文化人一再上当，然而上当也好之并乐之。他们相信持之以恒，必有大得。他们相信，吃一堑而长一智，长一智便能提高眼力。

食 态

　　要了解西安人的文化心理，最好的和最近的途径是分析他们吃什么，怎么吃。

　　西安建在秦岭与渭河之间的平原上。西安人的成分是丰富的。这一百年，先有一批河南人避难流落西安，又有一批东北人和华北人，还有一批上海人，出于政治的动员奔赴西安，又有一批北京人出于备战进入西安，又有天南海北的人在西安打工，所以西安多少具有移民城市的品质，不过西安人究竟是以土著——关中人为主。平原上盛产小麦，于是西安人就以面食为主，这是当然的。

　　我好面条，几天不吃便想之念之。面条有贫乏之感，是的，但西安人魔术似的把面条做得多姿多彩，出神入化。扯面扁而韧，拉面圆而筋，揪面有起有伏，像散文小品，削面有棱有角，像唐诗宋词，真是各有形状，更各有口感。擀面以一根杖和一块案做成，做得推陈出新，锦上添花。擀面有旗花面、斜式面、韭叶面、裤带面、片片面、线线面，还有臊子面、蘸水面、小米面、苞谷糁面。小米面和苞谷糁面是细粮掺粗粮的所产，含饥馑年代的信息，不过现在竟成了求之难得的稀物，官员与商贾常常开着轿车吃之，遂使它显出一种贵气。我在西安几十年，城里城外，城南城北，吃遍了名闻西安的面条。我和其他西安人一样，喜欢结伴而去，呼啸而聚，因为这样热闹,气氛浓烈。北院门的一分利面馆和南梢门的小嫂子面馆是隔三差五非去不可的地方,有的朋友甚至出差之前在这里吃面以饯行,出差之后在这里吃面以接风。面条是单一的,不过从单一之中弄出丰富,无不证明了西安人的心灵与手巧。手巧是身体的进化,而心灵则是精神的升华。那对面条都会产生一种想念之情的,尤其是感觉发达和细腻的反映。

面食的别的一类是馍。馍有两种做法:蒸和烙。仅仅是蒸出来的馍便有花卷、油塔、糕、包子,而烙出来的馍则有锅盔、太后饼、胡麻饼、油旋、饦饦、菜盒。老者少者及孺妇宜于蒸馍,因为它柔,软,容易消化,而壮者则嗜烙馍,它瓷,实,耐饿久饱,当然也考验牙和胃。西安有一种腊汁肉,烹饪它需要大火烧,小火焖,而且煨时水开而不翻浪,还要在汤中放烧酒、青盐、冰糖、葱段、姜块、大茴、桂皮、草果,其缺一便不能达到肥而不腻,瘦而不柴。腊汁肉之香,谗人嘴,开人胃,不过只有夹于馍才会香到极致。它就是异客称之为馍夹肉的肉夹馍。肉夹馍是西安人对饦饦的一种创造性的开发和利用,可惜不会像肯德基那样善于经营和宣传,否则它很有可能香到中国之外。

实际上西安人最伟大最智慧的一点是精于吸纳外来之食,并对其进行改进和提高。胡辣汤原是河南人的家饭,细粮不足,菜蔬充之,并以胡椒调和,属于不稀不稠的一种汤。然而西安人给它加肉丸,加海带,加粉丝,加土豆和腐竹,又配以屡屡作料,竟使其晋升到餐馆。麻辣烫本是四川人的小吃,在街头巷尾,流于简陋。但西安人让其上堂入室,使女士嗜之若命,并可以招朋待友。其何故?无非是根据西安人的习惯,增添菜蔬,以素为主,保持鲜嫩,讲究刀工。拉面源于兰州，削面出自太原，不过唯有在西安它们才变得长短适中，软硬合度，而且追求餐具之雅，餐桌之净，有的还割鸡而用牛刀似的安排门迎。随着贸易的发达和国民的流动，这些年不仅仅粤菜来了，鲁菜来了，湘菜、黔菜来了，台湾菜来了，而且意大利的比萨、法国的沙拉、日本的寿司、韩国的烧烤，都在西安开辟了市场。至于美国的快餐，那当然一直就吸引着西安的男孩并女孩。然而，不管其食来自何方，它到了西安皆作微调，以适应西安人的味标。

  西安人这种对外来之食的改进和提升，显然有其传统，其最久远和最典型的代表是牛羊肉泡馍。这是波斯人骑着骆驼带来的。波斯人依靠它走过了艰险而漫长的丝绸之路。盐浸的肉和晒干的饼即饦饦足以抵抗不好把握的细菌，从而使之提供了身体所需的营养。不过牛羊肉泡馍在西安扎根，为西安人所接受和喜欢，显然是8世纪前后的阿拉伯人。他们不但吃之，而且经营之，遂也为西安人所吃。牛羊肉泡馍一直还在发展，现在除了制肉的秘方不可知之外，凡是经常用它的人都会发现碗小了，碟美了，增添了黄花、木耳和粉丝，有的还加鸡蛋。依然以辣酱和糖蒜作点缀，不过现在由糙变细了。有的餐馆准备了搅馍机，然而西安人现在仍喜欢用手掰馍。掰馍会慢一点，但这过程可以聊天，不聊天还可以平心静气或沉思。搅出来的馍切面严紧，肉味难入，而手掰出来的馍则碴口松散，肉味易进。炉头看不见食客，不过他会根据是搅的馍还是掰的馍，并根据所掰馍是大还是小，辨别你这个食客属于经常食之还是偶尔食之。对于经常食之的人，他不敢怠慢。他将尽其可能地把自己的经验和艺术煮到锅里，盛到碗里。

戏　迷

　　西安地方戏有秦腔和眉户二种，以秦腔为重。慈禧在西安那年，西安府官员总是上贡这个女人所好的秦腔段子以讨其高兴。鲁迅的西安之行，考察要点，除了大学教育之外，便是易俗社，而易俗社则是西安权威的秦腔剧团。到了1949年，共产党执政，西安人携什么到中南海去献礼呢？想来想去，秦腔。秦腔显然是西安文化的品牌，甚至是西安艺术的精华了。

　　秦腔这个地方戏是古老的，它曾经影响了周边的晋剧和豫剧，也影响了谓之国粹的京剧。然而这并不足以使之长盛，该走的还得走，到了走的时候不走也不行。事实是，秦腔像汉赋与唐诗一样，凡是在历史上出现并辉煌过的，它都将在历史上黯淡以至消亡。在西安，秦腔便处于年年败落和月月败落的走向之中，似乎谁也拦挡不住。然而船破了板在，锅打了铁在。我的意思是，虽然秦腔已经呈衰势，但它并没有死，没有死就标志着它还有余绪，还有余香。

　　在秦腔的热火岁月，西安的秦腔剧团有36家，全是官方的。当时的秦腔既在剧院演，又在工厂和街道演，锣鼓一响，戏迷便汹涌而来。然而仅仅20年，10年，甚至5年，3年，1年，36家剧团便所剩无几，甚至能够开张的只有一家易俗社，也是偶尔开张。实际上易俗社只不过是一种象征，因为一年之中，它的开张寥寥一次两次，而且皆是招待任务型或政府资助型的。戏迷是由唱者和听者构成的，不过听者是受众，没有听者，唱者便失去了意义。问题就出在这里：由于秦腔的受众一代一代流失，以致像易俗社这样的剧团已经售票艰难，而售票不足则不能生存，所以易俗社的红门便常常紧锁着，因为豪华的大厅只坐一排白头是尴尬的局面。

然而唱者和听者一旦入迷，这些人便离不开戏，恰恰是这些人化为秦腔的余绪和余香了。他们延续着秦腔艺术并幻想着有朝一日使这种艺术起死回生。实际上这是不可能的，因为受众的审美需要和审美趣味已经改变，所以迷于秦腔只不过是他们的一种习惯而已。

方圆馨20岁成为旦角，一直希望自己唱红唱紫，希望受众对她的所唱所念所做所舞能以掌声和喊声作出反应。遗憾的是，她在台上发现台下的人越来越少，越来越老，喊声是没有的，而掌声则又弱又稀，真是让她沮丧。剧团解散以后，有的演员选择经商，但她还要唱戏，遂办了一个秦腔茶苑。丈夫知道这未必行，劝她改行当老师，或搞财务，说："唱戏不能当饭吃！"她说："活着不是光为了吃饭！"她借钱租了房，购了音响，并招来飘零各处的演员和乐手，锣一敲，鼓一打，鞭炮一放，听者竟来了。这些听者，多是退休的人，不过偶尔也有年轻人，甚至还常常出现生意人。方圆馨俨然一个老板，她免费提供水，提供啤酒，还提供瓜子和果脯。听者怎么会一直免费在茶苑享用呢？当然不会！演员是会一个接一个唱下去的，听者觉得谁唱得好，便会举起指头。这是搭红的暗号。所谓搭红，是把已经预备的红绸搭在一个栏杆上，一个指头代表一条红绸，一条红绸代表10元人民币。听者一般会举起两三个指头，不过偶尔会有听者举起二三十个指头，这其中必有文章。搭红由茶苑侍应生做，其训练有素，一招一式都循着章法。演员的收入不等，不过皆以五折留给茶苑，而乐手则领取工资。方圆馨也唱戏，但她追求的是喝彩。喝彩是有的，然而一个茶苑的喝彩会怎样呢？安慰而已！尽管她不在乎搭红，不过在她唱戏的时候，指头出现的频率还很高，这也是一种承认吧！

西安的秦腔茶苑发展颇快，资料显示，有近乎百家，其主要集中在文艺路一带、木头市一带和端履门一带。老板多是过去的秦腔剧团的演员和乐手，因为这些人都是内行。现在茶苑的女性演员越来越多，也越来越俏，她们往往从西安周边各县而来。有消息认为，在茶苑出现的生意人，会以搭红的渠道结识这些女性，并会邀请她们作陪。举起二三十个指头的，便是此类人。这显然是需要继续观察的。

我十分推崇的是西安的秦腔自乐班。这种自乐班往往是如斯形成的：黄昏之际，有一个戏迷，属于乐手，已经很焦虑，很郁闷，或是很轻松，很快活，遂拿着他的板胡到一个偏静的地方去独奏。丝弦一响，便又有一个戏迷过来，属于演员，说："那我唱一个段子吧！"乐手说："好！你唱我奏！"于是演员就唱周仁哭妻，或唱滴血断案，或唱白素贞怨老和尚，或唱秦香莲责陈世美，它们都是西安人耳熟能详的传统剧目。这一唱一奏便辟了场，并把一些赶路的散步的吸引过来。能中断自己的事情而为秦腔所吸引的，当然都是戏迷。唱者声情并茂，痛快淋漓，听者心脑并用，身在物外。几个段子下来，夜风吹拂，疏星闪耀，应该回家了，然而听者依依难舍，问："明天还来吗？"演员与乐手会意，说："还来！"从而一一相传，便产生了一个自乐班。乐器凡板胡、二胡、梆子、锣、鼓，他们都有，当然都自备，而且自备水，自备凳，自报幕，自喝彩。特别重要的是，这些人谁想唱谁便出来唱，不唱了便坐下听，反正大家都是戏迷。

我不知道西安的秦腔自乐班到底有多少，因为它不是社会团体，不用民政局审批，遂无记录。我只知道几乎所有的社区都有，社区之外，著名的在南门、柏树林、下马陵、竹笆市、小雁塔、西后地。它不像秦腔剧团是有组织的，也不像秦腔茶苑是要盈利的。秦腔自乐班完全是一个自主自愿的处于自然状态的审美联合体，西安的年少者难免会出于好奇过去探头探脑见闻一下，然而发现是秦腔，便会背身而去。不过戏迷依然在！

古都文化与西安人

西安人是典型的中国文化哺育的，中国人的共性寓于西安人的个性之中。西安的周围曾经有原始的社会，西安人一不小心，便会将自己的血统追溯到半坡人，甚至追溯到遥远的蓝田人。西安人热衷祖宗的根基感，辈分的承袭感，年代的久远感，并由此焕发出一种满足和光荣。可惜，自己的家谱对此没有明确的记录，西安人遗憾地望着城墙，在暗中叹息。然而，同烧秦岭柴，共饮渭河水，西安人跟他们的联系是天然的，这一下便使半坡人和蓝田人成了自己的亲戚。西安人呼他们为先民，于是自己就是其后裔了，当然也顺理成章。

确实这样，西安人以历史为自己的满足和光荣。西安人生活在古都，古都是13个王朝的京兆之地，这是妇孺皆知的，并有关中那些滚滚帝陵为证。站在城墙，西安人便能看见那些帝陵，而且会经常指给远方的朋友。这些帝陵究竟是谁的，其主在世间做了多少好事，干了多少坏事，自己并不清楚，只知道其主过去为上，作威作福。穿行于那些帝陵之间，西安人在潜意识或下意识有一种靠近其主的倾向，有一种朦胧的暖意和快感，梦幻一般，把自己当作王朝的子子孙孙，仿佛这京兆的创立，也有老爷爷的一份功劳似的。诗人是代言的，诗人常常自豪地宣扬，在这里随便都能挖出秦砖汉瓦。

官员呢，接待宾客，饮的是贵妃酒，听的是唐乐曲，这让那些仰慕中国文化的日本人或泰国人在瞬间发生错觉，以为他们跟唐玄宗李隆基坐到了一起。西安人去威海，去温州，去深圳，那里的人，总要强调西安有兵马俑，有大雁塔，平平静静地赞颂一声西安是古都。他们回避了西安的经济，回避是机智的，因为其解除了西安人的窘迫。西安人知道囊中羞涩，忌讳自己的收入与支出，尤其害怕露出西服下面的旧衬衫，脖子周围的皱领带，皮鞋里面的破袜子。由于皮鞋里面是破袜子，自己便总是讥讽那些让脱了皮鞋才允许进门的人。不过，西安是古都，这一声轻轻的赞颂，竟立即唤起西安人的一种文化气息，似乎自己所有的毛孔都涌现了钟楼和鼓楼，曲江和碑林，随之，西安人一阵昂扬，并使即将倒塌的心理支撑而起，迅速恢复了平衡。可怜的西安人，赖以平衡的心理，无非是古都及其文化而已。

然而非常难过！古都是千年之前的古都，宋代至清代，西安这地方不过是王朝控制西北的据点，甚至曾经还沦为少数民族的地盘。古都显然破落了，残败了。关于古都的文化，也多是浸淫了封建思想及道德的文化。如果是这样，那么西安人便是一种继承和发扬了传统的人。追究追究，这传统就露出了专制主义的深深庭院。那庭院，门口蹲着磨得光滑的石狮子，门上挂着生了红锈的铁锁子。西安人当然也呼吸过强劲的新的文化空气，只是时间过于短暂了。那个嬴政的坟冢一直堆在西安的附近，它营造的氛围，已经让西安人感染了两千年之久。两千年以来，为上之人，全做着让这氛围变得浓烈的工作，于是它就演化为一个坚硬的壳。这壳笼罩着西安人的灵魂，西安人走出与别的人走进都很艰难。也有走出的，几个教授就去了。也有走进的,一群鞋匠便来了。孔雀南下,文盲北上,这是一个戴着眼镜的疯子所唱的歌。

西安的城墙是好的,西安人待在城墙里面,一日三餐,四季一年,有一些烦躁,也有一些惬意。偶尔,西安人要向城墙外边打量一番,目光的焦点是北京人、上海人、广州人。在西安,自己也是常常看见他们的。西安是大的城市,尤其是一个古都,西安人便不屑郑州,甚至南京和成都,尤其不屑兰州、西宁并银川,认为这些城市落后。西安人当然也知道这些城市有其高明的地方,只是不屑比较它们。广州人腰包塞满了钱,整个世界都知道,西安人肯定也知道,而且羡慕,不过自己仍要指出广州人脸黑,身矮。奇怪的是,其转过身子,便蒙着眼睛鼓励自己的女子嫁给广州人。面对上海人,西安人怎么都难以掩饰自己的土气,遂设法回避这一点。西安人以上海人的精明为由,主动地隔阂上海人,不过购物的时候,竟暗中学习他们。西安人对北京人最有好感,最愿亲近。过去,自己真诚地认为北京人是毛主席身边的人,毛主席逝世了,他们依然是天安门周围的人,是中南海附近的人。西安人情不自禁地要拉北京人的手,而且笑,微笑,甚至出版了书都要跑到北京,让北京人先读为要,北京人拍了手,自己便以为是杰作了,于是从北京回来就对西安人显出了傲慢。然而西安人终于发现北京人有一点霸气,很使自己难受了一阵,想,国都的人就是这种德行,西安过去也是国都,如果在过去,那么我也是国都的人呢。西安人如斯安慰自己,而且以自己的霸气对待西安两翼的商州人和榆林人,认为这些人是山沟的。西安周围是广阔的农村,那里年年有人进西安工作,西安人总认为他们是乡下的,难免流露出鄙夷之态。岂不知西安人全是从山沟和农村来的，自己在西安才居住了一代或两代。岂不知那些天津人、大连人、青岛人，尽管是在西安工作，但他们常常要把自己跟西安人区别开来，认为他们在户口簿上算是西安人，但在文化上不归属古都，他们是移民，而西安人则是土著。这种认识，蕴含着对西安人的一种态度，当然很是暧昧。西安人显然处于拉锯状态，自己把自己搞得不伦不类，又自卑又自负，缺乏自立自主的品质。

西安人喜欢管事，邻居吵架要管，邻居的姑娘请假在家待着也要管，邻居的儿子不在家住还要管，并要弄明白这都是什么原因，要站在门房把自己的发现描绘描绘，见有人围着自己听，便觉得意，从而描绘得眉飞色舞。不只是市民喜欢管事，基层干部也喜欢管事，他们并不完全以工作为己任，只是以管事为乐。在单位，他们要过问员工的恋爱和家庭，尤其对员工的离婚感到好奇，如果心血来潮，那么还要管妇女的发型和服饰，甚至积极得要管例假之长短了。对这些涉嫌侵犯隐私的行为，竟以为是善意，是关心人，岂不知在所谓的善意的背后，蠕动着一种拒绝承认人有自由的心理，这种心理是源于封建专制主义文化的。自己不认为别的人是独立的，往往便强加于人。强加于人，往往便以得到别的人的认可和赞赏为原则，别的人认可和赞叹了，自己才会安然。在一个价值标准多元的环境，当然不允许这样侵犯人，但西安人的价值标准似乎表现为单一，要么对，要么错，判断如斯粗陋，可谓丑莫大焉！什么时候，西安人才明白在对与错之间，是有一个广阔的地带啊！

在西安，一些小巷栽着槐树，老人总好在下面打麻将，下象棋，老婆老汉都有，情调很是悠闲。老人走过一辈子了，应该是悠闲的，然而，并不是只有老人悠闲，几乎所有的西安人都很是悠闲。在门口选一块地方，撑一个台球案子，两个人打，竟有 20 个人看，笑声一浪接一浪。在新城广场，在钟楼周围，有壮汉常常在溜达，目光迷茫，脚步缓慢，尤其是节日假日，热闹的大街处处有悠闲的人。食堂和饭摊比比皆是，饿了，随时随地都会找到用膳之所。这一切，给那些在西安出差或做客的人一种印象，认为西安人懒，他们惊呼，西安人逛完大街就在路边吃饭，连灶都不开！接着便批评西安人脏，他们直嚷，西安人竟在白天扫地，大街小巷到处是灰土，就这样生活啊！他们想，西安是中国的古都，这里应该是文明的，然而，作为中国古都的西安人，竟是这样落后！对此，西安人并不以为然，西安人这样回敬这种指责：天下哪里都有懒和脏的，你们那里没有吗？不过，天下只有一个西安，这里有过 13 个王朝，你们那里呢？

　　谁都否定不了，西安是中国的古都，灿烂的唐代文明，就是在西安这地方呈现的，而且，在西安和它的附近，留下了人类进步的斑斑足迹。蓝田人用手摘果，用手握石，使自己从猿脱离了。半坡人以火煮食，并把鱼的形象烧于陶罐，确实是伟大的创造。告别蒙昧社会和野蛮社会，过上文明生活，是由周人制造青铜器，秦人统一度量衡，汉人开设铸铁坊开始的。王维作曲，李白咏诗，使者攘攘，胡舞翩翩，只是这种文明生活的继承和发展。毫无疑问，这是一种使人振奋的生活，想象之中，那是美好的。然而它毕竟是封建社会的物质文明与精神文明的辉煌。这种文明主要是由农民创造的，依然带有农民思维的印痕，此乃由那个时代的生产方式所决定。所以，古都有其崇高的历史地位，古都的文明却是昔日之文明，而且唐之后，西安这地方的国都地位就丧失了。文化是可以积淀的，不过积淀下来的文化，并不能顺延为现代文明。只有文化之中的精华，才能作为现代文明而继续闪光。现代文明主要是指现代社会的一种进步状况,它由这样一些因素构成:科学技术的先进,工业的发达,贸易的活跃,开放性和民主性,法制,自由,特别是对人权的承认与尊重。

在西安,尽管有很多高等学府,很多研究机构,但用心感觉,这个城市弥漫着一片迟缓的农民情绪,激进的农民智慧,狭隘的农民意识。这当然是传统文化的消极因素,也是在自然经济基础之上产生的,有着相对持久的惯性,这种惯性现在依然有其势力。西安人过分强调西安是一个古都了,而且对古都的爱,已经干扰了西安人对古都的冷峻分析。西安人对古都的一种温情,甚至使这个城市变成了传统文化,包括它的消极因素的庇护之地。对一些应该批判和摒弃的观念,往往由于对古都的温情,使它得以在古都藏匿和栖息,它还常常摇身而出,做严肃的民族状,做神圣的祖国状,抵挡现代文明,岂不知抵挡现代文明,才是真正害我民族、损我祖国的。处于古都的西安人,浸淫着传统文化在生活,而且茫茫然地因袭它,陶陶然地发扬它。现代文明,一股一股地冲击这里,渗透这里,不过它远远没有传统文化让西安人容易接受。现代文明,往往会被视为异端,甚至被视为怪兽,西安人站在城墙望着它,神气总不那么平和。接受传统文化,对西安人当然是轻车熟路,因为西安人绝大部分是由农民转化的。在西安的文化人,学者、教授、作家、编辑、演员,在西安的基层干部,绝大部分只在这里生活了一代到两代,自然而然,他们的思维会带着农民思维的尾巴,他们的做派也会带有农民做派的影子,即使换上西服,那影子依然摇摇曳曳。20世纪50年代以来,从其他城市迁居了一些干部及技术员到西安来,然而,他们与西安人的比例是小的，仿佛把本草移栽在森林里似的。20世纪80年代之后，他们及其子女，能走的，都走了。来的时候，是成批成批来的，走的时候，是一家一户走的。那些从现代文明比较高的城市来的人，往往认为西安人土气，保守，以单一的而不是多元的价值标准看待事物，探视私生活，议论私生活，干涉私生活，这使他们感到不愉快，不舒服。他们的体会未必错，因为西安人似乎一直就以这种习惯在古都生活，热衷于互相打听，互相议论，互相干涉，结果呢，弄得自己建筑不高，街道不宽，花木不繁，天空不亮，票子不多，心境不好。

我的结论是：西安这个城市是古老的，但这个城市的人是年轻的，西安人年轻就年轻在对现代文明的欠缺。大约100年之前，以工业与贸易为主的现代文明，游荡到中国，不过它只涉足于中国的一些沿海城市，西安地处内陆，没有接触的机会。中国开始了市场经济之后，西安人交往了北京人，知道了他们视野的开阔；交往了上海人，知道了他们精神的独立；交往了广州人，知道了他们经营的灵活。西安人到他们那里做客，才知道他们的潇洒，西安人把他们请到这里，才觉得自己的尴尬。西安人当然看到了日本人、泰国人、美国人、英国人、法国人，他们多半是参观兵马俑和大雁塔的，参观之后就飞了，只有少数在这里办企业，做生意。西安人在晚上默默沉思，心情沮丧而不服，不服是主要的。西安人渐渐明白，自己应该去闯荡，去建功，要生存必须这样做。西安人也渐渐知道，只有到市场经济之中，才能进行市场经济。特别是，市场经济才是尖端武器，唯有它，才能冲破笼罩着西安的传统文化之壳，让清爽的空气流入城墙。这空气当然来自沿海，来自浩瀚的太平洋和蓝色的大西洋。西安人年轻,年轻就有能力改造自己,使自己成为具有现代文明的西安人。不过,西安人是典型的中国文化哺育的,自己知道它的精华所在,在汲取现代文明的时候,西安人不希望丢掉那些精华。经过两代到三代的努力,西安人很有可能成为这样一种人:强悍而不失文雅,诚恳而不失圆通,谦逊而不失傲岸,老于世故而生气勃勃,并以新的形象,通过新的丝绸之路,走向世界,并把世界邀到西安。那时候,西安将是一个涅槃的健康而繁荣的西安。这样的西安,只能由西安人创造。

西安人的文化身份

西安人的文化身份,是从来就有的,只可惜飘摇了一点。叫它古老,它也应;叫它朴实,它也应;叫它保守或土气,它觉得意思不好,便踟蹰着,终于未应,不过也未明确拒绝,遂留下了默认的印象。西安人的文化身份实际上是含糊的,也不十分光荣,尽管也不十分鄙陋。中国有所谓的京派和海派,这种简略的称呼虽然也不算是完全的褒奖,可它现出一种赫然气度。也许西安人并不追求什么派,但有一个合适的文化身份颇有必要,因为西安人是要走向世界的。

西安人的文化身份主要是地域赋予的。谚语曰一方水土养一方人,尼采也教导其兄弟要忠于地,都强调了地域对住民的熏陶。西安处四塞之内,而关中则又很是富饶,这决定了西安人不具备进攻与掠夺的天性,然而它也培育了西安人内敛与顽强的品质,因为自己没有退路,遂必须坚守。西安周围的农业极为发达,甚至西安这个城便是农业文明的产物。西安人显然久经春华秋实的轮回,也对日出而作与日入而息有长远的体验,遂对秩序是敏感的,也有遵守秩序的习惯。

西安人的文化身份也是历史赋予的。在西安,充满了历史的实物。城里的塔和碑,城外的帝王陵墓,不知道别人如何,我反正是深为喜欢的。我以为，这些历史的实物无不证明着，此地曾经演出过真正的大剧，而西安人则对种种角色与桩桩故事如数家珍。这些历史的实物也昭示着，此地曾经呈现过尊贵与豪华，开放与风流，而西安人则多少还承传着五陵少年和曲江丽人的余韵。遗憾的是，西安这个城市毕竟有几度衰落，甚至有数次毁弃，沧海桑田，流离失所，西安人很是清楚创伤与屈辱的味道。

　　为了确定平面上或空间中的一个位置，数学家通常要建立一个坐标。要确定西安人的文化身份，也需要一个坐标，它当然是由地域和历史构筑起来的。我分析西安人与地域的关系及西安人与历史的关系，便是建立我的坐标。我的意思是，也许西安人平稳，缺乏冒险的冲动，但它蕴蓄，涌动着创造的激情，而且循蹈规律，善于创造，此乃地域的恩赐；也许西安人不够时髦和精灵，但它言有其渊，行有其源，而且深谋远虑，厚道雍容，此乃历史的恩赐。西安这个城做帝王的京师，曾经千年之久，为中国数一数二的古都，这是西安人所独享的。如果一定要给西安人一个简略的称呼，那么是何称呼能得体地反映其气度呢？大约只能是都派。

　　地域和历史对西安人的影响，当然也有负面的作用。西安人粗犷，不过粗犷稍微夸张一点，便成了粗野和粗鲁。西安人也多少残留着等级观念，不很清楚自己的权力，也不能恰当地尊重自己，经常的表现是，要么把自己抬高了，要么把自己贬低了。然而玉就是玉，玉有瑕疵还是玉，所以西安人终于属于都派！重要的是，西安人在走向世界的过程之中，将一定会文明起来。西安人有的是吐故纳新的能力。但愿如此！

西安之所宜

贾平凹曾经亲口告诉我,他将离开西安,到深圳去。我暗想,这不宜。还有朋友告诉我,赵季平也可能离开西安,到北京去。我暗想,这也不宜。依照常理,一个有成就和有影响的人,到规模巨大而汹涌着潮头的都市去,将应该增添其成就,并扩大其影响。不过也有一个风土与人的问题。风土是产生并熏陶个性的,而个性则有适合它发扬的区域。大约基于斯理,周作人说:各国文学各有特色,在中国,省份不同,其文学也不同;尼采说:我恳愿你们,我的兄弟们,忠于地。我的目的不是奉劝贾平凹和赵季平留在西安,并以周作人和尼采为旗。即使我有这样的己见与私心,我也没有这样的权力,而且贾与赵是何许人也,竟要吾辈发言。我的意思仅仅是想指出西安之所长及其所宜而已。

我对西安的迷恋,主要是它在历史上和文化上提供了一些有助于思想的支点。起初,游牧民族与农耕民族在这里冲突并融合,不但导致了中国文明的二元根脉,也导致了新的人种。老子在这里留下的五千言感慨,显然是道教的本源。孔子之学在这里经董仲舒改造,终于得到权力机构的承认,从而尊为社会思想的正宗和主流。佛教的本土化和大众化是在这里完成的。基督教也是从这里开始在中国传播的,一方记载罗马神父活动的石碑,仍矗立于书院门的博物馆。周文王与周武王前仆后继,在这里建立了完备的奴隶制度,表示它森严等级的青铜器具多而系统。秦始皇在这里所创设的中央集权,成为他之后的执政阶级进行统治的主要范本。汉的强大与唐的辉煌,都是以这里为基地实现的,而且一直让自己的子孙心向往之。在这里还出现了中国唯一的女皇帝。武则天的成功是一个神奇的事件,标志着女性对权力的运作所能达到的高度,它使一代又一代有理想的女性兴奋不已。

西安坐落于秦岭与渭水之间的平川里,但很多中国人误以为西安在黄土高原上。当然,西安尘埃舞动,经济比较薄弱,不好做超级的贸易,也不能引导时代风尚。西安没有王朔,也没有宝贝一类的甜蜜角色。西安只是一个古都,然而古都有古都的优势。西安除了它在历史上和文化上提供了有助于思想的支点之外,它的外在节奏是悠缓的,它的内在气质是雄浑和沉厚的,这都宜于从事精神活动。在这里非常适合作哲学的默想和艺术的细琢,当然也非常适合进行历史研究与文化总结。难道别的地方就不能从事精神活动了吗?能。不过在西安特别适合以长程思维对种种本质问题作精深的求索。在西安还容易教会众生敬畏祖先,并学习谦逊,因为这里充满了文物与古迹,它们昭示着人类曾经的艰难和伟大。

西安城墙的利用问题

市场经济的风暴，使一切都打上了商品的烙印，打算开发西安城墙，因利而用之，也很正常。不过以什么角度开发，开发到怎样的程度，如何开发，都需要人文主义的思维。在对城墙的利用上，最时尚的莫过于技术性思维了，最危险的也莫过于技术性思维。

西安城墙的原始意义，在于它是一个地方政府的防御设施。它是保卫城墙里面的明政府西安当局首领及其办公机构的。城墙上的敌楼，用以驻兵，城墙上的雉堞，用以掩护士卒，而城墙上的垛口则是为了瞭望和射击。非常清楚，在1376年前后竣工的城墙，具有军事性质。

时过境迁，换了人间，城墙的本来作用早就完毕，这是常识，谁都知道。那么，西安城墙现在的价值在哪里呢？我以为，作为先祖的遗产，它具有建筑上的研究价值，文化上的文物价值，艺术上的审美价值。对城墙的任何利用，都必须考虑它的价值所在，不能随意开发，从而损害了它。

我认为应该把西安城墙的利用与城墙的沿革联系起来，把西安城墙的利用与13朝国都的地位联系起来，把西安城墙的利用与传统文化和民族心理，甚至中国人的权威观、宇宙观联系起来。西安城墙不是孤立的，不是没有基础的。实际上它的基础是唐长安皇城的垣壁，它现在唯一的转角就是皇城的纪念。忽略了唐长安皇城的这个转角，它对唐的继承便斩断了。还有，西安城墙只是西安这个古都的一个部分，而这个古都则不是普通的古都，除了历史悠久之外，它还是13朝国都。对于一个以浑厚并苍茫的国都作其背景的城墙，它的继承者和享用者，不能不怀敬畏之心。西安城墙当然已经不为帝王所服务了，但它所在之地反映了中国人的隐秘心理与微妙意识。其所在之地高亢而不卑湿，有山有水，土为黄壤，有当国都的自然环境，而且它居天下中央，是交通要冲，宜守而能控。在这里，曾经有神意，有天街，有纲纪。西安城墙显然是扎根于形而上了。总之，要利用它，匆忙不得，草率不得，否则也许会得小利失大利。

　　在对城墙的利用上，我有三条建议：一是保守利用。由于今人都只是过客，不具有西安城墙终端或完全继承者和享用者的资格，所以其权力有限。有限的权力，只能有限行使，不然就像今人指责往者损害了西安一样，来者也将指责今人。今人比往者有视野，来者也将比今人有视野，这便需要留下足够的空间让来者行使其权力。假设往者在他们的时代拆毁了西安城墙，今人将是如何的感受？人同斯心，心同斯理。德国慕尼黑通过市民公决的形式确定不在中环以内建造高于100米的楼房，并确定城市中心著名的圣母教堂的塔尖是慕尼黑其他建筑的标准，以保护慕尼黑的风格。这个古都的做法应当对西安有启示。保守利用显然是优于积极利用的，我甚至认为不利用才是最大的利用。二是因势利用。所谓因势利用无非是根据西安城墙的现状而利用，这也是文物保护法则的要求。要防止简单利用和粗蛮利用。西安城墙不是一宗生意，千万不能把它变成销售工艺制品和摆设茶水的商业走廊。有朋自远方来，希望登临城墙而发思古之幽情，其愿望当然可以满足，然而城墙绝不是简单的旅游产品，必须遏制那种在城墙上安设缆车的念头。因势利用显然优于简单利用和粗蛮利用。三是动态利用。效果甚美的仿古入城仪式就是动态利用的典范，瓮城演出也属于一种动态利用。实际上西安城墙还有动态利用的巨大潜力，地域文化专题展览，以节令为主旨的系列活动，都是充满智慧的建议。不能在城墙上搭建有钢铁和塑料的房舍，甚至楔一颗钉子都应该再三斟酌。动态利用显然是优于固态利用的。

　　保护城墙就是保护西安，而保护作为古都的西安则是保护一种历史，甚至是保护作为文化的中国的柔性实力。

西安的个性与西安青年的格调

——2004年5月3日在中国南京世界历史文化名城杰出青年对话会上的演讲

女士们，先生们，会议主席：

西安是一个古都。我来自西安。

西安在世界地理的位置，处于北纬34度到36度之间。分布在这个横贯带的规模尚大的都市，西安以东有徐州和大阪，以西有白沙瓦、巴格达、大马士革，还有亚特兰大和洛杉矶。西安在中国的地理位置，处于渭河之南，秦岭之北。西安显然是距北方最远而距南方最近的北方都市。所谓北京时间，是从西安测算的，因为中国大地的原点在西安。

有一种误解，以为西安在黄土高原上。实际上西安在关中平原上，属于九州膏腴之地。关于西安的资源，思想家荀子说："山林川谷美，天才之利多。"战略家张良说："金城千里，天府之国也。"文学家韩愈说："天街小雨润如酥，草色遥看近却无。最是一年春好处，绝胜烟柳满皇都。"

杜甫曰："秦中自古帝王州。"诗人之意非常真实。在西安建城的3000余年时间，先后有13个王朝在斯设立国都，合计千年之多。

它是一个反复搭建的舞台,很多人物都在这里登场演出。在西安所发生的很多事件,一直而且将永远回响于历史的长廊。西安把中国古典文明一程一程地推向了顶峰。

西安是中央集权制的起点。中国人之所以创立这种具有划时代和里程碑意义的政治体制,以黄仁宇先生的观点,主要由于黄河流域有适合农耕的土壤、风向、雨量。这种政治体制一旦创立,就成了一种模范,之后的王朝,无非是对它的沿袭而已,或是略作改造。公元前221年便有了中央集权制,显示了中国人对政治的早熟。

是西安决定了儒学的命运。秦始皇在西安坑过儒,烧过儒之书,使儒学陷入了惨淡之境。不过汉武帝又在西安接受董仲舒的建议,把儒学变成了正宗和主流。从那时候开始,儒学作为一种意识形态,一种思想,一种文化,就一直弥漫于中国。西安荣幸地安慰了孔子的心。

老子把西安选为它哲学遗嘱的存立之地。楼观台是一个美好的去处,有一天,老子接受一个地方官员的请求,在这里写了一本几千字的著作,以探索宇宙起源、存在方式、人类矛盾及其应对策略。那些充满形而上学的考虑,提升了中国人智慧的高度,是大有其用的。

佛教在西安完成了它的中国化。这种印度宗教传播于中国,确实经过了几多冲突与含纳,直到唐王朝以法相宗、华严宗、净土宗及禅宗在西安的流行为标志,进入了一个新的阶段。事实证明,文化的认同极为不易!

西安是中华民族融合的熔炉。曾经在北部的匈奴族、鲜卑族和羯族，在西部的氐族和羌族，谓之五胡。为了生存，他们或以协商方式，或以战争方式，从汉到魏晋南北朝，凡 400 年之久，向西安和它的周边迁移。五胡与汉族的杂居，促进了民族的融合。7 世纪之后，又有经商的波斯人和阿拉伯人以西安为家。那些人的后裔今天仍在西安，他们早就完全是中国人了。

西安是丝绸之路的始发站。张骞打开了西域的通道，从而使中国的丝绸到达地中海沿岸，并辗转进入罗马。由斯开始，中国便让西方惊喜和赞美。我欣赏一些学者的观点，认为先有以英语 China 指中国，后有以 China 表示瓷器，而用 China 指中国，则是丝绸对中国的替代。大千世界，唯有中国是以一种发明命名的。丝绸之路真是伟大！

西安在历史上是中国青年的太阳城。卫鞅以其改革成为商君，张仪以其连横之计和李斯以其管理方略皆当秦相。在唐王朝，西安更为青年所向往。从初唐到晚唐，计有两千之余的诗人在西安工作和活动，闻达者有骆宾王、陈子昂、孟浩然、王维、李白、杜甫、白居易、贾岛、李贺、李商隐。

西安在历史上是世界文化的集散地。随丝绸之路而来西安的不仅仅是果蔬和神马，还有印度文化、波斯文化和希腊文化。特别是在唐王朝，西安有很多日本和高丽的使节。西安还确保信仰的自由。称之为景教的基督教在公元 635 年进入西安，并建有大秦寺，接着有拜火教和摩尼教长驻西安。那时候西安还充满了西域的气氛：胡舞、胡食、胡服，无不可见。西安交会着世界文化，并以交会之后的中国文化影响了日本、高丽和越南，甚至印度、波斯和罗马。

西安到处都是文化遗产。周之器，秦之砖，汉之瓦，唐之塔，是其典型。西安周围耸立着近乎 80 个帝陵和近乎 800 个陪葬之墓，其中誉满天下者有秦陵、汉武帝茂陵、唐高宗与武则天乾陵。当然还有人文初祖黄帝陵。

女士们，先生们，这种种因素，构成了历史的西安，文化的西安，现实的西安，而且正是这些因素，塑造了西安的个性，使之成为中国独一无二的名城，世界独一无二的名城。

西安青年便生活和劳动在这种环境之中。西安的历史与文化，时时处处影响着西安青年的感悟、风尚和灵魂，并形成了西安青年的格调。既然中国人曾经屡屡选择西安作政治中心，那么西安就存在着一种资质，这让西安青年寻味和遥想。西安当然对中国和世界作出了贡献。西安青年为自己的故乡而骄傲，并赤诚地热爱它。西安使西安青年发现了人类生活的壮阔波澜，从而构建了他们广阔的精神空间。西安青年既接受孔子的教导，又聆听老子的声音，而对佛教则尽力领略，所以他们颇懂兼济天下与独善其身的平衡。西安青年对任何民族都是友善和平等的，这由于他们本在一个民族众多之地成长，也由于他们可能就是民族融合的结果，起码他们一直体验着众多民族和平共处的快乐。西安青年经常讨论五陵少年和长安游侠，当然更推崇霍去病的勇敢和王昭君的追求。西安文化具有鲜明的整合性与辐射力，它的如斯特点，培育了西安青年对于文化的宽容心理和开放气度。

女士们，先生们，西安青年从来不认为历史是一种负担，也从来不感到历史会羁绊自己的思想,反之,他们深沉地意识到文化遗产的价值。面对文化遗产有意无意的损毁和湮灭,他们心疼。他们要向社会的上上下下大声呼吁:应该像保护水和空气一样保护文化遗产。他们清醒地意识到,文化遗产不仅仅属于一个时代。文化遗产应该像柏拉图的思想、莎士比亚的戏剧、贝多芬的音乐一样,是属于所有世纪和所有子孙的。

谢谢大家!

中国文明的锤炼之地
——2005年10月21日在第十五届国际古迹遗址理事会认识西安情况介绍会上的发言

女士们，先生们：

中国文明显然是人类最悠久和最重要的文明之一，曾经给世界以强劲的影响，式微200年之后，现在，随着经济实力的增强，中国文明将再一次为世界所关注，它也有可能再一次作用于世界。孔子学院在海外的建立便是一种风向。

论中国文明，凡学者无不认同它包含着儒家思想、道家思想、佛教思想，而这三种思想的确立和传播，精深和光大，则是在西安完成的。我以为西安是中国文明的锤炼之地。

关于儒家思想，其原创者和大成者当然是孔子。不过孔子敬拜的人，是在西安一带建功立业的，其为周公。孔子有一度很悲哀，说："甚矣吾衰也，久矣吾不复梦见周公！"足见景仰之情。周公制礼作乐，以仁治国，为孔子所十分推崇，而他终生奔波，遍地游说，则是希望恢复周公之礼，天下归仁。问题是，周公的种种文明之举，皆是在西安一带发生和推行的。当然从孔子之述到儒学之立，经过了几百年，而且先有其枯，后有其荣。把孔子的主张整合为儒家思想，确立为社会正宗，把孔子提升为至圣先师的，是董仲舒，是他向汉武帝进言:"臣愚,以为不在六艺之科,孔子之术者,皆绝其道,勿使并进。"汉武帝接受了董氏所议,遂有罢黜百家,独尊儒术,之后成为中国悠久的传统,凡中国人,无不受儒家思想的熏陶。问题是,儒家思想成为中国社会主流的这一关键环节,也是在西安发生的,并由西安普及天下。

关于道家思想,其祖李耳是公元前6世纪楚国人,他见够了兴衰,想透了荣辱,遂主张绝圣弃智,小国寡民,避世无为,贵柔守雌。这些见解,都是道家思想的基本原则,成为中国人在社会重压之下得以生存的方法。老子的方法仿佛是在庭院另开后门,前门不好走,前门堵死了,还有后门可以通行。苦难的中国人,往往是靠道家思想生存的。西安附近有楼观台,周朝大夫尹喜曾经在斯地仰观天象,发现紫气东来,结果竟是李耳西行,他打算隐居而去。应尹喜请求,老子留言五千,表达了他的主张,遂为道家之源。

关于佛教思想,其从白马负经到雁塔藏经,凡600年之间,派别繁多,流布复杂,有泉涌漫溢之感。它本是印度人的创造,中国人对其发生兴趣,是因为长期战乱,儒的天命和道的长生遭到怀疑。佛的因果报应和生死轮回之说,不仅仅给痛苦的灵魂以安慰,而且也像给沉闷的铁屋装了一扇天窗,可以透光并透气,甚至是多了一条活路。佛教为中国人所接受,有一个中国化的过程,是非常艰难的。法门寺舍利之迎送,在唐朝共有七次,它像开展群众运动一样,为佛教造了声势。玄奘取经而归,受唐太宗欢迎,并请其住慈恩寺,由斯立法相宗。武则天争权和执政,以佛教为自己包装,从而支持了华严宗。善导创净土宗,在关中修行几十年,葬神禾原,并由僧徒造香积寺。官方对佛教的高度尊奉,尤其是三大派别在西安的光大，标志着佛教中国化的实现。

在西安还有一些伟大的事件，其发生及效应，建构了中国文明，并成为中国文明的素质。秦始皇的中央集权制开辟了一条具有样板作用的统治之路，对文字的统一，显然也有助于其统治，而且有利于社会团结。张骞出使西域，使中国人懂得了外交，而唐朝对万邦使者的接待，则是自信并成熟的国家交往了。也许自那时候始，中国文明之中便已经有了国际意识和国际准则，所谓礼仪之邦，闻名遐迩。

西安，过去伟大，现在光荣。

谢谢大家！

唯一长安

给世间某一个地方名之以长安，真是有心啊！属于造化，并具神意。

想到长安，我总觉得它是一种愿望，也是一个存在，是一段历史，也是一个现实。我以为一个中国人，凡是受过基本的教育，都当知道长安，即使一个西方人，凡是有一点东方意识的，也当知道长安。

早在秦就有长安了吧！史上说："长安，本秦杜县之长安乡。"方志也说："长安，秦乡名。"我从司马迁的著作获悉，秦王嬴政之弟嬴成蟜做过长安君，我还发现一条信息，楚怀王封项羽做长安侯，这都为长安是秦的行政辖域提供了证明。元人骆天骧认为，长安就在丰镐之间。

设长安县并作国都，是刘邦的决定。这个人尽管不学无术，但他能接受凡夫俗子的意见，似乎还有虚怀。在关中建立国都，便是士兵娄敬的建议。当然，斯建议也得到了张良的赞同，而刘邦则是佩服子房的。萧何主持国都的建设，作长乐宫，又造未央宫，并择日奉迎汉高祖从栎阳迁到长安。长安一旦为汉之国都，便为天下所知。

沿袭刘邦的选择，之后还有12个王朝以长安为国都，这都增加着长安的分量。不过把长安之美留在中国人心里的,只有唐长安。

卢照邻惊叹:

玉辇纵横过主第,金鞭络绎向侯家。

王维有其亲历:

九天阊阖开宫殿,万国衣冠拜冕旒。

韩愈的印象是:

天街小雨润如酥,草色遥看近却无。

唐长安之美,固然体现在其城的宏伟与壮丽,不过也并不仅仅在于里坊连天,殿堂拔地,甚至也并不仅仅由于它诗存万首。唐长安之美,完全是因为它大气,能够包围,给人了自由。信仰难免有某一种仪式,多少有组织的感觉,唐长安不忌讳,信上帝的景教可以来,信释迦牟尼的佛教可以立,信黄帝与李耳的道教可以行。骚客好发牢骚,总想讽喻国君,影响朝政,遂有杜甫酒肉之臭,死骨之冻,甚至白居易敢采李隆基与杨玉环为材,作长恨之歌!李白大笑西行,尽管仕途艰难,让他失望,不过得赐金离开京师之后,他还是很念长安的。他这样表达自己一种强烈的感情:"长相思,摧心肝!"

李白反复吟诵:

长相思,在长安。

然而长安在哪里?长安在哪里呢?我寻找过秦长安,渭河沿岸,村荒路短,西风残照,只有几个古墓沉默。也寻找过汉长安,虽然大风起兮,云还在荡,不过瓦碎墙颓,蟋蟀凄凉,羊在半坡嚼草,不禁怅然。我是经常寻找唐长安的,遗憾所见总是古刹、斜塔、帝陵,觉得兴庆宫俗,会在大明宫止步。幸而收藏有半身唐仕女俑,苦闷之日,聊成我梦。长安在哪里?长安在哪里呢?

宇宙有数,遂使星旋斗转,沧海桑田,而且不为人的意志所决定。有一年,鹿离长安,于是国都就从秦岭与渭河之间的关中迁徙了。凤去城空,白云悠悠,显得一片空洞。天门不开,魏阙无存,是非常寂寞的。权力转移,长安不作国都,国都不在长安,它的地位便下降。有不肖子孙,竟不惜在过去的国都界面层层造屋,累累作舍,以显自己的功德与荣华。一人带头,十人效仿,几百年一千年下来,以致处处流行的装玻璃并贴瓷片的建筑就密密麻麻,滚滚而来,几乎覆盖了过去的国都。原貌大失,遂古风减,余韵损,几乎沦为新进或新兴城市之群。完全可以辟新址,建新城,从而既使古风留,余韵丰,又使伟绩大业现于时,可惜规划者与主导者除旧立新,只是新难久,旧易失,格调杂糅,难免让我摇头并叹息!

然而山高河长,长安仍在。省比市大,市比区大,今之长安已经演化为区,属于一级行政辖域。其东连蓝田县,西接户县,南列秦岭数十峰,北大约抵曲江池上游一带,面积不足1600平方公里。所谓存在的长安和现实的长安,就是这样一个长安吧!它在地图上有,是谁都可以看得到的。虽然小于市,更小于省,不过世间毕竟还有一个地方名之以长安，多少也是安慰！

　　我观长安，其文化遗产无不具中国的意义。秦岭盘踞于长安，是中国地理的南北分界线，是长江水系与黄河水系的分水岭。南方的温暖，是因为它把从西伯利亚冲过来的寒风和冷气拦挡在了自己的脚下！秦岭之谓秦岭，也标志着中国社会在春秋战国时代的一种进步，这便是周去秦来，周衰秦兴。从秦岭流出的沣河、潏河、滈河、滈河、潨河、浐河，潺潺溪溪，随物赋形，以种种角度汇入渭水。滈河与潏河所冲，遂有御宿川。杨雄说："武帝开上林，东南至御宿川。"当年刘彻到秦岭去游猎，便经常夜寝御宿川。由滈河与潨河所造之樊川，先归周之樊国，后为汉功臣樊哙之食邑。这里唐有韦族居韦曲，杜族居杜曲，楼台馆榭，花芳草绿，引一代骚客为之折腰，并留下豪华文章。崔护的人面桃花，就是在樊川发现的。樊川还分布着八大寺院，其中兴教寺葬有玄奘的遗骨，华严寺是华严宗的发源之地。沣河沿岸，有周文王丰邑，周武王镐京，砖瓦车轩，足以见证一世文明。神禾原耸立滈河与潏河之间，斯地尝生重达六斤的一个谷穗，轰动朝野，天下惊奇，而且秦有皇戚葬焉，唐有僧钟荡焉。少陵原为浐河与潏河所环，地势高亢，厥土黄壤，承钟南山而挽曲江池，为九州独绝。其初在周杜伯国，继为秦杜县，汉宣帝陵在这里的甘寨村一带，汉宣帝之妻许皇后陵在这里的司马村一带，卜者素以为风水极好。明之藩王有九位入土少陵原，形成了磊磊九井十八寨，墓立石像，有马有羊，有虎有狮，也有文武大臣，无不高大奇伟，尤显雕刻艺术。少陵原夏日金黄小麦万亩，秋日碧绿谷物满目，农耕传统久有几千年。李白登上少陵原，北望汉家坟茔与寝阙，兴之所至，赋诗曰："秋水明落日，流光灭远山。"

长安固然有密集的文化遗产，不过这个长安毕竟处于唐长安的边缘，它也只是历史的长安的一个部分。历史的长安，显然有更多的文化遗产，如果它们仍可以展露，那么其气象一定森然而震撼，吸引天下人乘兴而来，赞叹而去，可惜它们渐渐湮灭着。这种结局总让我产生一种隐痛似的折磨。好在世间还有一个长安，像一个梦，多少是一种安慰！

非常荣幸，我是长安人，就出生在少陵原上。我的村子并不大，不过北有庙堂，南有戏楼，东西各有一涝池，妇女一般都在涝池洗衣服。村子还有堡门，一条泥土白硬狭路向里延伸，两边房高门厚，以砖为墙，是地主的宅第。我形单影只，经常在肮脏的巷子窜游。长大以后，我离开了村子。我有一个感觉，尽管村子有父母之居，祖先的灵魂也在这里，然而不离开斯地，我会非常痛苦的，而且注定事不成，功不取。卑微若我，尽管未能远走高飞，不过也曾经铿锵奔突，抑扬激荡，以努力进取，无愧于长安。我是清醒的，多年以前我就知道自己没有漂洋过海的机会了，甚至连在京沪一带坐一把椅子吟诗著书的可能也渺若烟云，当然，即使有神助让我脱胎换骨，汗毛变成鹤毛，能够振翅以翔，我的故乡还是长安，而且永远也是长安。

某年月日，我得以在长安区工作，真是诚惶诚恐。偶尔到乡村或街道去，见公路纵横穿插山川河谷原坂之间，树沿途载，草在埂种，瓦房辞旧，高楼迎新，人皆匆忙，以努力改变生活！故乡处在急剧的变迁之中，我要献上自己的敬意！不过我心中的忧虑也忽聚忽散，而且无可奈何！

究竟是谁在调控，长安在天下忽大忽小，其中心也移来移去？

然而不管怎么幻化,自从世间有了长安之后,它就没有断绝过。我以为这有神之意。站在此长安的任何一个点上,或是站在彼长安的任何一个面上,我都难免有所思。我不知道历史的长安是现实之长安的原型,还是现实的长安属于历史之长安的一种纪念,我不知道历史的长安是现实之长安的理念,还是现实的长安属于历史之长安的影子。我经常把现实的长安与历史的长安融合为一体,甚至会给存在的长安涂抹愿望的长安的斑斓。我往往把今之长安与古之长安重叠起来,甚至把小长安当作大长安,把真长安目为虚长安。我望着秦长安,呼着汉长安,牵着唐长安,想象秋风吹渭水,万户捣衣声。长安的意象,我挥之不去,触之即飞!有时候所思如幻,有时候很是踌躇。

如果我强调长安是中国唯一的,那么我必然遭人白眼,并问我中国何处不是唯一的!是的,中国任何一个地方都是唯一的,不过长安不但是过去的国都,而且国都永远寓于长安之中。虽然过去的国都在其他地方也有,而且也多有诸朝,不过只有长安使人有浓郁的故园之念,醇厚的故国之情,并生千千之结,给人一种安定灵魂的淡淡而悠远的哀伤。这是中国文化培养出来的,我有什么办法呢!长安无生土,长安无野草。长安是中国唯一的。

有一天,我忽然想到一个问题:到底是谁给世间某一个地方名之以长安的?内涵是什么?到底是什么背景使他把一个行政辖域唤作长安?一种流行的解释是长治久安,而且竟成公论,不过我再三推敲,不以为然。这种解释,只不过是过去垄断中国社会资源的少数人的观念而已,它是为少数人服务的,是对付多数人的,是保证一种用以维护少数人安全和利益的秩序的。刘邦设长安县,以长安为国都，显然有让他的统治长治久安的愿望，可惜他的愿望未能实现，甚至连他自己的朝廷和后宫也乏治安，甚至他尸骨未寒，其妻吕皇后就残忍地处理了他亲爱的戚夫人，有什么长治久安的呢？

我不能知道是谁名之以长安的，不过我可以想象他。我总觉得这个人是一位智者，他读书也多，阅世也多。他用知识与经验见证了战争的残酷，遂祈祷和平永在，并祈祷强不凌弱，财以济穷，幼有所长，老有所依，矜寡孤独残疾无不有所养。他给一个行政辖域名之以长安，目的在给天下一个启示。

然而仅仅如是并不够，长安必须有它的现代意义。既然是长安，那么这里就要非常宜于人生活。它的环境应该是追求生态的，空气清洁，水无污染。它的制度应该在于能促使人获得富裕和尊严，并有充分的自由表达和自由信仰的权利。

给某一个地方名之以长安的智者，显然不会见闻什么现代意义，不过把以人为本的元素注入长安的内涵，似乎并没有违背他的设计吧！

在希腊今之雅典西南一带，有一些残断的建筑，白石苍苍，芳草萋萋，便是雅典卫城。这些足有3000年的建筑，以雅典娜神庙为主体，是希腊人过去祭祀雅典的保护神雅典娜的。希腊人一直视其为文化遗产，并为之修建了卫城博物馆。希腊人始终把这里当作圣地，因为它是希腊文明的象征，甚至是国家的象征。耶路撒冷当然是圣地了，其中有一段哭墙，早就变成了犹太人信仰与团结的象征。罗马帝国有一度占领了耶路撒冷，犹太人四散而逃，然而不管多么危险，一直有犹太人返回这里，望着哭墙，抚摸着哭墙，泪水涟涟，以表达失国之痛，并祈祷上帝保佑犹太人。即使现在也还有犹太人纷纷到哭墙去诉求对故园的所盼。显然,耶路撒冷及其哭墙,使犹太人产生了一种巨大的向心之气势。什么是文化的力量?这就是文化的力量!

中国人在过去也是有故园之敬的,而且形成了典礼。秦始皇平定四海,便先回了一趟陇西与北地,登崆峒山,又在雍城作拜,其后才浩荡巡游并封禅。周人从豳发展到岐,发展到丰邑,又发展到镐京,至周武王消灭殷纣王,成为天下之主,是积十数代努力而成功的,所以在殷墟处理了政务之后,他便返豳,登上一个高台以告祖宗之灵,并祭祀岐曰:"天作高山,大王荒之。彼作矣,文王康之。彼徂矣,岐有夷之行。子孙保之!"殷人箕子,原是殷纣王的大臣,事君极忠,然而殷纣王无道,荒淫奢侈,拒谏害良,他便披发佯狂,以保其身。殷纣王以为箕子真疯,便抓他进了监狱。周武王克殷,解放了他,向他请教治理天下的方略,并派他在一方执政。几年之后,箕子有事情经过殷过去的国都;见宫倒垣塌,寂寞荒凉,草和谷物竞长。他想到殷纣王败坏朝政而丧山河,又愤慨,又悲伤,他大哭,不宜,他暗泣,也不宜,因为暗泣像妇女,随作歌以慷慨其意,歌曰:"麦秀渐渐兮,禾黍油油。彼狡童兮,不与我好兮。"

遗憾今之中国人重于向前看,忽略向后看,不注意自己是从什么地方来的,根在何处,其宗何态。这也不奇怪,20世纪一浪汹于一浪的批判运动,横扫了中国的精神文化,甚至极尽亵渎,竭力摧毁,以把其彻底清洗。随之社会转型,中国人一夜之间便进入了发财致富的高速公路,并在全球化之中城市化,从而有了理由让中国层层数以千百年之帝王的或民间的物质文化退避而去,以便建大厦,修大宅,焕然为新。悲哀啊!先是精神的文化即文化的软件公然遭到戕害，接着是物质的文化即文化的硬件变相遭到铲除。悲哀啊！中国文化何以载之？什么时候中国文化才能终止衰落？什么时候中国文化才可以巍然而灿然，受天下人敬仰？

　　我一直有一个请求。我也怀疑我的请求会有什么反应，我更知道我的请求已经晚了，几乎没有什么用了，不过我还是要请求，而且呐喊：不要让挖掘机的爪子轻率地在悠久并伟大的长安乱创，不要简单地拆卸它的石头和砖瓦，不要随便动土，因为长安是一个母系氏族留下了陶罐的圣地，是藏着周人青铜器的圣地，是老子遗存真言的圣地，是孔子只能梦见而没有身临的圣地，是埋着统一了中国的秦始皇的棺椁的圣地，是为中国开拓了疆域的汉武帝拜天的圣地，是有唐一代为中国创造了辉煌文化的英雄活动过和诗人歌颂过的圣地，是日本军队在 1937 年至 1945 年之间千方百计企图进入而怎么也不能进入的圣地，是神一直关注着的有云飞扬的天作之府。

　　长相思，在长安！

参考书目

1. 司马迁：《史记》，中华书局 1985 年版。
2. 王利器主编：《史记注释》，三秦出版社 1988 年版。
3. 班固：《汉书》，中华书局 1996 年版。
4. 刘昫等撰：《旧唐书》，中华书局 1997 年版。
5. 欧阳修、宋祁：《新唐书》，中华书局 1997 年版。
6. 李国章、赵昌平主编：《唐书》，上海古籍出版社 1997 年版。
7. 陈兰村、张新科：《中国古典传记论稿》，陕西人民教育出版社 1991 年版。
8. 范廷玺：《陕西名胜古迹史话》，陕西人民美术出版社 1988 年版。
9. 黄新亚：《长安文化》，《中国文化史概论》上卷，陕西师范大学出版社 1989 年版。
10. 谢苍霖、万芳珍：《三千年文祸》，江西高校出版社 1996 年版。
11. 杨师群等：《三千年冤狱》，江西高校出版社 1996 年版。
12. 陈全力、侯欣一编著：《帝王辞典》，陕西人民教育出版社 1988 年版。
13. 黄仁宇：《中国大历史》，生活·读书·新知三联书店 1997 年版。
14. 黄仁宇：《赫逊河畔谈中国历史》，生活·读书·新知三联书店 1997 年版。
15. 陈全才、柏明、韩金科：《法门寺与佛教》，陕西旅游出版社 1991 年版。
16. 樊英峰、刘向阳：《乾陵文物史迹述丛》，陕西旅游出版社 1997 年版。
17. 张世民主编：《咸阳史话》，东方出版社 1998 年版。
18. 张过、何冰编：《马嵬坡诗选》，华岳文艺出版社 1988 年版。

19. 王大华：《崛起与衰落——古代关中的历史变迁》，陕西人民出版社 1987 年版。
20. 樊光春：《长安·终南山道教史略》，陕西人民出版社 1998 年版。
21. 周文敏：《长安佛寺》，陕西旅游出版社 1990 年版。
22. 王家广：《考古杂记》，紫禁城出版社 1988 年版。
23. 张定亚：《陕西名胜古迹传说故事选》，陕西人民美术出版社 1986 年版。
24. 张传玺、杨济安：《中国古代史教学参考地图集》，北京大学出版社 1982 年版。
25. 史念海：《中国古都和文化》，中华书局 1989 年版。
26. 王震中：《中国文明起源的比较研究》，陕西人民出版社 1994 年版。
27. 中华书局编辑部：《名城史话》，中华书局 1984 年版。
28. 西安市地方志馆、西安市档案局：《西安通览》，陕西人民出版社 1993 年版。
29. 陕西军事历史地理概述编写组：《陕西军事历史地理概述》，陕西人民出版社 1985 年版。
30. 黄濂：《中国历代帝陵》，大连出版社 1997 年版。
31. 姚生民：《淳化史迹丛稿》，西安地图出版社 2007 年版。
32. 程大昌撰、黄永年点校：《雍录》，中华书局 2002 年版。
33. 赵岐等撰、张澍辑、张晓捷注：《三辅决录·三辅故事·三辅旧事》，三秦出版社 2006 年版。
34. 王褒等撰、陈晓捷辑注：《关中佚志辑注》，三秦出版社 2006 年版。
35. 何清谷校注：《三辅黄图校注》，三秦出版社 2006 年版。
36. 葛洪撰、周天游校注：《西京杂记》，三秦出版社 2006 年版。
37. 骆天骧撰、黄永年点校：《类编长安志》，三秦出版社 2006 年版。
38. 刘庆柱辑注：《三秦记辑注·关中记辑注》，三秦出版社 2006 年版。
39. 张礼撰，史念海、曹尔琴校注：《游城南记校注》，三秦出版社 2006 年版。

40. 辛德勇：《隋唐两京丛考》，三秦出版社 2006 年版。
41. 韦述、杜宝撰，辛德勇辑校：《两京新记辑校·大业杂记辑校》，三秦出版社 2006 年版。
42. 宋敏求著、毕沅校正：《宋著长安志》，太白文艺出版社 2007 年版。
43. 毕沅撰、张沛校点：《关中胜跡图志》，三秦出版社 2004 年版。
44. 足立喜六著，王双怀、淡懿诚、贾云译：《长安史迹研究》，三秦出版社 2003 年版。
45. 桑原骘藏著、张明杰译：《考史游记》，中华书局 2007 年版。
46. 门多萨撰、何高济译：《中华大帝国史》，中华书局 1998 年版。
47. 汤因比著、索麦维尔节录、曹未风译：《历史研究》，上海人民出版社 1986 年版。
48. 海斯、穆恩、韦兰著，中央民族学院研究室译：《世界史》，生活·读书·新知三联书店 1975 年版。
49. 爱德华·麦克诺尔·伯恩斯、菲利普·李·拉尔夫著，罗经国等译：《世界文明史》，商务印书馆 1995 年版。

后 记

语曰：文无定法。编妥斯书，颇觉此言甚合吾意，只是一时不清楚此言由谁所发。以为是苏轼，然而苏轼评自己的文章是："所可知者，常行于所当行，常止于不可不止，如是而已。"终于发现是郝经语，其曰："文有大法，无定法。"遂将悬念放下。

郝经与苏轼的文章之论显然是英雄所见略同，皆指文章应该放荡自由，不要拘于条条框框。

固然郝经与苏轼所议的文章多指文学作品，不过论文何尝不能舒畅洒脱，稍含性情呢？黄仁宇的历史著作，李泽厚的美学著作，无不突破俗套，脱颖为新，从而产生了阅读快感，并得以广泛传播。尼采与叔本华的哲学著作，弗雷泽的人类学著作，弗莱的文艺学著作，更是考据深刻，征引奥博，天地鬼神无所不包，不枯而膏，不癯而腴，质绮并存，遂为洋洋大观。此类学术著作我极为喜欢，遗憾我才劣知乏，一向用力不在此处，难得做出来。

此书分为三辑，也不过是经岁累年所为文章之组合而已，根本不敢以学术著作自谓。然而文章所涉之地，一定是身临其境的，俯首近视，摇鼻以臭，动手勘测，并仰头遐想，以求其真。文章所采资料，往往要穷尽既有，不一为据，而且反复甄别，慎重择之。文章所提观点争取做到心细且胆大，不过是否有过分胆大而生谬见的，或是费神而落入窠臼的,我想其一定难免,甚至它是一支充数之竽也未可知。好在学术渐为宽容,遂给斯书发放了出生证明。

谢谢!

2009 年 11 月 15 日于窄门堡